看懂一貫道

呂冬倪——著

前言

當我的第一本拙作《看懂心經》再版，接下來的《看懂禪機》和《看懂證道歌》也有不錯的銷售成績，我就發下一個誓願：我要把我這三十幾年來，對於各大宗教的研究心得，寫成一套「看懂宗教系列叢書」，來和「有緣的讀者們」分享。

我的心願是，希望讓「讀者們」用最短的時間，看懂各大宗教的教義和內涵，讓「讀者們」可以從中選擇自己喜歡的宗教來信仰。在當今世界的政治、經濟和氣候環境，越來越惡劣的情況下，選擇一個讓自己的心靈安心的宗教來信仰，是非常重要的事情。

於是，我花了一年八個月的時間，剛好是在「新冠疫情的期間」，陸續完成《看懂猶太教》、《看懂基督教》、《看懂伊斯蘭教》、《看懂道家》、《看懂道教》、《看懂印度佛教》、《看懂中國及藏傳佛教》、《看懂一貫道》和《看懂北海老人全書》等書，總計九本探討「猶太教」、「基督教」、「伊斯蘭教」、「道家」、「道教」、「印度佛教」、「中國佛教」、「藏傳佛教」和「一貫道」這些宗教的教義和內涵。

這一本《看懂一貫道》，除了簡介「一貫道」之外，還探討「一貫道」的價值，以及「一貫道」的釋疑。

「台灣」的內政部「宗教輔導科」，在公元二〇〇五年，進行的全面調查顯示，在「台灣」

的人口中，「佛教徒」約有八百萬人（35%），而「道教徒」約有七百五十五萬人（33%），「一貫道信徒」，將近六十萬人（2.6%），這是「台灣」的前三大宗教團體。

雖然，「一貫道」是「台灣」的第三大宗教團體，但是一般民衆對於「一貫道」的信仰內涵，知道的極少，甚至由於少數「佛教徒」和「基督教徒」的惡意攻擊，讓部分民衆認爲「一貫道」是「邪教宗教團體」。

卽使是「一貫道信徒」本身，對於「一貫道」的信仰內涵，經常是一知半解。會有這種情形發生，原因在於「一貫道」偏重於積極拓展道務，重視研究「五教經典」，但是忽略探討「一貫道的歷史」。

所謂的「五教」，卽「儒教、佛教、道教、基督教、伊斯蘭教」等，都有各自的「經典」，唯獨「一貫道」沒有屬於自己的「經典」。這也是少數「佛教徒」，最喜歡攻擊「一貫道」的說法，甚至還說「一貫道」竊取「佛教的經典」。

「一貫道竊取佛教的經典」這種說法很可笑，因爲「佛經」本來就沒有申請「智慧財產權」，而且還希望到處流通，大家都來研讀「佛經」，哪來的「竊取之說」呢？

而大多數的「一貫道信徒」，由於對「一貫道」的歷史和內涵不了解，對於「一貫道竊取佛教的經典」這種說法，表現的很焦慮，往往啞口無言，不知道如何回答這個問題？

後來，居然出現一本《彌勒救苦眞經》，然後「一貫道信徒」，就彷彿找到救星一般，高興地對外宣稱，我們「一貫道」也有自己的「經典」，就是《彌勒救苦眞經》。

殊不知，這本《彌勒救苦眞經》是在民國十五年（公元一九二六年）三月初三，由「彌勒祖師眞靈」下降到「山東濟寧府」的「道場」，借一位「楊春齡」的竅身所講述紀錄而成書。

民國十四年（公元一九二五年）二月初二，「一貫道」的第十七代祖師「路中一」歸空後，「皇母」封爲「金公祖師」。「金公老祖師」在歸空後一年，即民國十五年（公元一九二六年）三月初三，借山西「楊春齡」的竅身，在「山東濟寧府」的「道場」顯化一百日，口唱《金公妙典》和《彌勒救苦眞經》，這一次的「借竅」，稱爲「金雞初唱」。

其實，若「一貫道信徒」了解「一貫道」的歷史和內涵，明白「一貫道」是主張「三教合一」的宗教，就可以淡淡地回答說：「我們『一貫道』主張『三教合一』，所以『三教的經典』都是我們『一貫道』的『經典』。」

另外，在「一貫道」歷代的「祖師」當中，第十五代祖師「王覺一」的著述頗豐，他更是「一貫道」的實際創始者。所以，要深入了解「一貫道」的內涵，一定要研讀十五代祖「王覺一」的著述。

有興趣想要深入了解「一貫道」內涵的「讀者們」，除了閱讀《看懂一貫道》之外，強烈建議一定要研讀另外一本《看懂北海老人全書》。

最後，讀者們可以掃描本書背面的QR Code，或者上網瀏覽我設立的《看懂系列叢書網頁》，可以獲得更多的資訊，網址如下：https://www.kandonbook.com/

呂冬倪

二〇二三年七月寫於 澳洲・布里斯本・家中

導讀

這本《看懂一貫道》，總共有八大單元，深入探討「一貫道」的內涵。希望「讀者們」閱讀完之後，能夠了解什麼是「一貫道》」？

這八大單元探討的重點如下：

（一）第一單元：介紹「三教合一」的歷史，包括：什麼是「三教合一」、「三教合一論」是「大雜燴」的理論、「三教合一」的發展歷程、「三教合一」的寺廟。

（二）第二單元：簡介「一貫道」的歷史，包括：一貫道」的「道統源流」、錯誤百出的「一貫道道統源流」、眞正的「一貫道歷史」、眞實的「一貫道歷史」、台灣「一貫道歷史」的考證。

（三）第三單元：簡介「一貫道」的「三寶心法」，包括：「一貫道」的「求道儀式」、掛號、「點傳師」傳「三寶心法」。

（四）第四單元：介紹「玄關竅」的奧祕，包括：「道教」的「玄關竅」、「佛教」的「玄關竅」、「儒教」的「玄關竅」、「基督教」的「玄關竅」、「科學」的「玄關竅」。

（五）第五單元：探討「一貫道」的「修持方法」，包括：「現代一貫道」的修持方法、「儒家」的修持方法、「道家」的修持方法、「佛家」的修持方法。

（六）第六單元：介紹「一貫道」的派別，包括：一貫道總會、非一貫道總會、天道總會、探討「師尊」和「師母」的關係、各大宗教的派別。

（七）第七單元：說明「一貫道」的價值，包括：實踐「釋迦牟尼佛」的遺旨、第二寶「無字眞經（口訣）」是「方便法門」、學習「三教經典」、尊重五大教派。

（八）第八單元：「一貫道」的釋疑，包括：爲什麼要求道、「一貫道」是「邪教」又盜用「佛教經典」、「無極老⊙（老母）」是什麼神明、「一貫道」的「理天、氣天、象天」、「一貫道」的「回理天，見老母」、「一貫道」信徒往生後的去處、「一貫道」的「三期末劫」、「一貫道」的意義、「一貫道」是「白蓮教」的支派、「一貫道」的「扶鸞借竅」。

目錄

第八單元　「一貫道」的釋疑

第一單元 「三教合一」的歷史

「一貫道」是什麼宗教？許多人都不知道，甚至連「一貫道」的信徒，自己都不清楚。查詢網路上的資料，常見的解釋是：「一貫道是新興的中國民間宗教，融合儒教、釋教、道教、基督教、回教等五教的教義，提倡五教合一。」

其實，「一貫道」的前身，是「先天道」；「先天道」的前身，是「青蓮教」；「青蓮教」的前身，是「羅教（又稱爲大乘教）」。

今日的「一貫道」，前身是「先天道」，到了「清朝」光緒皇帝時期，才由第十六代祖「劉清虛」，將「先天道」改爲「一貫道」這個名稱。

「羅教」是「明清時期」，最重要的民間宗教之一，與「白蓮教」平分秋色，但是沒有像「白蓮教」一樣動員群衆，甚少暴力起義，明清兩代各有一宗。今日，許多「佛教人士」宣稱「一貫道」是「白蓮教」邪教的一個支派，這是對「一貫道」的誣衊，不實的指控。

要了解「一貫道」，必須要追溯到「清代」的「羅教」。「羅教」也常被民衆視爲「佛教」的一個支派，信徒衆多，分成多個派系，往往與「白蓮教」並稱，在「山東」一度威脅「正統佛教」的地位。

在「清代」，「官府」把「羅教」當作「白蓮教」的一個支派，被指斥爲「邪教」。從「萬曆」年間起，「官府」多次取締「白蓮教」和「羅教」。我們在第二單元，會探討到「羅教」的內涵。

「一貫道」主張「五教合一（儒教、佛教、道教、基督教、回教）」，這個主張是從第十五代祖「王覺一」開始的。原本「一貫道」的前身「先天道」，是主張「三教合一（儒教、佛教、道教）」的，因爲在「清朝」之前，「基督教」和「回教」在「中國」還不盛行。

所以，要了解「一貫道」的內涵，必須從源頭「三教合一」的歷史說起。

一、什麼是「三教合一」？

「三教合一」是指「儒教、佛教、道教」三個教派的融和，又稱爲「三教合流」。

「道家」和「儒家」是中國古代本土的宗教，兩家原本互相尊重，一直相安無事。直到「東漢明帝」夢見「金人」，於是遣使求佛法，建立「白馬寺」於「洛城雍門西」，「佛教」才正式傳入「中國」。

「東漢」末年，「張道陵」在西南蜀地「益州（在今成都）」稱得到「太上老君（老子）」授以「三天正法」，任命爲「天師」，從而創立了「正一道（又稱天師道、五斗米道）」，簡稱爲「道教」。

「道教」的創始人「張道陵」，訂定「道教」的經書，並且綜合傳統的「鬼神崇拜、神仙思想、陰陽術數、卜筮巫術」，並與「漢代」所崇尚「黃老道思潮」逐漸融合。「道教」的教派也於此時形成，「道教」的宗教形態初具。

「道教」的教義，主要融合自「道家學說」。「道教」與「道家」是不同的教派，因爲「道家」是一種「學說」，沒有「宗教形態」；而「道教」是「宗教」，雖奉「老子」爲「教主」，「莊子」爲「祖師」，但是其主張與「老莊思想」並不完全一致，而更多得益於「漢初」盛行的，以「黃帝、老子」之名言修道養壽的「黃老道」。

「道教」的另一個淵源，是開始於「戰國」，盛行於「秦漢」的「方仙道」。

「方仙道」是在「春秋、戰國時期」形成的一類專門「方術（泛指醫學、卜筮、星相等之術）、方技（醫卜星相各種技術）」等「道術」的統稱，時稱「方術」。包括「天文、醫學、神仙、占卜、相術、堪輿」等技藝並宣傳「服食、祭祀」可以「長生成仙」的方法。

「方仙道」分「行氣（含導引）、服餌、房中」三派，「行氣派」尊「彭祖、王喬、赤松子」爲始祖；「服餌派」以「羨門、安期生」爲代表；「房中派」以「容成、務成子」爲代表。此外，亦可遙追「殷商」的「鬼神崇拜」。

由於「佛教」和「道教」的陸續出現，爲了得到「朝廷」的重視，從此在歷任朝代中，「儒教、佛教、道教」三教一直處於鬥爭的狀態中。

其實，「儒教、佛教、道教」三教的教義，各有其功能。

「儒教」的主要功能是「治世」，它是一種治理國家的「意識形態」，確立了中國傳統社會的「禮儀規範」與「典章制度」；

「佛教」的功能，主要是「治心」，在消除煩惱的「心性修養」方面，特別是「禪宗」的「明心見性」、「華嚴宗」的「理事無礙」、「天台宗」的「止觀雙修」等，成了「宋代儒學」

發展的重要源頭。

「道教」的功能，主要是「治身」，「中國人」素來嚮往「長生不老」的「神仙生活」。

就在歷代「朝廷」的鬥爭當中，在「儒教、佛教、道教」三教的信徒中，有些人在閱讀三教的「經典」之後，發現「三教」都有各自的優點和共通性。於是呼籲「三教」應該要停止鬥爭，應該要彼此尊重和學習，應該要「三教合流」。

只可惜在「朝廷」中，鬥爭的正酣的「鷹派教徒們」，不認同「三教合流」這種論點。反而，「三教合流」的論點，受到「民間百姓們」的認同和歡迎，並且在民間，如雨後春筍一般，陸續出現各種「三教合一」的新教派，統稱「三教合一論」。

二、「三教合一論」是「大雜燴」的理論？

「三教合一」的「三教合一論」，有人認爲是「儒教、佛教、道教」三教「拼盤式」的「大雜燴合一理論」而已，其實不然。

因爲，「三教」都有各自的優點和共通性，這是不容抹滅的事實。「三教合一論」的信徒學習「三教」的「經典」，可以更擴展自己「修行的視野」，開擴自己「修道的心胸」，尊重「三教」的聖人和教義，消彌「唯我教獨尊」的糾紛和傲慢心。

「道法自然」，「道」是「自然的規律」，「道」是中華傳統文化最爲核心的字，也是最能體現中華傳統文化思想內涵的字。「儒教、佛教、道教」三教的教義內容，不都是在談論「如何修道」嗎？

「三教合一論」的教義內涵是：「三綱（君爲臣綱、父爲子綱、夫爲妻綱）五常（卽五人倫：仁、義、禮、智、信）」是「道」之始也；「見性入門」，是「道」之中也；「虛空本體」，是「道」之終也。

「三教合一論」綜合「始、中、終」而擴大之，「敍述」而非「著作」，變化而融通，好像「三教合一論」是出於一人所建立，它是「儒教」，是「佛教」，也是「道教」，非今非古，無是無非，自然融合「三教」，這是「三教合一論」的宗旨。所以，「三教合一論」不是「拼盤式」的「大雜燴合一理論」宗教，它變成一個充滿豐富色彩的新興宗教。

在民間信仰「三教合一論」的信徒，都是「世間人」，重視「三綱（君爲臣綱、父爲子綱、夫爲妻綱）五常（卽五人倫：仁、義、禮、智、信）四業（士、農、工、商四民之業）」，有家有業，有夫有妻，有父有子，有國有民，都在人類社會中立身處世，把「學道」貫穿到人們的日常生活中。

「三教合一」的思想，在歷代如野火燎原一般的傳播。最有名的典故是「南朝梁代」禪宗大德「傅大士」，頭戴「道冠」，身著「袈裟」，足踋「儒履」，去見篤信「佛教」的「梁武帝」。

「傅大士」，又稱「善慧大士」，是「南朝梁代」著名的「禪宗居士」，與金陵「寶誌公禪師」並稱爲「梁代二大士」。「傅大士」雖然是「佛教徒」，但是他提倡「三教合一」。

有一天，「傅大士」身著「和尚」的「袈裟」，頭戴「道士」的「道冠」，腳上穿著「儒士」的「儒鞋」，去見「梁武帝」。

「梁武帝」見他一身奇裝異服的打扮，便好奇的問道：「你是『和尙』嗎？」「傅大士」搖搖頭用手指，指自己頭上的「道冠」。

「梁武帝」又問道：「那麼你是『道士』嗎？」「傅大士」又搖搖頭以手指，指自己腳上的「儒鞋」。

「梁武帝」再問道：「既然你不是『和尙』，也不是『道士』，那麼你是『儒士』嗎？」「傅大士」再搖搖頭又以手指，指自己身上的「袈裟」。

「梁武帝」終於不耐煩地問道：「那你到底是屬於那一家？」

「傅大士」於是作詩回答道：「道冠儒履佛袈裟，會成三家作一家。」

「傅大士」這身衣冠打扮，便是將「儒、釋、道」三教融合爲一體，表示一種「儒行爲基，道學爲首，佛法爲中心」的精神。直至今天，在佛門中，「傅大士」的塑像，還是「頭戴道冠，身著袈裟，足趿儒履」的打扮。

「道冠、儒鞋、袈裟」，合三家爲一家，意思就是說：「道」是包容一切的，「道」不是「和尙、道士、儒士」的專利，「道」是「儒、釋、道」三教，和「九流」社會大衆中，每一個人都需要的。

在表現「儒、釋、道」三家融合的畫作中，有兩個歷史故事，經常被作爲繪畫的主題。一個是《虎溪三笑圖》，另一個是《三酸圖》。

《虎溪三笑圖》的典故：相傳「東晉」時期，高僧「慧遠法師」，居於「廬山」西北山麓的

「東林寺」中修行，曾經立下誓約：「影不出戶，跡不入俗，送客不過虎溪橋。」

一日，儒者「陶淵明」和道士「陸修靜」相攜訪問「慧遠法師」，三人談得極爲投機，不覺天色已晚。送客時，不覺已經過「虎溪橋」數百步遠，直到三人聽到虎嘯聲後，才意識到早已過「虎溪橋」界限。三人相視大笑，執禮作別。

據說，後人在他們分手處修建「三笑亭」，以示紀念。後世將此典故，視爲「儒、釋、道」親和的象徵，《虎溪三笑圖》描繪的，就是這個場景。

後來，有一幅有名的《一團和氣圖》，也是依據這個典故繪出的。此圖作於公元一四六五年，在明憲宗「朱見深」十八歲登基後，命人所繪製，並附上《御製一團和氣圖贊》一首。

《一團和氣圖》，粗看好像一位「笑面彌勒佛」盤腿而坐，體態渾圓，細看卻是三人合一體。左邊爲一位「身著道冠的老者」，右邊爲一位「戴方巾的儒士」，二人各執經卷一端，團膝相接，相對微笑，第三人則手搭兩人肩上，露出光光的頭頂，手捻佛珠，是「佛教中人」。作品構思絕妙，人物造型詼諧，用圖像的形式，表達了世界和諧的美好願望。

根據《御製一團和氣圖贊》推測，圖中的「笑面彌勒佛」應該是指「慧遠法師」，左側「身著道冠者」應該是指「陸修靜」，右側「飾儒巾者」則爲「陶淵明」，三人各爲「儒、釋、道」三教的代表人物，整個畫面佈局巧妙，和睦喜氣。

「三教合一」的思想，不僅流露在明憲宗「朱見深」身上，在許多寺廟文物上也有所體現。

例如：佛教聖地「少林寺」，在「鐘樓」前，有嘉靖四十四年（公元一五六五年），明太祖「朱元璋」的八世孫「朱載堉」所立的《混元三教九流圖贊》碑，刻有《混元三教九流圖》，畫面是「釋迦、孔子、老子」三聖合體像，該圖極有可能是「朱載堉」借鑑其曾叔祖明憲宗「朱見深」的《一團和氣圖》所繪製。《混元三教九流圖贊》中寫道：「三教一體，九流一源；百家一理，萬法一門。」體現了內外合流、和睦相處的思想宗旨。

另一個表現「三教合一」思想的是《三酸圖》，《三酸圖》又稱《嘗醋翁》，取材於「宋代」的畫本故事。

相傳「蘇東坡」和「黃庭堅」同赴「金山寺」拜訪「佛印禪師」，「佛印禪師」請兩人品嚐「烏鎮」的「桃花醋」。品嚐之後，則皺眉喊酸，時人稱其爲「三酸」。畫面均爲「一位和尚」和「二位文士」圍著「大醋缸」品嚐「桃花醋」，三人雖然同食一物，但是滋味各有不同，而嘗後皆蹙眉，酸得嗤牙咧嘴，畫面詼諧有趣。

該畫作描繪「儒、釋、道」三家圍一大醋缸，各伸指點醋而嘗，三人表情各不相同，「儒家」以爲酸，「佛教」以爲苦，「道家」以爲甜。此圖「道家」尤以推崇，解釋爲：「儒家」以「人生爲酸」，須以教化自正其形；「佛教」以「人生爲苦」，一生之中皆是痛楚；「道家」則以「人生爲甜」，認爲人生本質美好，只是世人心智未開，自尋煩惱。

後世將此三人分別作爲「儒、釋、道」的象徵，也以此故事作爲「儒、釋、道」融合的象徵，在「清代」也常常援引入畫。

「儒、釋、道」三教融合的思想，在「中國」源遠流長。早在魏晉南北朝時，就有「牟子」作《理惑論》論述「儒佛思想」的一致性；「道安」用《老子》來闡釋《般若經》，開立「佛道融合思想」的先河；道士「陶弘景」著「《孝經》《論語》集注」；「梁武帝」在《述三教詩》

中，更是以實踐強調「三教合一」。

唐宋時，「儒、釋、道」三教融合成為一個趨勢。隋、唐、宋諸朝間，經常舉行的「儒、釋、道」辯論大會，更是促進了三教的思想融合。

而「禪宗、理學、全眞道」的形成，實際上就是「儒、釋、道」三教融匯貫通的結果。正如「全眞道」祖師「王重陽」所說：「儒門釋戶道相通，三教從來一祖風。」。

到了「明代」，「儒、釋、道」三教融合，已經成為思想界的主流。明太祖「朱元璋」說：「於斯三教，除仲尼之道，祖堯舜，率三王，刪詩制典，萬世永賴。其佛仙之幽靈，暗助王綱，益世無窮。」此後，這一思想成為共識。

明清二代，在民間有許多五花八門，無名有實的「三教合一」宗教組織，「三教」共同崇拜的「神祇」也日益流行。

今日的「一貫道」，即是歷代流傳下來的「三教合一」宗教組織中的一個教派。「一貫道」是一個經過「台灣政府」核准成立的「名門正派」，不是「邪教」，也不是「儒教、佛教、道教」三教「拼盤式」的「大雜燴合一理論」教派，而是一種「三教合流」的新興宗教。

三、「三教合一」的發展歷程

「三教合一」的「三教」，指的是儒教、佛教（釋教）、道教三家，又稱為「儒釋道」。「儒、釋、道」三教是中華文化，自古傳承之三大文化支柱，「儒家」以「修身、齊家、治國、平天下」爲教育目標；「佛教」以「出家修成正果」爲主旨；「道家」以隱世「修己治身」達到「無爭」之目的，三者相輔相成。

但是，這「三教」之中，追根溯源，「道家」發源最早，「老子」撰著《道德經》之際，尚無其他「教派」產生，並且「老子」雖和「孔子」同時，但是稍微早一點。「孔子」還曾向「老子」問禮，事後「孔子」形容「老子」是「猶龍」，深遠不可測。

至於「佛教」是於紀元前六至五世紀，由「釋迦牟尼佛」所創立。至紀元前一、二世紀傳至「中國」，到「曹魏」時，已經在民間生根，到「隋唐」時大量翻譯佛經。

要了解「一貫道」的歷史源流，就要先說明「儒、釋、道」三教在「中國」的鬥爭歷史。由於「儒、道」二家根植於「中國」，從創立到「漢唐」，並沒有本質的衝突。因此，實際上的衝突，主要發生在「儒、道」二家與「佛家」之間。

「儒教、佛（釋）教、道教（道家）」，這「三教」概念的發展，主要可以分成三個階段：「魏晉南北朝」的「梁武帝」是第一個階段，「唐宋」是第二個階段，「元明清」是第三個階段。

在第一個階段裡，雖然有「三教」的稱呼，但是「三教」彼此之間是獨立的，然而相互之間都有影響，「三教」之所以相提並論，是因爲偏重於它們「社會功能」的互補。

第二個階段，是一個「過渡時期」的階段，繼續在第一階段「三教功能互補」的基礎上，更添加新內容。第二個階段，主要在於彼此「內在意識」上的流通融合，逐步變成彼此相互交流融合，再演化出「三教合一」的新成分，這也反映了「三教合流」的趨勢越來越大。但是，就其

「主流」而言，依然各自獨立，各樹一幟。

到了第三個階段，才出現眞正「宗教形態」上的，五花八門的「三教合一」宗教組織，統稱爲「三教合一論」。

下面就來簡述「三教合一」在歷代的發展歷程。

（一）先秦以前時期

「中國」是一個多種民族、多種宗教、多種文化的國家，在「先秦」以前，「中國」已經形成了一個以崇拜「天帝、祖先」爲主要特徵的宗教，這是「儒教」的前身。

（二）先秦時期

在「先秦時期」，「儒學」是一種以「政治、倫理」爲主的學說，它缺乏「哲學」的內涵，沒有「論證的方法」，因此在「戰國時代」的百家爭鳴中，沒有占居主導的地位。

（三）西漢時期

在「西漢」時期，統治者推崇「黃老之說」，「漢武帝」採納「董仲舒」上奏的「罷黜百家，獨尊儒術」之後，在中國幾乎無處不受到「儒家學說」所左右的。

「漢武帝」定「儒教」於一尊之後，出現了「經學」，「經學」是對「儒學」的第一次改造。

「儒教」在解釋「儒學經典」中，提出了一套以「三綱五常」爲基礎，以「道家思想」爲輔助，並且附以「陰陽五行學說」等的思想體系。

「經學家」們在他們的「儒學」中，引進了「神學」的內涵，「儒學」開始「儒教化」，他們對至聖先師「孔子」進行祭祀，使「孔子祭禮」成爲和「天地神明、祖先崇拜」並列的三大祭祀系統之一。

（四）東漢時期

「佛教」已在「西漢」末年傳入「西域」，在「東漢」永平十年（公元六十七年），「明帝」夢見「金人」，其名曰「佛」，於是派「使者」赴「天竺」求得其經書及沙門，並於「洛陽」建立中國第一座佛教廟宇「白馬寺」。

其實，在公元前，外來的「印度佛教」就已經開始傳入「漢地」，只是當時的人們，把「印度佛教」看成「神仙方術」的一種。

「佛教」在「東漢」正式傳入中國之後，爲了求得自己的生存和發展，不得不向當時占有支配地位的「儒家」靠攏，並在「哲學思想」上，依附於「老莊」和「玄學」。

「佛教」爲圖調合「儒家、道家」的矛盾，不斷地援「儒家、道家」入「佛教」，論證「三家」的一致性。

例如，在我國最早編譯的《四十二章經》中，就已經摻入了很多「儒家、道家」思想的內容，《四十二章經》一方面宣傳「小乘佛教」的「無我、無常」和「四諦、八正道」，但是同時也雜有「行道守眞」之類的「道家思想」，以及「以禮從人」等的「儒家」道德行爲規範。

就在這個時期，中國本土的「道教」出現了。「漢順帝」時，「張道陵」以《道德經》爲主要經典，同時吸收某些原始宗教信仰、巫術和神仙方術等，在「四川」的「鶴鳴山」創建「五斗米道」。

「張道陵」奉「道家」的「太上老君（老子）」爲教主，聲稱「太上老君（老子）」授以「三天正法」，命爲「天師」，「爲三天法師正一眞人」，並造「道書」二十四篇。「五斗米道」後來改稱爲「正一道」，簡稱「道教」，「道教徒」尊稱他爲「祖天師、正一眞人、張道陵天師」或「教主」。

「道教」的形成和「佛教」的傳入，打破了「獨尊儒術」的局面，而「中國」也進入了「三教鼎立」的時期。

（五）三國時期

「三國」時期，大批「印度」和「西域」僧人來華，從事「譯經、傳教」的工作，這爲以後「佛教」在「魏晉南北朝」的廣泛傳播，起了重要的推動作用。

「佛教」至「三國、西晉、東晉」期間，陸續進行「佛典」的翻譯。當時的「佛典翻譯」多採用「老莊思想」，可見「佛、道」的交流早已存在。

（六）魏晉南北朝時期

在「魏晉南北朝」時期，由於「佛教」受到帝王的信仰和重視，「印度佛教」經過改造以後，逐漸適應「中國社會」的需要，逐漸在「民間」紮下根來，並取得重要的發展。

「佛、儒、道」三教歸一論點的提倡者，最早有「東晉」的佛教學者「宗炳」，他曾經參加「廬山」「慧遠大師」主持的「白蓮社」，著有《明佛論》，提出了「孔老釋迦，雖三訓殊途，而習善共轍」的觀點，力倡「三教同歸」之旨，認為「三教」都是教人為善的，都有利於社會教化。

「東晉」的文學家「孫綽」著有《喻道論》，他提出「佛、道」兩教調和論，他認為「周孔即佛，佛即周孔，蓋外內名之耳……周孔救其弊，佛教明其本耳，共為首尾，其致不殊。故逆尋者，每見其二，順通者，無往不二。」

在此之前，「三教」僅謀求相互調和，並未採用「合一」的形式。「道教」雖然在表面上反對「佛教」，但是在傳教時，卻也經常引用「佛教」的論點。

「中國」的「佛教宗派」，是在攝取「中國傳統思想」，特別是「儒家、道家」思想的基礎上創立起來的。

例如：「南北朝末期」創立的「天台宗」，是「漢傳佛教」中，最早一個由「本地僧人」所創立的本土性宗派。「天台宗」把「止觀學說」與「儒家」的「心性論」調和起來，甚至把「道教」的「借外丹力修內丹」的「修煉方法」，也引進了「佛教」。

在當時的「佛教」，精通「三教經典」的僧人為數不少，例如「南朝劉宋」的僧人「曇度」，博通諸經，尤其善於《涅槃經》、《法華經》二經，又精通《春秋》、《莊子》、《老子》、《易經》。

「佛教」居士「傅大士」是南北朝「梁武帝」時代的人，著名的「佛教」居士，與「達摩、寶誌禪師」合稱「梁代三大士」，被認爲是「彌勒菩薩」的化身。

有一日，「傅大士」去見「梁武帝」，身穿一件「僧衣」、頭戴一頂「道冠」、腳上又穿著一雙「儒鞋」。「梁武帝」問他說道：「你是僧人嗎？」「傅大士」以手指「道冠」，「梁武帝」又問道：「是道士嗎？」「傅大士」以手指「儒鞋」，「梁武帝」又問道：「是儒士嗎？」「傅大士」以手指「僧衣」。這說明什麼呢？說明他既不是道，也不是僧，也不是儒，但是呢，他又是道、又是僧、又是儒。

「道教」提倡「三教一致」的思想，開始於「晉朝」的「葛洪」。「葛洪」使「道教思想」系統化時，提出以「神仙養生」爲內，「儒術應世」爲外，將「道教」的「神仙方術」與「儒家」的「綱常名教」相結合。「葛洪」在《抱朴子．釋滯》中說道：「以六經訓俗士，以方術授知音。」

在「晉代時期」的「道教」「上清派」和「靈寶派」等，吸納了「佛教」許多「輪迴、覺悟」等思想。

「道教」在「葛洪」以後，宣傳「三教合一」思想的，有「南齊南梁」的道士「陶弘景」等。

「南齊南梁」的道士「陶弘景」，是道教「茅山宗」的開創者。「陶弘景」提出「三教合流」的思想，兼修「儒、佛、道」。「陶弘景」著有《孝經》、《論語》集注，又說：「詣鄮縣阿育王塔自誓，受五大戒。」

在「洪葛、陶弘景」之後，「道教」中人提到的「三教合一」的愈來愈多，論證也愈來愈深入。

在「南朝南齊」出現了一名道士「顧歡」，在其著作《三名論》一書中，首倡「三教一理」的學說，其目的就是爲了能夠平息中國境內各教派的紛爭。自「顧歡」提倡的「三教一理」的學說後，歷代相繼有人提出「三教合一」、「三教歸一」、「三教同源」、「三教一體」、「三教融合」……等主張。

「南朝南齊」的著名文學家「張融」，力主「佛、儒、道」三教歸一。臨終之際，尚左手持《孝經》、《老子》，右手持《小品般若經》、《法華經》而逝。

另外，「南朝齊梁」著名道士「孟景翼」，主張「佛、道」二教歸一。

（七）隋唐時期

「隋唐」時期，「佛教」的發展達到了鼎盛，形成了許多具有中國文化特色的「中國佛教」的宗派和學派，並傳播到了鄰近的國家。

「隋唐」時期，三教的衝突趨於緩和，三教融合的風氣更爲盛行，尤其唐代實施三教共舉和鼓勵的政策，使三教融合起了極大的推動作用。

「隋代」大儒者「王通」，居「河、汾」之間，開學授徒，時稱「河汾門下」。「王通」提出「三教可一」的融合點，是「使民不倦」。以「入世」的角度來統一「三教」，無論從「個人的生命安頓」，還是從「社會的政治秩序」，凡是有利的地方都可以吸收。

唐高祖「李淵」下詔，稱「三教雖異，善歸一揆」。

「唐代」詩人「白居易」，官至「刑部尚書」，他在《白氏長慶集》裡說：「儒門釋教雖數則有異同，約義立宗彼此亦無差別。所謂同出而異名，殊途而同歸。」

「唐代」文學家「柳宗元」，貞元進士，官至「監察御史」，他信仰「佛教」，但是主張「儒、道、釋」三教調和，他在《柳河東集》裡說：「浮屠誠有不可斥者，往往與《易》、《論語》合……不與孔子異道。」

「佛教」在建立中國文化特色的「宗派」和「理論體系」時，融入了大量的「儒家」和「道家」的思想；另一方面又與「儒教」和「道教」，進行了爭論不休，甚至流血鬥爭。從此以後，「儒教、佛教、道教」形成了三足鼎立之勢。

「中國」的「佛教宗派」，是在攝取「儒家、道家」思想的基礎上創立起來的，例如「華嚴宗」和「禪宗」。

「盛唐時期」創立的「華嚴宗」，其五祖「宗密」不僅認爲「禪、教一致」，還進而認爲「儒、釋同源」。「宗密」著有《原人論》，以研究「人的本原」爲己任，並將「儒、道、佛」三家的「人性論」和「宇宙論」納入其《原人論》的序中。他說：「孔老釋迦，皆是至聖；隨時應物，設教殊途；內外相資，共利群遮。策勤萬行，明因果始終；推究萬法，彰生起本末……三教皆可遵行。」

「盛唐時期」的「禪宗」是一個典型的「儒教、佛教、道教」三教結合的派別，它在堅持「佛教立場」的同時，將「老、莊」的「自然主義哲學」和「儒家」的「心性學說」，都融入自己的「禪學」中。

其實，從「菩提達摩」的「與道冥符」到「神秀」的「觀心看淨」，都可以看到「老子」所說的「靜觀其道、靜心致遠」的思想痕跡；從「六祖惠能」的「能所俱泯」中，我們可以聯想到「莊子」的「物我兩忘」的境界。

「隋唐」時期，帝國的幅員遼闊，經濟繁榮，文化燦爛繽紛，「儒教、佛教、道教」在這個時期，都有重要的發展，進入了繁盛時代。縱觀這個時期，由於各代帝王信仰的不同，在不同歷史時期，對「儒教、佛教、道教」的態度也有所不同，或抑或揚，但是總的說來，對「宗教」是採取「支持、利用」和「限制」的政策。

在「唐代」道教中，「重玄派」的代表人物如「成玄英、李榮、王玄覽」等，都「援莊入老、援佛入老」，通過對「佛、老」的巧妙結合，發展了「道教」的教義，對後世有重要的影響。

著名的「呂洞賓」道士，非常「佛教化、禪宗化」，他利用「離相、觀空」等「佛教觀點」，來充實「道教」，「呂洞賓」對《金剛經》的研究，非常深入。

「儒教、佛教、道教」三教雖然在「意識形態」上，呈現出三足鼎立的局面，但是「三教」為了從自身發展的需要，和迎合「大唐帝國」的「大一統」之政治的需要，也不時喊出「三教無闕（過失）、三教歸一、會三歸一」等的口號。

此時，「三教」中提倡「三教合一」的人也不少。在「儒學」方面，有隋唐的「王通」，他曾經呼籲「三教合一」；「韓愈、李翺」雖然在政治上反對「佛教」，但是他們把「佛教」的「心性學說」和「法統觀」加以改造，提出了「儒學」的「道統說」和「復性論」。

因此，有人譏諷他們是「陰釋陽儒」；「柳宗元」雖然批判「佛教」的「中觀」是「妄取空語……顚倒是非」，但是他在《送憎浩初序》中，仍然認爲：「浮圖仍有不可斥者，往往與《易》、《論語》合……不與孔子異道」。

「佛教」在「唐末」，由於戰亂頻繁，社會動盪，日益呈現衰頹之勢，在「宋初」一度復甦。

（八）北宋時期

「宋代」「三教合一」之潮更爲深入，三教在理論上進行融合，三家都互相向對方靠攏，互相滲透，互相融化。

「北宋」初期，朝廷對「佛教」採取「保護政策」，普度大批僧人，重編「大藏經」。

在「北宋」期間，「道教」進入了全盛時期，「北宋」幾位皇帝（眞宗、徽宗）都自稱爲「教主道君皇帝」，採取了一系列「崇道措施」。因此，道衆倍增，宮觀規模日益擴大，「神仙系列」也更爲蕪雜。

由於「道教經論」日益增加，開始編纂了《道藏》，「北宋」南渡偏安之後，出現了不少新的「道派」，這些新興的「道派」，都主張「三教合一」。

「北宋」的道士「陳摶」是「由儒入道」，精通佛理，他的《無極圖》和內丹理論，就是三教文化融合的產物。

「張伯端」爲「北宋」道士，「金丹派南宗五祖」的「初祖」。在「張伯端」的著作《悟眞篇》中，提倡「三教合一」的思想，他認爲「教雖分三、道乃歸一」。

「北宋」的「佛教」高僧「延壽」，也以「佛教」爲中心，而和會「三教」。他認爲「三教」在本質上是一致的，故可融合爲一。他說：「三教雖殊，法界收之，則無別原。若孔、老二教，百氏九流，總而言之，不離法界，其猶百川歸於大海。」

「北宋」著名的文學家「蘇軾（蘇東坡）」，早年是「儒家」，中期「儒、道」兼有，晚年卻是「儒、道、釋」相融。

「宋代」三教融合的另一重要標誌，是「儒家」吸收了「佛、道」二家文化，創立了以「儒」爲主，兼熔「釋、道」文化於一爐的「理學體系」。「理學」開創者「周敦頤」的《太極圖說》來自「道家」的傳承，用「易理」和「道家」的術語來闡述「宇宙生成」的理論。

在「宋明理學」包括「程朱理學」和「陸王心學」。「理學」仍然以「孔孟」倡導的「倫理思想」爲核心，「理學」雖然竭力排斥「佛、道」，但是實際上仍然吸取「佛、道」的部分理論。

在「宋明理學」的「思想體系」中，明顯地可以看出來，它吸收了「佛教」的「空有合一」的「本體論」、「頓漸合一」的「認識論」、「明心見性」和「返本複初」的「修持觀」等，因此有人諷刺說「宋明理學」是「陽儒陰釋」，是「三教合一」的新形態。

「宋明理學」的開山祖師，北宋「周敦頤」的著作《太極圖說》，很明顯地，是「三教」融合為一的代表作。

「北宋」理學家「程顥、程頤」兄弟，主張「性卽理」，強調「天理」與「人欲」的對立，並通過「內心的修養功夫」來「窒慾」，以恢復「天理」，這也很明顯地，受到過「佛教心性論」和「禪宗修持方法」的影響。

（九）南宋時期

「南宋」偏安一隅，「江南佛教」雖然保持了一定的繁榮，但是總的來說，「佛教」是處在衰落的趨勢。在此期間，「佛教」與「儒教」和「道教」結合，「三教合一」的理論，呈現出發展的趨勢。

「宋朝」第十一位皇帝、「南宋」第二位皇帝宋孝宗「趙昚（ㄕㄣˋ）」，提出「以佛修心，以道養生，以儒治世可也。」

此外，「南宋」民間供奉的神像，「三教」的神仙和人物俱全，反映了「多神崇拜」的鮮明特點。可見「南宋時期」，「三教合一」的思潮，對社會各階層產生了深刻影響。

「南宋」偏安之後，南北出現了對峙的局面，因而在「道教」中也出現了「龍虎、天師、茅山、上清」等派及其分支，這些派別大都提倡「三教平等、三教一源」的思想，並在「道教」的哲理和實踐中，攝取了很多「儒教、佛教」的內容。

其中最突出的是道教「金丹派南宗」的祖師「張伯端」，尊稱「紫陽眞人」，他著《悟眞篇》，論述「內丹修鍊」和「儒、道、釋」三教一理的思想。他以「修煉性命說」會通「三教」，他提倡的「修煉方法」是：「先以神仙命脈誘其修煉，次以諸佛妙用廣其神通，終以眞知覺性遣其幻妄，而歸於究竟空寂之本原。」他的修持方法，很明顯地就是「三教」的結合。

「南宋時期」的「道教」支派「淨明道」，除了吸納「佛法」，更主張「忠敬、孝弟」有成，卽爲神仙。

「南宋」著名的禪宗大師「大慧宗杲（ㄍㄠˇ）」，爲「臨濟宗」楊岐派第五代傳人，以提倡「看話禪」著名。他認爲「儒、道、佛三教聖人所說之法，無非是勸人戒惡，正人心術」，「三教聖人，立教唯異，而其道同歸一致，此爲萬古不變之義」。

「南宋」的哲學家「朱熹」，是「宋明理學」集大成者，他以「儒家」繼承者自居，但是道家「老子」的思想，對他產生了重大影響。「朱熹」的「理學」是套用「老子」的哲學框架。

「老子」認爲「道」處於萬物之先，是產生萬物的根本，是無形無像的。而「朱熹」對「理學」的特性，在《朱子類語》裡也說：「未有天地先，畢竟也是『理』，有此『理』，便有此天地；若無此『理』，便亦無天地，無人無物，都無該載了。」

「朱熹」是竭力排斥「佛教」的一個人物，但是在他的「哲學思想」中，無論從「本體論、認識論」到「修持方法」，無不打上「佛教」的烙印，有人說他是「陽儒陰釋、表儒裡釋」，他在《朱熹語錄》裡，自己也感嘆說道：「佛教的克己，往往我儒所不及。」所以，「朱熹」在晚年，立足於「武夷」，致力融合「儒、道、釋」於一爐，集「理學」之大成。

（十）元朝時期

「元朝」時期，「道教」正式分為「全眞道」和「正一道」兩個重大派別，盛極一時。這些派別也從自己教派的立場出發，高舉「三教合一」的旗幟。

道教「全眞派」創始人「王重陽」繼承「呂洞賓」的思想，提出：「儒門釋戶道相通，三教從來一祖風」，提倡「儒教、佛教、道教」三教合一，三教同源，勸人讀「佛門」的《般若心經》、「儒教」的《孝經》，「道家」的《道德經》、《清淨經》、《黃庭經》。

「王重陽」主張，「修道者」的「眞師」是自己的「元神」，類似「佛教」的「如來藏學派理論」，人人本有「佛性」之說，如果「慈悲清淨」，就可立刻頓悟。他又吸收「佛教禪宗」的理論，以「打坐」為修行方法，視「酒、色、財、氣」為修道的大敵，主張在「玄理」上「不立文字」，不從書面上的字義，來解釋「道教」的玄理，以免受「文字」束縛。

「王重陽」不重視傳統「道教」的「符籙、咒語、金丹」，他主張的「修道宗旨」是「清淨無為、眞功、眞行」。「眞功」就是「存神固氣」，保持清淨不動心，使身心安定；「眞行」就是善行助人，累積功德，拯難貧苦有難，導人行善。他勸人修道，認為人生易逝，舊業難消，輪迴難避，不修道則下地獄，萬劫不復，出家修道則可脫離慾海，消盡業障，超脫輪迴而成仙。

「全眞派」經過「王重陽、馬鈺、邱處機、尹志平、李志常」等幾代掌教鼓吹「三教歸一」、義理本無二致」的思想，以及當時「金、元」兩個朝廷的推崇，雖然當中有過被限制發展的歷程，但是在推崇「三教合一」的做法中，幾代的「全眞道士」，做出了巨大的貢獻。

「正一道」則運用「佛教」的「眞言、咒語、手印」，行使「符籙法術」。

「元代」以後，「儒教、佛教、道教」三教之間的融洽關係日益見深，「三教合一」的思潮，成爲中國學術思想發展的主流。

（十一）元明時期

到了「明代」，「三教合一論」產生了更重大的影響。特別是在「朝廷」，「哲學界」和「宗教界」等學者，都極力倡行「三教合一說」，並形成當時學術思想上的一種共識。

明太祖「朱元璋」制定「三教合一」政策。他對「儒、佛、道」採取了兼收並蓄的態度。他曾經寫《三教論》，對「三教」的作用與關係，作了論述與闡釋。他認爲「儒、佛、道」在「教義教理」方面，雖有種種差異，但是在「社會教化」上，都有各自獨特的作用，缺一不可。

「朱元璋」在《三教論》裡說：「於斯三教，除仲尼之道祖堯舜，率三王，刪《詩》制典，萬世永賴；其佛仙之幽靈，暗助王綱，益世無窮，唯常是吉。……三教之立，雖持身榮儉之不同，其所濟給之理一。然於斯世之愚人，於斯三教，有不可缺者。」

所以，「明代」實行以儒教「明治天下」，以佛道「暗理王綱」。也就是通過「儒教」來制定「政治典章制度」，「倫理綱常」以及「君臣治國之道」。利用「佛道」所提供超人間的力量，來威攝天下百姓。

「朱元璋」所制定的「三教合一」並用政策，對「明朝」後來幾代皇帝，都沒有改變，堅持「兼收並蓄」的態度。

「明代」時期的「武當山」道士「張三丰」是「太極拳」的創始人，他認爲「道」爲三教共同之源，「儒家」是「行道濟時」；「佛家」是「悟道覺世」；「道家」是「藏道度人」。

「宋明理學」的形成，是吸收了不少「佛、道」二家思想的結果，也強化了它的宗教氣息，尤其是「理學家」的「修養功夫」，無論「主誠、主敬、主靜、主寡慾、主返觀內心、主致良知、主敬以直內義以方外……」等等，莫不含有「宗教」上的祈禱作用。

「明代」中期的「王陽明」是「心學」的主要代表，「心學」是「儒學」中，「宋明理學」的一門學派。通觀他的「良知道德本體論」及「致良知」的「修養方法」，與「禪學」的「佛性論」及「修持方法」有著很多相通之處。

「宋明理學」提倡的「援儒入佛、儒道契合」，使「儒學」在很大程度上「佛學化、禪學化、道教化」，使「三教」之間的鴻溝，變得越來越小，終至蔚成一源，形成「三教合一」。

「元明」以後，「佛教」與「道教」衰落，「理學」勃興。「理學」以「孔子」的「倫理思想」為核心，攝取了「佛家」和「道家」的大量「哲學思想、思維形式」和「修持方法」，使三者密不可分，難解難分。所以，「理學」本身就體現著「三教合一」的理論。

而且，「理學」的興起，對「儒教、佛教、道教」三教，產生了一些重大的影響：

⑴宋明的「新儒學」成為一頭獨大的「社會統治意識」，完全改變了「魏晉南北朝時期」的「三教」格局。

⑵「佛教」和「道教」二教，逐漸在「三教」中，淪為「配角」的地位，這也降低了它們在社會上的影響力。

⑶在「儒教」內部，「三教合一」的思潮發展，也愈來愈強烈。

（十二）明清時期

「明代」佛教中的高僧大德，倡行「三教合一說」，並將這種融合，推向了高潮。當時，倡導「三教合一說」，最力者有著名禪僧「元賢大師」，以及號稱「明代四大高僧」的「蓮池袾宏、紫柏眞可、憨山德清」和「蕅益智旭」。

明末清初的「元賢大師」，是「閩境」一代高僧。他研習《楞嚴》、《法華》、《圓覺》三經，「言滿天下，道被域中。」「元賢大師」認爲，「儒、佛、道」三家，其教雖殊，其理則一。

所以，他提出「三教一理」的觀點，他說：「教既分三，強同之者妄也；理實唯一，強異之者迷也。」「是知理一，而教不得不分；教分，而理未嘗不一。」

意思是說：「儒、佛、道」三教是不同社會背景，不同時代要求下的必然產物。故它的產生更是合理的，是理之所歸。既同是理之所歸，故三教一理之論自然能成立。」

「明代」的中國佛教「淨土宗」的第八代祖師「蓮池袾宏」，他長住杭州「雲棲寺」，故稱「雲棲大師」。他在「儒、佛、道」三教關係問題上，提出「三教一家」的論點，「三教爲何是一家？」他以「三教同源」來論證這個觀點。

「蓮池袾宏」作了一幅「三教同根同祖關係圖」，他認爲這幅「三教關係圖」，反映了「儒、佛、道」三家，在「老祖宗」那裡，同根源同血脈的「本來面目」，只因「三教傳人」不了解這一點，才各立門戶，相互對立，互生仇怨。若看了他繪製的「三教圖」，就能消除三教之間的隔離，使其同歸於一家。

「紫柏眞可」，少時在虎丘「雲岩寺」出家。他潛心研習「法相，華嚴學說」，體悟到「儒、佛、道」三教之法，本是一原，出自一心。他說：「夫身心之初，有無身心者，湛然圓滿而獨存焉。伏義氏得之而畫卦，仲尼氏得之而翼《易》，老氏得之二篇乃作，吾大覺老人得之，於靈山會上，拈花微笑，天人百萬，聖凡交羅，獨迦葉氏得之。自是，由阿難氏乃至達摩氏、大鑒氏、南嶽氏、青原氏，並相而得之。於是乎千變萬化，世出世法。」

意思是說：「儒、佛、道三教乃至三教之間內部的宗宗派派，均是得之於先天的『湛然圓滿而獨存之一心』，這好比一棵大樹，枝葉再多，也都是源於一根，三教亦然，其流演變，變化再大，亦是萬變不離其根。」

傳承「臨濟宗」的「憨山德清」，少時在金陵「棲霞山」削髮爲僧，研習《華嚴經》，又發心刺血泥金，寫《大方廣華嚴經》一部，他對「儒、佛、道」的會通中，提出「三教同源論」，他說：「嘗言爲學有三要，所以不知《春秋》，不能涉世；不精《老》、《莊》，不能忘世；不參禪，不能出世。」

爲什麼《春秋》、《老子》、《莊子》，禪學缺一不可呢？他認爲，這是因爲「三教」原本就是同源的，三者同源於「一心」，「三學之要」也同此一「心」，學同此心，故教同此理。

被尊爲「淨土宗」九祖的「蕅益智旭」，他曾住安徽「九華山」及浙江吉安「靈峰寺」。他主張諸宗融合，禪教兼重，三教合一。他認爲「自心者，三教之源，三教皆從此心施設。苟無此心，三教具無；苟昧自心，三教具昧。苟知此心，而擴充之，何患三教不總歸陶鑄也哉？心足以陶鑄三教，乃名能其性，亦能盡人物之性。」

「明代」道教中的「正一道」和「全眞道」也都主張「儒、道、佛」三教合一論。

「正一道」第四十三代天師「張宇初」，他認爲「儒、道、佛」三家的「本源之理」是一致的，只是「語言表達」有所不同而已。「道教」所謂「元神」，就相當於「儒教」的「太極」和「佛教」的「圓覺」。他還將這一思想納入「正一道」的教義之中，力求「三教」融合貫通。

「全眞道」也提出「儒、道、佛」三教合一論。具有傳奇色彩的「張三丰」，是「全眞道」的丹法思想家，也是「武當山內家拳技」創始人。後隱循潛修，明太祖，明成祖曾多次遣使求之，都查無下落。

在「儒、道、佛」三教的關係上，「張三丰」認爲「佛也者，悟道覺世者也；儒者，行道濟世者也；仙也者，藏道度人者也。各講各的好處，合講合的好處，何必口舌是非。」

當時在民間，流傳一本託名「呂洞賓」乩授的《三寶心燈》，書中強調：「若歸道而不知三教合一之旨，便是異端邪說。」此書可說將「道門」中的「三教合一論」，推向了極端。

在「明代」，倡導「三教合一說」，最盛者是「林兆恩」，因爲他不但主張「三教合一」，而且實際創立一種新的宗教，稱爲「三一教」。

「林兆恩」所創立的「三一教」，是將「佛道思想」，大量引入「儒學」內部，以「儒」爲主，以「佛、道」爲輔，在「歸儒宗孔」的基本宗旨下，創立一種合三爲一的思想體系，使「儒學」的性質，由「哲學」變爲「宗教」。「林兆恩」創立的「三一教」，最具特色的是崇尚「彌勒下生信仰」。

「明代」中期的「羅教」，也就是「一貫道」的源流，其創始人「羅淸」在其《五部六冊》

中的《破邪顯證鑰匙卷．破不論在家出家辟支佛品第一》裡說明：「一僧一道一儒緣，同入心空及第禪。似水流源滄溟瀼，日月星辰共一天。本來大道原無二，奈緣偏執別談玄。了心更許何誰論，三教原來總一般。」

在明代「羅清」的《五部六冊》內容中，不僅有《金剛經》、《華嚴經》、《法華經》等佛經，還有《道德經》、《悟眞篇》等「道教典籍」和「儒家」的《大學》、《中庸》等，說明這些所謂《寶卷》，完全是「三教合一」的綜合。

「一貫道」受到「理學」的影響很深，從第十五代祖「王覺一」的著作《北海老人全集》裡，就可以知道，「一貫道」是以「理學」和「三教合一」爲主幹的新興宗教。

在「明代」以後，「佛道混同」的情況非常顯著「道教」，吸納了許多「佛教」的菩薩，「觀世音菩薩」改尊稱爲「慈航天尊」，「佛教」二十四諸天之一的護法神「摩利支菩薩」，被尊稱爲「斗姆元君」，爲「北斗衆星」之母等。而原本屬於「道教」的「紫微大帝、天皇大帝、關聖帝君」等，紛紛成爲「佛教」崇祀的「護法神」。

「三教合一」一詞，在整個《四庫全書》中，只出現過八次，而且全部都是在「元代」以後。也就是說，在「明代」之前，只有「三教」的概念，而根本沒有「三教合一」概念的流行。這說明了一件事情，「明代」以前的人們，尚未認識到「三教」「有合一」的可能性。

「明、清」兩代，雖然「佛、道」衰微，但是歷代「三教融合」的思潮有增無減，其特點是滲透到「民間信仰」中。清代「順治」年間出現的「先天道」，就是衆多民間「三教合一」信仰的教派之一，也是今日「一貫道」的前身。

「明代」以後，「基督教」與「伊斯蘭教（回教）」在「中國」的影響越來越大，「三教」變成了「五教」。「中國」歷來有「三教合一」的傳統，清末民國初年，民間又有人提出了「五教合一」的理論。而「一貫道」本著尊重、包容、融合一切「合法宗教」的精神，也把「基督教」與「伊斯蘭教（回教）」融入「一貫道」，形成了「五教合一」的信仰。

「明清時期」，「儒教、佛教、道教」沒有重大的變化，影響及今。近代的佛學大師（如印光、弘一、虛雲等）在講解「佛教經典」時，經常援引「儒、道」學說爲之解釋。

「一貫道」第十五代祖師「王覺一」，又稱爲「北海老人」，二十七歲時加入「先天道」，拜第十四代祖師「姚鶴天」爲師。回到「青州」後，則建立「東震堂」，又稱爲「末後一著教」，卽今天「一貫道」之前身，是「一貫道」的實際創始者。他著有《一貫探源圖說》，其宗旨認爲「儒、釋、道」三教之源本一，未有「三教」先有「道」，「道」卽「一」，「一」卽是「道」。

「一貫道」第十六代祖師「劉清虛」，於光緒十二（公元一八八六年），將「三教合一」的「東震堂」，改稱爲「一貫道」，之後一直流傳下來，成爲今日的「一貫道」。

由「儒、釋、道」三教，在「中國」歷代的演化歷程，可以得到一個結論：「三教」的不同，只是展現「形式」與「分工」的不同而已，而在救治人生、教化社會的根本功用上，卻沒有差別。

「儒教」以「治世治民」；「佛教」以「治心治性」；「道教」則是既能「修身煉形」，又能夠「治家治國」。「三教」同功而異名，可以並行於世，相互補充。

四、「三教合一」的寺廟

（一）中國河南省的嵩山「少林寺」

河南嵩山「少林寺」，是位於中國「河南省」登封市「嵩山五乳峰」下的一座佛寺，由於其坐落於「嵩山」腹地「少室山」的茂密叢林之中，故名「少林寺」。

「少林寺」因其歷代「少林武僧」，潛心研創和不斷發展的「少林功夫」，而名揚天下，有「天下功夫出少林，少林功夫甲天下」之說。

嵩山「少林寺」開始建於「北魏」太和十九年（公元四九五年），距今一千五百多年，是「漢傳佛教」的「禪宗祖庭」，號稱「天下第一名刹」。當時的「孝文帝」爲了安頓來朝的「印度」僧人「跋陀」，因此在「嵩山少室山」建寺。

「跋陀」以嵩山「少林寺」爲傳法場地，廣收弟子，高足弟子有「律學巨匠」之稱的「慧光」、「蔥嶺以東，禪學之最」之稱的「僧稠」等人。

永平元年（公元五〇六年），「印度」高僧「勒拿摩提」和「菩提流支」先後到嵩山「少林寺」開闢「譯場」，在「少林寺」西台「舍利塔」設立「翻經堂」翻譯經書。他們同「慧光」一道歷時三年，翻譯出印度「世親菩薩」的《十地經論》。之後，「慧光」在「少林寺」弘揚《四分律》，經過多代發展，後世最終形成「四分律宗」。

北魏「孝明帝」孝昌三年（公元五二七年），「禪宗」尊爲西天二十八祖的「菩提達摩」來到嵩山「少林寺」。他在「跋陀」開創的基礎上，廣集信徒，傳授「禪宗」，寺院的規模也逐漸擴大，僧侶日益增多，嵩山「少林寺」逐漸成爲「禪宗祖庭」。「菩提達摩」在嵩山「少林寺」修行多年，於東魏「孝靜帝」天平三年，傳法於禪宗二祖「慧可」，從此「禪學」在嵩山「少林寺」落跡流傳。

嵩山「少林寺」的建築群，主要包括常住院、塔林和初祖庵等。常住院的建築沿中軸線自南向北依次是山門、天王殿、大雄寶殿、藏經閣、方丈院、立雪亭、千佛殿、地藏殿、鐘樓及鼓樓。

另外，寺西有「塔林」，北有「初祖庵、達摩洞、甘露台」，西南有「二祖庵」，東北有「廣慧庵」。寺周還有「同光禪師塔、法如禪師塔」和「法華禪師塔」等古塔十餘座，古碑多品。

其中，「千佛殿」西側是具有「道教色彩」的「地藏殿」，殿內南北兩面供「十大閻羅王」神位；後壁繪製「儒教色彩」的「二十四孝畫圖」。

「鐘樓」前有嘉靖四十四年（公元一五六五年）「鄭王」之子「朱載堉」所立的《混元三教九流圖贊》碑，刻有《混元三教九流圖》，圖面是「釋迦、孔子、老子」三聖合體像。圖贊中寫到：「三教（儒、釋、道）一體，九流（農家、墨家、名家、法家、縱橫家、小說家、陰陽家、醫家、雜家）一源；百家一理，萬法一門」，這體現了「三教合流」和睦相處的思想宗旨。

（二）中國「嵩山」的少室山「安陽宮」

在「三教」體系裡，在「道教」的「道觀」，往往供奉「儒教的聖賢」和「佛、菩薩」，而在「佛教」的「寺廟」，又往往供奉「道教的神仙」和「儒教的聖賢」。

中國有「四大道教名山（武當山、青城山、龍虎山、齊雲山）」和「四大佛教名山（普陀山、五台山、峨嵋山、九華山）」，其實都是以「本教爲主」、「三教合流」的場所。

中國的「五嶽（東嶽泰山、西嶽華山、南嶽衡山、北嶽恆山、中嶽嵩山）」，也是「三教合一」的文化名山。如在嵩山，少林寺、中嶽廟、嵩陽書院鼎足而立，其中的嵩山「安陽宮」，就是一個「三教同奉」的典型廟宇。

嵩山「安陽宮」的「主殿洞」內，奉祀「孔子、老子、釋迦牟尼佛」，門上書：「才分天地人總屬一理，教有儒釋道終歸通途」。嵩山「安陽宮」的主殿爲三孔並排的「磚券窯洞建築」，分別爲「無極老母殿」、「三教祖師殿」和「三皇殿」，分別供奉著「無極老母」、「儒佛道三教祖師」和「天地人三皇」，是「嵩山」地區，一座典型的融合了「三教」的廟宇。

（三）台灣「台北市」的「木柵指南宮」

「指南宮」，位於台灣「台北市」文山區「木柵指南山」一帶山麓，爲「台灣道教聖地」之一，俗稱「仙公廟」，以主祀「八仙」中的「呂仙公（呂洞賓）」緣故而得名。

「指南宮」除爲「道教宮殿」，也按「三教合流」的理念，兼祀「儒、釋」。以「道教」爲主體的「純陽寶殿」，又稱「本殿」，奉祀「呂純陽祖師」，「凌霄寶殿」內有「三清殿、三官殿」等，奉祀「玉皇上帝、三清道祖」與「三官大帝」。

「大雄寶殿」又稱「佛祖殿」，奉祀「三寶佛（釋迦牟尼佛、阿彌陀佛、藥師佛）」與「觀音菩薩」，以「佛教」爲主體。

「指南宮」後山的「大成殿」，亦稱「孔廟」，奉祀至聖先師「孔子」與「七十二弟子」。

第二單元 「一貫道」的歷史

一、「一貫道」的「道統源流」

要了解「一貫道」的歷史，就要閱讀《道統寶鑑》、《性理題釋》和《一貫道簡介》。《道統寶鑑》是自古代流傳下來的「道統源流」，這是記載「一貫道」源流和歷代傳承的一本重要著作。但是，《道統寶鑑》的「作者」及「成書的年代」，已經難以考證，很可能是道中代代相承沿襲而來，恐非成於一人一時之作。在《道統寶鑑》一書中，將「一貫道」的「道統源流」，上推至「伏羲一畫開天」，一直到民國的十八祖「張天然、孫素貞」，共計有六十四代祖師的詳細介紹。

《性理題釋》是在民國二十六年（公元一九三七年），「濟公活佛」降鸞，將道中各類疑問，分別出題，再分別解答，命「郭廷棟」先生加以整理而成書。書中的「大道之沿革」，有敍述「道統源流」。

《一貫道簡介》是由「中華民國一貫道總會」，在民國七十七年（公元一九八八年）印行的，書中的「一貫道的源流」，也有簡介「道統源流」。

《一貫道簡介》裡的「一貫道的源流」原文如下：

自「伏羲」見「龍馬負圖」，創造「八卦」，揭開天地奧祕，是爲「大道」降世之始。

「伏羲」爲第一代道統祖師，其後聖聖相緒，「神農」爲第二代，第三代「軒轅黃帝」，第四代「少昊（ㄏㄠˋ）」，第五代「顓頊（ㄓㄨㄢ ㄒㄩ）」，第六代「帝嚳（ㄎㄨˋ）」，第七代「帝堯」，第八代「帝舜」，第九代「夏禹」，第十代「伊尹」，第十一代「商湯」，第十二代「姜尚」，第十三代「文王、武王、周公」，第十四代「老子」，第十五代「孔子」，第十六代「顏子、曾子」，第十七代「子思」，第十八代「孟子」，是爲「東方十八代」。

「孟子」以後，道脈西遷，心法失傳，「儒道道脈」泯滅，究未得繼續道統，良以「孔子」時，業經盤轉「西域」，「釋門」接衍，「釋迦牟尼」得道後，眞法傳大弟子「摩訶迦葉」爲「禪宗初祖」，單傳至二十八代「達摩尊者」。

「梁武帝」時，「達摩」西來中土，眞機妙法，復還於「中國」，是謂「老水還潮」。自「達摩」入「中國」，「眞道」乃一脈相傳，「達摩」爲初祖，單傳給「神光」二祖，三祖「僧燦」，四祖「道信」，五祖「弘忍」，六祖「惠能」。

「六祖」之後衣缽不傳，道降「火宅」，「白馬」續爲七祖，「羅蔚群」繼任八祖。「羅八祖」歸後，「道根」秘隱公案，「道統」懸虛「八百載」。其間雖無「天命祖師」接衍道統，惟自「宋代」融合「儒、佛、道」三家的「理學」及倡導「三教合一」的「全眞教」驟然興起。

降及「明代」又產生了一種以「無生老母」及「龍華三會」爲主要教義之新興三教合一「俗家教團」。雖然「全眞教」及部分「新興宗教」如「黃天道、夏教等，具有龐大教勢，且信徒遍佈各地，奈因天時未至，所傳多爲枝葉，根本「心印大法」或失傳或瞬卽止傳，故亦未續「天命之祖派」。然彼等爲「大道」之經義策論，做了薪傳的工作，「大道」之奧旨得賴以昌明。

迨至「清順治」年間，天時已至，「元始天尊」化身之「黃德輝」在「江西廬山」，受「天命」，遙接「羅八祖」，緒爲第九代祖。「黃九祖」融匯「天命心法」及「新舊宗教思想」，以儒佛道「三教合一」及全眞教「修煉金丹」教義爲精髓，新興宗教之「無生老母」及「龍華三會」教義爲佐義，正式開創「先天道」。故，《皇極金丹寶卷》云：「金丹大道最爲奇，元始臨凡墜玉梯；眞機默演無爲理，九玄泄漏造皇極」，又云：「西天四七傳燈轉，東土三三立教門」。

「黃九祖」以前爲「接緒道統」，「祖派、道脈」在「儒佛道三教」，「大道」係教門中之眞傳，在「三教」中遞傳。自「黃九祖」以降，係屬「開創道統」，乃爲因應「三期末劫、原人返本還原」，所特設之「授有無上法、專辦普度收圓」道門，而爲「大道教團結社」之開端。

「黃九祖」掌道後，歷經數十年之風霜，開荒闡化「江西饒州府」等地，門風曾鼎盛一時，門徒分成「八卦九宮」，惟自康熙二十九年（一六九〇年）歸西後，其教漸呈式微之態勢。

半世紀後，至「乾隆」年間，「吳紫祥」始出，在「有緣寺」受命爲第十代祖，闡化「廣信府」，重振「先天道脈」。

迄乾隆四十九年（一七八四年）了道後，「何若」再繼續爲第十一祖，續開道「洪都（南昌）、鄱陽」一帶。嘉慶初年，「何十一祖」遭風考，充軍貴州龍里縣，大道始入「黔省」。

嘉慶七年（一八〇二年），「袁志謙」續任十二祖，至十五年（一八一〇年），由「黔省」入「滇省」，自此道開「雲南」。

道光三年（一八二三年），「袁祖」自「雲南」開道「四川」，在「成都」設立「西乾堂」，以此爲中心，積極向各地開展道務。

此後人才輩出，「尹正、黃謙、楊守一、劉曰湖」及「方運泓」續闡「四川」；「陳玉賢、安依成、宋土道」等開道「兩湖」；「滇黔」方面在「嘉慶」年間已有「楊二姑、夏致溫」之經營，「道光」後續有「冰清」等之調度；「三江（江蘇、安徽）」則有「李六合」之籌辦；「福建」則屬「李道生」等。彼等均爲一時之俊彥，「先天道」隨其足跡所至，漸風行大江南北。

道光（一八二六年），「楊守一、徐吉南」繼任第十三代祖，至道光八年（一八二八年）了道歸西，「袁十二祖」復出視事，惟以年邁難於任事，交地任「陳彬」代理，三年後「陳彬」遭風考充軍，「袁祖」無奈復出掌盤，稱「退安老人」。

道光十四年（一八三四年），「袁祖」歸西，續由「五行」掌道。道光二十三年癸卯（一八四三年）「先天道場」遭受大風考，至道光二十五年（一八四五年）乙己，火行「陳依精」、木行「安依成」、土行「宋土道」在「湖北漢陽」捨身了道，道場岌岌可危。風雨飄搖之際，幸賴十地「彭德源（依法）」臨危受命，晉任「水行」，出掌道盤。「彭水祖」掌道，重建道場，制定條規，嚴立佛綱，數年之後，頹廢之道場，乃再度復甦。

咸豐八年（一八五八年）十二月，「水祖」歸西，「金秘祖（林芳華）」接續之。「金秘祖」才高心細，仗義輸財，以普渡爲心，以收圓爲念，「先天道」大宏開，蓬勃景象再現。

同治十二年（一八七三年）「金秘祖」歸西，歸前將道盤交付「素玉、素陽」掌理，並曉諭「西乾堂」弟子嗣後「稱師不稱祖」，自此「西乾道脈」移轉。

良以「道光」年間，老⊙已將「十四代祖位」秘授山西「姚鶴天」接掌，至同治十三年（一八七四年）「姚祖」始歸。

光緒三年（一八七七年），老⊙降臨山東青州「東震堂」，令「王覺一」繼任「十五代祖」。「王祖」掌道後，奉命以「儒教」來闡揚「先天道義」，廢除了入道時「茹素」、「絕欲」之規定，以較高層次的「理天法」取代「氣天法」，將「先天道之」「指出玄關」，改爲「點開玄關」，又廢除了「黃九祖」開道以來所創的「九節內功」，不再「修煉金丹」，只教人「格物致知、涵養心性」，使「天道」之修持，由「全眞」化轉趨「儒教化」。

迄光緒十年（一八八四年）「王祖」歸空時，其道已傳遍大江南北，其後由十六祖「劉清虛」接掌道盤。

光緒三十一年（一九〇五年），續由「路中一」掌道，稱十七代祖。民國十四年（一九二五年）「路祖」歸空，由其妹「路師姑太」代掌道盤。

至民國十九年（一九三〇年），始由「張天然」繼任十八代祖，辦理「末後一著三曹普渡」。

民國三十六年（一九四七年），「張祖」歸空，續由「孫慧明」掌理道盤，辦理收圓大任。民國四十三年（一九五四年）由「香港」遷居「台灣」。民國六十四年（一九七五年）農曆二月二十三日歸空於「台北市」，享年八十一歲。歸後，老⊙封「中華聖母」。

二、錯誤百出的「一貫道道統源流」

由於近來一些「清代官方檔案」開放給「學界」研究，「學界」的研究陸續發現《道統寶鑑》中，所記載的一些人事，可在官方取締「民間教派」的檔案中找到印証。雖然，有些地方的敘述不完全一致，甚至年代的記載錯誤百出。

但是，《道統寶鑑》的重要性，已經再度被肯定，成爲研究「一貫道起源」的基本線索。因爲，《道統寶鑑》所記載的是，中國歷代「三教合一論」的軌跡。因此，《道統寶鑑》是一本珍貴的「歷史資料」。

雖然，《性理題釋》和《一貫道簡介》，都是以《道統寶鑑》爲藍本所撰寫，但是都有一些錯誤的記載，下面我們就來更正錯誤之處。

（一）「老子化胡」之說錯誤

《性理題釋》的「大道之沿革」原文：老子降世發揚道宗，東渡孔子，闕裏傳猶龍之歎，西化胡王，函關現紫氣之瑞，關尹子強留老子作書，而著道德經五千言，爲道教之始祖也。

「西化胡王」是指「老子」西遷道脈之說，這是受了《老子化胡經》的影響。「西晉惠帝」時，道士「王浮」爲了與「佛教」鬥爭，編造出了《老子化胡經》。經中說，「老子」在「天竺」乘「日精」，進入「淨飯王」妃「淨妙」腹中，出生後自號「釋迦牟尼」，建立了「佛教」，並開始對「印度人」實行教化，這就是所謂的「老子化胡」，「釋迦牟尼佛」不過是「老子」的一個化身。

「王浮」當初僞作《老子化胡經》的說法，竟然會成爲「一貫道道脈」西遷的依據。

（二）「孟子西遷道脈」之說錯誤

《性理題釋》的「大道之沿革」原文：「孟子」以後，道脈西遷，心法失傳，「儒道道脈」泯滅，究未得繼續道統，良以「孔子」時，業經盤轉「西域」，「釋門」接衍，「釋迦牟尼」得道後，眞法傳大弟子「摩訶迦葉」爲「禪宗初祖」，單傳至二十八代「達摩尊者」。

「孔子」生於公元前五五一年，是中國「儒家」學說創始人；「老子」生於公元前五七一年，是中國「道家」學說創始人。作爲中國本土最具影響力的兩大學派，又難得二位祖師是同一時代之人，兩人只相差二十歲。

《史記．老子韓非列傳》記載：「孔子適週，將問禮於老子。」《史記．孔子世家》也記載：「魯南宮敬叔言魯君曰：請與孔子適週。魯君與之一乘車，兩馬，一豎子俱，適週問禮，蓋見老子云。」

就因爲「孔子」曾經問禮於「老子」，拜訪過「老子」，所以在「一貫道道統源流」裡說，第十四代祖師是「老子」，第十五代祖師是「孔子」。「一貫道道脈心法」由「老子」渡「孔子」，「孔子」傳第十六代「顏子、曾子」，經第十七代「子思」，最後傳至「孟子」，之後卽於中國失傳，幸好「一貫道道脈心法」於「孟子」時，傳承至「西域」的「釋迦牟尼佛」，使「一貫道道脈心法」得以延續。

事實上，這樣的一個說法是極爲荒謬的，因爲「孟子」出生於公元前三七二年，而「釋迦牟尼佛」出生於公元前五六三年（另一說四八〇年），與「孔子」同一個時代。也就是說，「孟子」出生晚「釋迦牟尼佛」大約兩百年之久。

換言之，遠在「孟子」出生之前，「釋迦牟尼佛」早就已經涅槃了，而且早於涅槃前，已經將「心法」傳承予大弟子「摩訶迦葉」成爲「禪宗初祖」，而那時「孟子」根本還未出生，根本不可能將「道脈心法」傳予「釋迦牟尼佛」。

（三）「白、馬七祖」之說錯誤

《一貫道簡介》裡的「一貫道的源流」原文如下：「六祖」之後衣鉢不傳，道降「火宅」，「白、馬」續爲「七祖」。

《性理題釋》的「大道之沿革」原文：後來「六祖」果遇「惡僧」迫令傳其衣鉢，「六祖」逐奔至「廣東曹溪」。二次又被尋逐，幸遇「白玉蟾」于田中將「六祖」救護，迎至其家，「六祖」遂授衣鉢，後又遇「馬端陽」，也授以正法。從此「釋終儒起」，道興「火宅」。此是「密機」，因不令僧知，故《壇經》不載。「白玉蟾、馬端陽」並稱「七祖」。

《道統寶鑑》裡的「歷代祖師道脈源流」說：「六祖慧能」姓盧，大鑑禪師，乃「地藏古佛」化身，……………。「五祖」傳以至道並傳衣鉢，命「慧能」爲第六代祖，……………。「慧能」後至漕溪又被一惡僧尋逐，幸遇「白玉蟾」在彼犁田，田中救祖接受衣鉢，迎祖隱於家中供養三載，敬而無失。「玉蟾」素性好道，曾與「馬端陽」情投意合，

「馬」常至「白家」往來，此時「馬氏」幸得參見「六祖」，「六祖」見其德慧雙美，遂將密法傳與「白、馬」二人，爲第七代祖師，承其兩儀道統。及後「六祖」隱於「四會」獵人隊中，凡經十五載，……………。「六祖」隱於「四會」獵人之中，亦常往「白家」教授至道，講說佛法，僅囑「白、馬」二人。此時天意已定，道落「火宅」，儒起釋終，……………，道興火宅。

「慧能」所說一切，門人記錄始末均可考察，惟道落火宅一事不能與僧知之，故《壇經》中無可考也。……………試思「五祖」夜授「六祖」衣鉢之時，三更密囑曰：汝爲第六代祖善自護念，廣渡有情，流佈將來，勿令斷絕。明言道不可廢，未言道不可傳也。今皆言「六祖」永不傳者，豈知不傳於僧，而傳於俗是天意已定，道路落「火宅」也。若是一概不傳，豈不違悖「五祖」一切密囑之意也。

怎知不傳於僧者？「五祖」復囑有言，「衣鉢」爲爭端，止汝勿傳，若傳此衣，命如懸絲，恐人害汝數語，明示不傳於僧也。

怎知道傳於俗者？詳「五祖」復囑云：「汝緣在南，汝須速去，逢懷則止，遇會則藏」。數語明示，遇緣之方所也。故「六祖」被惡僧追逐二次奔至廣東漕溪，又被惡僧尋逐，幸遇「白玉蟾」田中救祖，得授「衣鉢」，迎祖隱於家中三年，又得「馬端陽」同授正法，爲第七代祖師。

《道統寶鑑》說：「六祖」隱於「四會」獵人之中，亦常往「白家」教授至道，講說佛法，僅囑「白、馬」二人。此時天意已定，道落「火宅」，儒起釋終，……………，道興火宅。

佛教「禪宗」三十三代祖師皆爲「出家衆」，「一貫道」認爲「六祖惠能」渡「白、馬七祖」，是為「紅陽期」時，將「道統」與「道脈心法」，由「出家衆」持有，轉傳至「在家衆」持有的開始，並且稱為「道降火宅」。

「一貫道」將「火宅」解釋為「庶民、俗家」，然而，「火宅」的原意指的是「迷界衆生所居住之三界譬如火宅」，不是只有「庶民、俗家」。

「火宅」之說，出自於《法華經．譬喻品》云：「三界無安，猶如火宅。衆苦充滿，甚可怖畏。常有生老病死憂患，如是等火，熾然不息。」

「火宅」的「火」，比喻「五濁（劫濁、見濁、煩惱濁、衆生濁、命濁）」等，「宅」比喻「三界（欲界、色界、無色界）」。語出《法華經》七喻中之「火宅」喻。「衆生」生存於「三界」中，受各種迷惑之苦，然猶不自知其置身苦中，譬如屋宅燃燒，而宅中稚兒仍不知置身火宅，依然嬉樂自得。

《法華經》卷二譬喻品記載，有「大長」者，財富無量，某日，「宅舍」起火，「長者之諸子」於「火宅」內樂著嬉戲，不知不覺。「長者」為救「諸子」出於「火宅」，乃設「方便」，謂屋外有「羊車、鹿車」及「牛車」，欲賜「諸子」。待「諸」子奔離「火宅」，「長者」乃各賜一「大白牛車」。

此「譬喻」中，「火宅」比喻「三界衆生」為「五濁、八苦」所逼惱而不自知，「諸子」比喻「衆生」，「長者」比喻「佛」。「天台宗、賢首宗」等「一乘家」因主張在「聲聞、緣覺、菩薩」三乘之外，別有「一佛乘」，故以「羊車、鹿車、牛車」分別比喻「三乘」，此為界內三乘之方便權教，而以「大牛車」比喻界外一乘眞實之法門，卽說明「會三歸一」之旨。

「一貫道」認爲「六祖」之後衣鉢不傳，道降「火宅」，「白、馬」續爲「七祖」。那《六祖壇經》爲什麼沒有記載呢？《道統寶鑑》解釋說：「慧能」所說一切，門人記錄始末均可考察，惟道落火宅一事不能與僧知之，故《壇經》中無可考也。

那同爲「七祖」的「白玉蟾」和「馬端陽」是何許人也？

有「一貫道」的信徒說，「白祖」指的是「道教」的「白玉蟾」，「馬祖」指的是「佛教」的「馬祖道一」，此種說法是非常荒謬的。

「道教」的「白玉蟾」，是「金丹派南宗」的建立者，「南宋」道士，生於公元一一三四年，出生於瓊州瓊山（現今海南島。

而《道統寶鑑》裡的「歷代祖師道脈源流」說：「七祖」姓「白」諱「玉蟾」，號「白衣居士」，乃「南嶽大帝」化身，三月十四日降誕於「粵東漕溪」人士。既然與「六祖惠能（公元六三八年到七一三年）」同個時代，那「白玉蟾」也應該是「唐代」的人才對。出生的「朝代」和「出生地」都不同，當然「白祖」指的就不是「道教」的「白玉蟾」，而是同名同姓的另外一個「白玉蟾」。

《道統寶鑑》裡的「歷代祖師道脈源流」說：「七祖」姓「馬」諱「端陽」，號「道一居士」，乃西方第十二代祖「馬鳴尊者」化身，四月初九日降誕於「漕溪」。爲「般若寺」沙門僧住持法院，常來「白家」參禮。

「佛教」的「馬祖道一」，雖然是「唐朝」佛教的「禪宗」大師，但他是「六祖惠能」的「再傳弟子」，師承「六祖惠能」的弟子「南嶽懷讓」門下，爲「洪州宗」的開創者，生於公元七〇九年（另一說是公元六八八年），出生於漢州什方縣（今四川什邡馬祖鎮）。既然是「六祖惠能」的「徒孫」，「出生地」也不同，當然「馬祖」指的就不是「佛教」的「馬祖道一」，而是另外一個號「道一居士」的「馬端陽」，更何況「馬祖道一」也沒有「馬端陽」這個姓名或外號。

事實上，「一貫道」《道統寶鑑》這種說法，僅是「一貫道」單方面的穿鑿附會之說，在《六祖壇經》與《景德傳燈錄》等佛教禪宗典籍中並無記載，所以難怪有人會批評說，這是「一貫道」單方面的穿鑿附會及杜撰。

再者，由於在《六祖壇經．付囑品第十》中，有一段記載：又云。「吾去七十年」。有「二菩薩」從東方來。「一出家。一在家」。同時興化。建立吾宗。締緝伽藍。昌隆法嗣。

於是，又有「一貫道」的信徒說，「一出家。一在家」，「出家一脈」爲「馬祖道一」禪師，「在家一脈」爲「白玉蟾」，「在家一脈」傳承到現今的就是「一貫道」，此種說法也是非常荒謬的。

因爲，「六祖惠能」卒於公元七一三年，故「吾去七十年」爲公元七八三年，爲「唐德宗」建中四年。

上面說過，「道教」的「白玉蟾」，是「南宋」道士，生於公元一一三四年，所以這是錯誤的說法；而「馬祖道一」是「六祖惠能」的「徒孫」，所以還有可能。

一般「佛教徒」認爲，「一出家」是指「馬祖道一」；「一在家」是指「龐蘊居士」。「龐蘊居士」是「中唐時代」的禪門居士，與「梁代」之「傅大士」並稱爲「東土維摩」。

另外，也有「佛教徒」認為，「一出家」是指「黃檗禪師」；「一在家」是指「裴休丞相」。

（四）「羅蔚群八祖」之說錯誤

《一貫道簡介》裡的「一貫道的源流」原文如下：「六祖」之後衣缽不傳，道降「火宅」，「白馬」續為七祖，「羅尉群」繼任「八祖」。

《性理題釋》的「大道之沿革」原文：羅蔚群八祖。

《道統寶鑑》裡的「歷代祖師道脈源流」說：「八祖」姓「羅」諱「蔚群」，乃「太上」大弟子「公遠眞人」化身，正月初八日降誕於「北直隸涿州」人氏，自幼看破紅塵苦海，立志修行，遍訪明師，遊「江西九江府」，適遇「白、馬二祖」。「二祖」見伊佛性不昧，遂授上乘至道，令嗣祖位開化江南河北，是時天時未至，大展慈航普渡，又有作皂袍靈文、通天鑰匙經、收圓龍華經等，洩漏眞機，大闡先天大道，廣渡大地善良，奈衆生孽重，訴冥府而求還，普渡猶遠，祖心太切，上惱無皇天尊，降下皇風大考，將羅祖碎屍把道收回。

八祖「羅蔚群」是何許人也？

由於在中國「明、清」兩代，出現一個流行在民間的宗教「羅教」，所以許多學者就認為，八祖「羅蔚群」就是「羅教」的創始人「羅清」。

「羅教」又稱「無為教、大乘教」，是中國「明、清」兩代，流行的民間宗教，在「明代中期」由軍人「羅清」創立，以《苦功悟道卷》等「五部六冊」為主要經書，主張尋求「人心本性的覺悟」，反對「外在的宗教儀式或造像」，適合「在家修行」，信衆以「運河水手」爲主要基礎，「會堂」遍佈大江南北，各自爲政，信徒誦經、茹素，作風平和。

「羅教」是由山東「嶗山」下的「卽墨縣」人「羅清」所創立。「羅清」（公元一四四三年到公元一五二七年）本名或作「羅青、羅靜、羅春、羅因、羅成、羅英」；字「夢鴻、孟洪」。

由於「羅清」是民間宗教的「創始祖」，常用化名，名號傳抄版本紛多。號「思孚、思誠、思清、思遠、公遠、公懷、懷清、懷虛、懷一、懷眞、靜卿、靜清、清英、清因、春英、眠江、愛泉、『蔚群』；庵號靜齋、靜庵、清庵、靈霧台」等；法號「悟空、普仁、眞慧、無爲、清淨。道號一清道人、無爲居士」等；尊稱「無相眞人、化善祖師、揭空古佛」等。

「羅清」出生在一個世代爲兵的「軍旅家庭」裡，家境貧寒，世隸「衛所」軍籍。三歲喪母，七歲喪父，由「叔嬸」培育成人。青年時，被朝廷徵調到北直隸「密雲衛」戍軍，生活艱苦貧乏，從此在荒山野嶺的邊塞，萌發了對宗教的追求，寄望於來世。

「羅清」於成化六年（公元一四七〇）退伍，開始雲遊四海。曾經於各大寺廟打坐，兼修「淨土宗」與「禪宗」，覺得仍爲不足，於是「自創教義」，結合了佛教淨門「白蓮宗」、禪門「臨濟宗」、道家「老莊思想」、道教「正一派」與「全眞派」教義，也吸納了「儒家」孝親愛人的說法，成立「無爲教」，認爲人都應該要「虛靜無爲」，以便迴歸「眞空家鄉」的「無生父母」身邊。

「羅清」從「民間神話」和「傳說」中，創造了一個至高無上的神「無極聖祖」，又名「無生父母」，這個神是所有生物的主宰，尤其在人死後，有判決人的「再生、超度」或「入地獄」

的權力。後來，從「無極聖祖」衍生出「無生老母」。

「羅清」自稱已經「悟道」，於是四處傳教，教義大興，後經其口授，弟子記錄整理成冊，於正德四年（公元一五〇九年），在「密雲衛靈霧峰」傳教，正式刊印《五部六冊寶卷》。

「羅清」大量印發《五部六冊寶卷》，通過各種「渠道」，流通天下，尤其是該教教義簡單，幾無玄妙的哲思，僅要信眾努力遵奉「羅教」，即可得救，回歸到「無生父母」的身邊。如此簡單的教義，吸引了貧苦的普羅大眾，取得了極大的成功。

「羅清」著有《苦功悟道卷》、《嘆世無爲卷》、《破邪顯證鑰匙卷》（上下兩冊）、《正信除疑自在卷》、《巍巍不動泰山深根結果寶卷》，簡稱「五部六冊」。傳其大旨，述其本源。

「明代末年」的許多「佛教徒」，認同「羅教」是「佛教」的一個派別，並非「外道」。「朝廷」的部分「官員」敬重「羅祖」，如「朱之蕃、周如砥」把「羅教」視爲「佛教」，也有「士大夫」信奉「羅祖」。

在民間，「羅清」被稱爲「羅祖」，地位崇高。「羅教」也常被民眾視爲「佛教」的一支，信徒眾多，分成多個派系，往往與「白蓮教」並稱，在「山東」一度威脅「正統佛教」的地位，在「清代」多次受「官府」取締，被指斥爲「邪教」，支派流衍成「長生教、青蓮教、眞空教、齋教、一貫道」等多個教派。

「萬曆」年間起，有部分「官員」攻擊「白蓮教」和「羅教」，把「羅教」當作「白蓮教」的一支，主張取締。今天的「一貫道」，也常被抹黑，說成是「白蓮教」的一支，所以是「邪教組織」。

其實，「羅清」沒有像「白蓮教」一樣，經常發動武裝叛亂，甚至還批評「白蓮教」，也不提及「白蓮教」崇拜的「無生老母」（「羅清」崇拜的是「無生父母」）。

「羅清」致力於「單純虔敬，行善積德」，「教義」綜合「禪宗」與「淨土宗」，強調「人心中的佛性」即是「淨土」。他批評對「經典」和「偶像」等，外在物品的崇拜，將「禪宗」通俗化，強調「人心」是一切的根源，等同於「眞空」，即「萬事萬物的本質」。人人都有「佛性」，唯一目標是「尋求佛性」，而獲得覺悟。

「羅清」反駁一般的「禮拜方式」，認爲那是「有爲法」，專注於外在、表象的東西，他則主張向「內心」探求，方法是「無爲」，故「羅教」又稱爲「無爲教」。

「羅教」在「明、清」之間之所以會盛行，是因爲「羅教」爲不識字的一切衆生，提供最簡明扼要的「修道成佛方法」，開闢「修道的新路徑」，不必進入寺廟潛修，而適合「在家居士」的修行，可以說是「臨濟禪」的「民間版」，根本沒有「白蓮教」的「邪教元素」。

「羅教」在「清代」，衍生出多個教派，其中一個支流是「無爲金丹道」，又稱爲「青蓮教」，「雍正」年間在「江西」創立，再演變爲「先天道」，流傳到華南及東南亞各地。

如上所述，難怪許多研究民間宗教的學者，會認爲「一貫道」的八祖「羅蔚群」就是「羅教」的創始人「羅清」。

但是問題來了，「羅教」的創始人「羅清」，出生於公元一四四三年的「明代」。而《道統寶鑑》裡卻說，「白、馬二祖」親授「上乘至道」給八祖「羅蔚群」，令嗣祖位開化。「白、馬二祖」是「唐代」的人，那八祖「羅蔚群」當然也是「唐代」的人。可見，「一貫道」的八祖

「羅蔚群」，應該不是「羅教」的創始人「羅清」。

不過，假如「一貫道」的八祖「羅蔚群」，不是「羅教」的創始人「羅清」，那就很奇怪了。因爲，在「正史」和「野史」，都沒有記載「唐代」有「羅蔚群」這號人物。

反而，「明代」的「羅教」的創始人「羅清」，創造「無生父母」，雖然「白蓮教」把它改爲「無生老母」，但是其他「三教合一」的教派，也沿用「無生老母」這個稱號；「清代」的「羅教」發展達到頂峰，許多「三教合一」的教派，都奉祀「羅祖」，也有「齋堂」掛上「天地君親師」等牌位，讓信徒膜拜；還有「羅清」撰述的《五部六冊寶卷》，對「一貫道」的教義影響很大。

所以，種種的跡象，可以確定「一貫道」的八祖「羅蔚群」，應該就是「羅教」的創始人「羅清」，是《道統寶鑑》寫錯了。當然，肯定的是，「一貫道」也不是「白蓮教」的一支，也不是「邪教組織」。

（五）「上惱無皇天尊」之說錯誤

《道統寶鑑》裡的「歷代祖師道脈源流」說：八祖姓羅諱爵群，乃太上大弟子公遠眞人化身，月初八日降誕於北直隸涿州人氏，自幼看破紅塵苦海，立志修行，遍訪明師，遊江西九江府，適遇白馬二祖。二祖見伊佛性不昧，遂授上乘之道，令嗣祖位開化江南河北，是時天時未至，大展慈航普渡，又有作皂袍靈文、通天鑰匙經、收圓龍華經等，洩漏眞機，大闡先天大道，廣渡大地善良，奈衆生孽重，訴冥府而求還，普渡猶遠，祖心太切，上惱無皇天尊，降下皇風大考，將羅祖碎屍把道收回。

「一貫道」把「無極老⊙（母）」擬人化，認爲「無極理天」有一位至高無上的創造神，稱爲「無極老⊙（母）」。「無極老⊙（母）」也有情緒，「羅祖」因爲不聽話，惹惱「無極老⊙」，「無極老⊙（母）」大怒之下，「降下皇風大考，將羅祖碎屍把道收回」。

其實，眞相應該是「羅祖」被「明代」的「官府」拘捕，碎屍而死。因爲，歷代的「朝廷」，都忌憚明民間結黨造反。所以，除了被「朝廷」認可的「儒教、佛教、道教」三教之外，新興的宗教，通常會被視爲「邪教」。

再者，「一貫道」將「母」字正轉九十度，橫寫作「申（母）」字，這是「一貫道」爲「無生老母」特造的字。有些書用「⊙」來代表「申（母）」，這個符號的意思是：「無極」生「太極」。其實，把「太極圖」中間的「反S線」向上下拉長，延伸到圓圈外面，「陰儀」和「陽儀」在兩旁，變成「申（母）」字，就是「無生老母」特造的字。

「無極老⊙」的概念，來自道家的「無極」，也就是「道」，「道」是沒有形象的，充滿在宇宙萬物中，當然也沒有情緒，更不會大怒降災殺人。「無極老⊙」不是「基督教」的「上帝耶和華」，因爲祂時常暴怒濫殺人類。

● **《舊約聖經》撒母耳記下：**

24:15 於是「耶和華」降「瘟疫」與「以色列人」、自早晨到所定的時候．從「但直」到「別是巴」、民間死了七萬人。

● **《舊約聖經》阿摩司書：**

4:10 我降「瘟疫」在你們中間、像在「埃及」一樣．用刀殺戮你們的少年人、使你們的馬匹被擄掠、營中屍首的臭氣撲鼻．你們仍不歸向我．這是「耶和華」說的。

● 《舊約聖經》創世記：

19:24 當時「耶和華」將硫磺與火、從天上「耶和華」那裡、降與所多瑪和蛾摩拉、

19:25 把那些城、和全平原、並城裡所有的居民、連地上生長的、都毀滅了。

（六）「遙接天命」之說是神話

《道統寶鑑》裡的「歷代祖師道脈源流」說：無皇天尊將道脈收回歸於無生寶地，羅祖所著一切經文，隱於公案門中。以後遂傳出一切旁門敲打念唱，一切外道混渡緣人，使人回心修行，概學看經唸佛，知其善惡果報而已，先天大道上乘法門，從此絕傳，迨至清朝康熙年間，已隔一千餘年矣，天時將至，無皇天尊，遂命元始天尊，分性臨凡爲第九代祖師，以續一脈道統。……。九祖姓黃諱德輝，乃元始天尊化身，……，時值九歲，得神仙傳授金丹口訣，並傳至玄，盤心從此遙接心傳，爲第九代掌道祖師。

另外，《一貫道簡介》裡的「一貫道的源流」原文如下：「羅八祖」歸後，「道根」秘隱公案，「道統」懸虛「八百載」。其間雖無「天命祖師」接衍道統，惟自「宋代」融合「儒、佛、道」三家的「理學」及倡導「三教合一」的「全眞教」驟然興起。……．。迨至「清順治」年間，天時已至，「元始天尊」化身之「黃德輝」在「江西廬山」，受「天命」，遙接「羅八祖」，緒爲第九代祖。

這裡的「遙接天命」之說，簡單的說，就是「斷點」，就是「天命道脈」的傳承停止了，沒有了。不管是「大道上乘法門，從此絕傳，迨至清朝康熙年間，已隔一千餘年矣。」，還是「道統懸虛八百載」，都說明「天命道脈」已經消失在人世間了。

而九祖黃德輝，聲稱是「元始天尊」化身，在九歲時，在「江西廬山」受「天命」，得「神仙」傳授「金丹口訣」，並傳「至玄」，盤心從此遙接「羅八祖」的「心傳」，緒爲第九代掌道祖師。

許多人在批評這一段的描述是「荒謬之說」。殊不知這一段的描述，正是代表著「九祖黃德輝」，才是今日「一貫道」的眞正創始人。

在《一貫道簡介》裡的「一貫道的源流」說道：「黃九祖」以前爲「接緒道統」，「祖派、道脈」在「儒佛道三教」，「大道」係教門中之眞傳，在「三教」中遞傳。自「黃九祖」以降，係屬「開創道統」，乃爲因應「三期末劫、原人返本還原」，所特設之「授有無上法、專辦普度收圓」道門，而爲「大道教團結社」之開端。

這段話可以作爲，「九祖黃德輝」才是今日「一貫道」的眞正創始人的佐證。因此，要想尋求今日「一貫道」的眞實歷史，從研究「九祖黃德輝」的歷史，就可以得知。

（七）「秘授天命」之說錯誤

「老⊙」將「十四代祖位」秘授山西「姚鶴天」接掌，這說明「天命道脈」又斷了一次。

《道統寶鑑》裡的「歷代祖師道脈源流」說：十四祖姓姚諱鶴天，號明池，山西太原府人氏，正月初五日子時降誕，乃瑤池金母化身，祖上七代持齋號善，因此老⊙屢次驚告，這夜夢中云：明日在大門外設供桌，排全供，對正南方迎接天命，當時由正南來一位金神，站立桌前，口中大喊三聲，快接天命，姚祖猛抬頭，只見金色道人左手執竹竿，上頂天，下著地，右手提著乾坤袋，祖遂跪下，接受天命，道人忽然不見，次是老⊙明交天命也。姚祖傳道數年，收下兩位義女，素陽、素玉各位賢徒，最後天命交與王祖接授執掌道脈。

《道統寶鑑》說「最後天命交與王祖接授執掌道脈。」但是，在《一貫道簡介》裡的說法不同，是「老⊙降臨山東青州東震堂，令王覺一繼任十五代祖」。這兩個版本不同。這個版本，說明「天命道脈」斷了第三次。

《一貫道簡介》裡的「一貫道的源流」原文如下：良以「道光」年間，「老⊙」已將「十四代祖位」秘授山西「姚鶴天」接掌，至同治十三年（一八七四年）「姚祖」始歸。光緒三年（一八七七年），「老⊙」降臨山東青州「東震堂」，令「王覺一」繼任「十五代祖」。

三、眞正的「一貫道」的歷史

「九祖黃德輝」、「十四祖姚鶴天」和「十五祖王覺一」三人，都是由「老⊙」直接授予「天命」，今日「一貫道」的名稱，是由十六祖「劉淸虛」改稱的。

《道統寶鑑》裡的「歷代祖師道脈源流」說：十六祖姓劉號淸虛，益都城裏西街歷代富翁，乃姜太公化身，王祖由山西將道統帶到山東，將道統傳與劉祖掌管，光緒十二年承運奉命三教合一，改稱一貫道。

由於「十四祖姚鶴天」和「十六祖劉清虛」的史實資料不多，所以要眞正了解「一貫道」的歷史，必須要研究「九祖黃德輝」和「十五祖王覺一」的個人歷史。

（一）九祖「黃德輝」

「黃德輝（公元一六八四年到公元一七五〇年）」，是「無爲金丹道、青蓮教、先天道」的創教人，「清代」江西饒州府鄱陽縣人。生於「康熙」年間，九歲遇神仙，得「金丹大法」，因而奉祀「達摩」，遙承八祖「羅蔚群」，成爲「九祖」，四出傳教，傳遍江西、南昌同福建。到「雍正」年間，四十八歲時，就創立「先天道」，指派弟子去各地傳教。「乾隆」年間就潛修，不過「大清」禁止異端，被官府捉到後處死。

「黃德輝」撰有「寶卷」，名《皇極金丹九蓮正信歸眞還鄉》，有上中下三冊。上冊《禮本》、中冊《願懺》、下冊《電唵（ㄢˇ）》二經。

「清代」的「羅教」衍生多個教派，其中一個支流是「黃德輝」於「雍正」年間，在「江西」所創立的「無爲金丹道」。後來，爲了與「白蓮教」區分，又命名爲「青蓮教」，最高首領號稱「頂航」。最後，於「清末」演變爲「先天道、同善社、歸根門、普度門」等多個教派。

「青蓮教」提倡「打坐內丹，素食禁慾」，主張「反清復明」，相信「末劫降臨」，「信衆」將獲「無生老母」與「彌勒佛」拯救，「教義」帶有顚覆政權的意味。

「青蓮教」對後世的「教門」影響很大，源頭卻較爲複雜，學界認識不一。「先天道」的系統，基本上與「青蓮教」的系統重疊，被學者懷疑爲「同教異名」，均源於「無爲金丹道」。道光年間（公元一八二一年到公元一八五〇年），南北各地已經出現「青蓮教」之名。從其尊「達摩」爲初祖，崇奉「無生老母」等特徵來看，應該源自於「羅教」的支派「大乘教」。

「大乘教」教主「吳子祥」被奉爲「青蓮教」第十祖，往後依次爲十一祖「何若」、十二祖「袁志謙」、十三祖「楊守一、徐繼蘭」。道光年間，「大乘教」驟興，傳教網絡，縱橫南北，頻頻舉事。至十三祖「楊守一、徐繼蘭」時，在川、陝一帶遭鎮壓而暫時沉寂。

道光二十三年（公元一八四三年），教首「李一沅、陳汶海、郭建汶」等，爲復興勢力，創立「五行十地復教計劃」之組織體系，分赴全國，意圖再次舉事。翌年，事泄遭滅。「大乘教」進入「五祖掌道」期，各自獨立發展。由此衍生出衆多支系，形成後世多支教門。如「燈花教、三華堂、西華堂、東震堂、西乾堂、歸根道、普渡道、瑤池道」等。

「清末民初」之際，「青蓮教」衍生出「先天道」，發展出另一系「教門系統」。後世「台灣、東南亞」等地的分支多由此來。

(二) 十五祖「王覺一」

王覺一（公元一八二一年到公元一八八六年），原名「王希孟」，號「北海老人」，道號「覺一」，「晚清」道光時代，山東青州人。爲「一貫道」的創始人，在「一貫道」內被奉爲「第十五代祖師」。

十五祖「王覺一」年幼孤苦伶仃，三歲喪父，七歲母逝，幸蒙「族叔」收養。他生平好道，在年輕時就手不擇卷，曾經學習過「儒、釋、道」三教經典，潛心「三教奧旨」，十二歲為人牧羊時，即著有「嘆五更」之絕詩以傳世。

二十七歲時由雲南洱東「劉萬春」之引進，加入「先天道」，拜第十四代祖師「姚鶴天」為師。回到「青州」後，則建立「東震堂」，又稱為「末後一著教」，即今天「一貫道」之前身，是「一貫道」的實際創始者。迨至光緒三年，「無生老⊙」降臨「東震堂」，令「王覺一」為「十五代祖」，續辦收圓。

公元一八七七年，十五祖「王覺一」向「無生老母」領「天命」，隨後即向全國各地傳道。公元一八八三年，「東震堂」被「清政府」查禁後，許多他的追隨者均受到迫害。

「王覺一」的著作頗多，「竹坡居士」於光緒二十一年（公元一八九五年）蒐集《大學解》、《中庸解》、《三易探原》、《一貫探原》、《理性釋疑》等書，編輯而成《理數合解》一書。

現代的「林立仁」，則又另蒐集《理數合解》「王覺一」的《理數合解》、《三教圓通》、《談眞錄》、《祖師四十八訓》、《歷年易理》等書，合編為《北海老人全書》，於民國八十年（公元一九九一年）付梓台北縣的「正一善書出版社」。

十五祖「王覺一」是唯一有多本著作的祖師，他又是「一貫道」的實際創始者。所以，要了解「一貫道」的內涵，一定要研讀《北海老人全書》。請參閱拙作《看懂北海老人全書》。

十五祖「王覺一」逝世後，由第十六代祖師「劉清虛」繼承「天命」。公元一八八六年，十六祖「劉清虛」將「東震堂」的教名，改為「一貫道」。

「一貫道」的名稱，爲十六祖「劉清虛」取《論語．里仁第四》中的「吾道一以貫之」之義而命名。後來，在台灣以「中華民國一貫道總會」的名義，登記成立於公元一九八八年三月，屬於「社團法人組織」。

「清末民初」之際，「青蓮教」衍生出「先天道」，十五祖「王覺一」改名爲「東震堂」，又稱爲「末後一著教」。

「先天道」信仰「無生老母」和「龍華三會」，強調「三期末劫」，以普度衆生，返歸「眞空家鄉」爲目的，主張「三教合一」。但是「教義」是以「羅教」爲主幹，混合佛教「禪宗」和道教「內丹思想」，主要經卷有《皇極金丹九蓮正信皈眞還鄉寶卷》。

「先天道」認爲，「無生老母」是萬物的起源，「無生老母」從「無」生「有」，從「有」幻化成「萬物」。當「人類」從「無」而生時，每個人都有與生俱來的「性」與「命」，還擁有「精、氣、神」三寶。

當「嬰兒」逐漸長大成人之後，由於受到各種「外界欲望」的干擾，而導致「思想雜亂」與「沉溺於物質享受」，「性」與「命」的力量就會分開，「精、氣、神」三寶，也會逐漸削弱。

爲了讓「衆生」保持樸實無華的「本性」，就必須利用「佛教」的對內修行和道教「內丹術」對內的修煉，使「衆生」回到出生前的「先天狀態」，充滿生命力的階段。

「先天道」早期流傳於「江西、四川、雲南、貴州」等地，後來傳至全國。

四、眞實的「一貫道歷史」

其實，眞實的「一貫道歷史」，可以分爲四個階段：

（一）第一階段：取自中國上古歷史的傳說

「華夏文明」形成於「黃河流域」中原地區。早期的歷史，口口相傳。神話中有「盤古」開天地、「女媧」造人的說法。

上古的歷史，傳說「伏羲」教民漁、獵、畜牧，創造「八卦文字」，「神農」開創農業及醫藥，「燧人」發明鑽燧取火，此卽「三皇」。「三皇」之後的首領，「黃帝、顓頊、帝嚳、堯、舜」爲「五帝」。

在「孔子」的著述《易經．繫辭下傳》第二章寫道：

古者「包羲氏」之王天下也，仰則觀象於天，俯則觀法於地，觀鳥獸之文，與地之宜，近取諸身，遠取諸物，於是「始作八卦」，以通神明之德，以類萬物之情。作結繩而爲網罟，以佃以漁，蓋取諸離。

「包羲氏」沒，「神農氏」作，斲木爲耜，揉木爲耒，耒耨之利，以教天下，蓋取諸益。日中爲市，致天下之貨，交易而退，各得其所，蓋取諸噬嗑。

「神農氏」沒，「黃帝、堯、舜」氏作，通其變，使民不倦，神而化之，使民宜之。易窮則變，變則通，通則久。是以自天佑之，吉無不利，「黃帝、堯、舜」，垂衣裳而天下治，蓋取諸乾坤。

（二）第二階段：取自「孔子」問禮於「老子」與「儒家的道統說」

「孔子」曾問禮於「老子」，記載於《史記．老子韓非列傳第三》。當時有名的學問家「老子」，正在「周朝」做「守藏室吏」（即現在的國立圖書館館長），「孔子」前往「周都」，打算向「老子」請教「禮」。

「老子」說：「你所說的禮，制定它的人和骨頭都已經腐朽了，只有他的言論還在。況且一個君子時運來了就出去做官，生不逢時，就像蓬草一樣隨風飄轉。我聽說，善於經商的人把貨物隱藏起來，不讓別人看見，好像什麼東西也沒有；具有高尚品德的君子，他的容貌謙虛得像愚鈍的人。除掉您的驕氣和過多的慾望，拋棄您做作的神態表情和過高的志向，這些對於您自身都是沒有好處的。我能告訴您的，就是這些而已。」

「孔子」離開「周都」以後，對「弟子們」說：「鳥，我知道它能飛；魚，我知道它能游；獸，我知道它能跑。會跑的可以用網捕獲它，會游的可以用絲線去釣它，會飛的可以用箭去射它。至於龍，我就不知道該怎麼辦了，它是駕著風雲而飛上天的。我今天見到老子，他大概就像一條龍吧！」

「道統說」是「儒家」傳道系統的一種說法。「道統之說」最早起源於「孟子」，《孟子．盡心篇》說：「由堯舜至於湯，由湯至於文王，由文王至於孔子，各五百有餘歲，由孔子而來至於今，百有餘歲，去聖人之世，若此其未遠也，近聖人之居，若此其甚也。」隱然以繼承「孔子」自任。

到了「唐代」，「韓愈」提出「道統之說」，在他所著作的《原道》裡，「韓愈」認爲「堯以是傳之舜，舜以是傳之禹，禹以是傳之湯。湯以是傳之文武周公，文武周公傳之孔子，孔子傳之孟軻。」又說：「孟軻師子思，子思之學，蓋出曾子。自孔子沒，群弟子莫不有書，獨孟軻氏之傳得其宗。」

自唐朝「韓愈」提出「堯、舜、禹、湯、文、武、周公、孔子」的「道統說」以來，遂漸形成一個聖聖相傳的歷史源流。

（三）第三階段：取自「佛教」與「道教」的「祖師道統說」

《指月錄》卷之三：「西天祖師　一祖摩訶迦葉尊者　二祖阿難尊者　三祖商那和修尊者　四祖優波鞠多尊者　五祖提多迦尊者　六祖彌遮迦尊者　七祖婆須密尊者　八祖佛陀難提尊者　九祖伏馱密多尊者　十祖脅尊者　十一祖富那夜奢尊者　十二祖馬鳴尊者　十三祖迦毗摩羅尊者　十四祖龍樹尊者　十五祖迦那提婆尊者　十六祖羅睺羅多尊者　十七祖僧伽難提尊者　十八祖伽耶舍多尊者　十九祖鳩摩羅多尊者　二十祖闍夜多尊者　二十一祖婆修盤頭尊者　二十二祖摩拏羅尊者　二十三祖鶴勒那尊者　二十四祖師子尊者二十五祖婆舍斯多尊者　二十六祖不如密多尊者　二十七祖般若多羅尊者　二十八祖菩提達磨尊者（章次列于東土祖師）

卷之四：

東土祖師　初祖菩提達磨大師　二祖慧可大祖禪師　三祖僧璨鑑智禪師　四祖道信大醫禪師

五祖弘忍大滿禪師　六祖慧能大鑒禪師

卷之五：

六祖下第一世　南嶽懷讓禪師　六祖下第二世　江西馬祖道一禪師（南嶽讓嗣。南嶽一世）」

另外，《六祖大師法寶壇經》記載：

問曰：「未知從上佛祖應現已來，傳授幾代？願垂開示。」

師云：「古佛應世已無數量，不可計也。今以七佛爲始，過去莊嚴劫，毘婆尸佛、尸棄佛、毘舍浮佛；今賢劫，拘留孫佛、拘那含牟尼佛、迦葉佛、釋迦文佛。是爲七佛。

已上七佛，今以釋迦文佛首傳。第一摩訶迦葉尊者、第二阿難尊者、第三商那和修尊者、第四優波鞠多尊者、第五提多迦尊者、第六彌遮迦尊者、第七婆須蜜多尊者、第八佛馱難提尊者、第九伏馱蜜多尊者、第十脅尊者、十一富那夜奢尊者、十二馬鳴大士、十三迦毘摩羅尊者、十四龍樹大士、十五迦那提婆尊者、十六羅（目*侯）羅多尊者、十七僧伽難提尊者、十八伽耶舍多尊者、十九鳩摩羅多尊者、二十闍耶多尊者、二十一婆修盤頭尊者、二十二摩拏羅尊者、二十三鶴勒那尊者、二十四師子尊者、二十五婆舍斯多尊者、二十六不如蜜多尊者、二十七般若多羅尊者、二十八菩提達磨尊者（此土是爲初祖）、二十九慧可大師、三十僧璨大師、三十一道信大師、三十二弘忍大師。惠能是爲三十三祖。從上諸祖，各有稟承。汝等向後，遞代流傳毋令乖誤。」

以上爲「佛教」的「祖師道統說」，下面爲「道教」的「祖師道統說」。

「道教」的「金丹派南宗」，爲「南宋時期」形成的「道教內丹」派別，與「北方」的「全眞道」相對。因地處「江南」，故稱「南宗」。該派祖述五代至「北宋」間道士「鍾離權」和「呂洞賓」，謂其「丹法」傳自「鍾、呂」。以北宋「張伯端」爲開派祖師，並提出「張伯端↓石泰↓薛道光↓陳楠↓白玉蟾」的傳法譜系。

（四）第四階段：「一貫道」眞正有歷史的記載

由「清代」第八祖「羅蔚群」創立「無爲教」與第九代祖「黃德輝」開創「先天道」開始，「一貫道」才眞正有歷史的記載。

第九代祖「黃德輝」開創的「先天道」，就是現在「一貫道」的起源。直到清光緒十二年（公元一八八六年），「劉淸虛」祖師承命爲十六代祖師，正式將道門稱爲「一貫道」，這就是現今「一貫道」名稱的由來。

淸光緒三十一年（公元一九〇五年），「路中一」祖師承命爲十七代祖師，視爲「白陽初祖」。民國十九年（公元一九三〇年），「張天然」師尊、「孫慧明」師母，稟承上天之明命，爲十八代祖師，是爲「白陽二祖」，辦理「末後一著」，普渡收圓大事，道傳世界各國。

五、台灣「一貫道歷史」的考證

根據《臺灣省通志》的「人民志宗教篇」中的記載，「臺灣」地區的「齋教」分成「龍華、金幢、先天」三派，各有創始祖。實際上可能是三個相類似的宗教派別，後人在不明究竟的情況下，錯認爲同一個教派，名爲「齋教」。

「齋教」的「龍華派」以「明朝」正德年間的「羅祖」爲第一代祖師，完全以「羅教」嫡裔自居。「羅祖」，本名爲「羅因」，生於明英宗正統七年（公元一四四二年），歿於「明世宗」嘉靖六年（公元一五二七年），享年八十五歲。

「金幢（ㄔㄨㄤˊ）派」之開山祖爲「王太虛」，生於明嘉靖四十三年，歿於毅宗崇禎二年。原先爲「龍華教」的信徒，拜「羅祖」的女兒爲師。後來，自著《四十二部經》，脫離「龍華教」而自立。

「先天派」起源於「清代」前期，奉「龍華教」之「羅祖」爲八祖。創教者「黃德輝」是爲九祖。黃氏江西省饒州府人，生於清「康熙」年間，活動於鄱陽縣。傳至第十三祖「徐（還無）、楊（守一）」二祖，建「先天堂」於「四川」，爲宣教中心。「乾隆」五十八年，遷至「上海」，以「盛觀亭」爲中心。以後仍循「龍華、金幢」舊路，先入「福建」，再到「臺灣」。

依照《臺灣省通志》的「宗教篇」，對「先天派」的記載，單就「祖系」而言，與「一貫道」的「祖系」說法，相同之處甚多。兩者都說：開山祖「達摩」，二祖「神光」，三祖「僧燦」，四祖「道信」，五祖「弘忍」，六祖「惠能」（以上都是禪宗祖師）。七祖「白玉蟾」，八祖「羅蔚群」，九祖「黃德輝」，十祖「吳紫祥」，十一祖「何了苦」，十二祖「袁退安」，十三祖「徐還無、楊守一」。

從「十四祖」起，兩者才不同，從這種雷同情形來看，「先天派」與「一貫道」可能有著密切的關係。而且，「先天科儀」所記載的「儀式」和各種「唸辭」，也與「一貫道」的「儀式」相近。「先天齋堂」的擺設方式，更與「一貫道佛堂」的擺設方式幾乎相同。

根據這些跡象來看，「一貫道」與「齋教先天派」，可能源自同一個來源，從「十四祖」起，才分道揚鑣。向南方經「上海」入「福建」，最後傳抵「台灣」的一支，成爲「齋教先天派」；向北方走的一支，經過多次波折更易後，至「劉清虛」時，改名爲「一貫道」。

第三單元 「一貫道」的「三寶心法」

一、「一貫道」的「求道儀式」

要加入「一貫道」，必須要經過「求道儀式」，才能夠正式成爲「一貫道」的信徒。

網路上有許多「網友」在批評「一貫道」的「求道儀式」，其實「國有國法」，「家有家法」，「學校有校規」，只要是人類組成的團體，自然有它自己的規定和儀式，這是很正常的事情。

所以，每個「宗教」都有屬於它自己的「教法」和「儀式」，例如：「佛教」有「皈依」的儀式，「密教」有「灌頂」的儀式，「基督教」有「洗禮」的儀式，那「一貫道」有「求道儀式」，本來就是一件很正常的事情，這有什麼好批評的？

有許多「網友」對於，「一貫道」的「求道儀式」，「非求道者」不能觀禮的規定，以及「求道後」，不能洩漏在儀式中，「點傳師」所傳授的「三寶（玄關、口訣，手印）」，非常不以爲然。甚至，還在網路上惡意攻擊、嘲笑、謾罵，以及故意洩漏「三寶」。

其實，有必要這樣做嗎？「宗教信仰」是每個人的自由，不認同「一貫道」，就不要加入就好，有必要惡意攻擊、嘲笑、謾罵，以及故意洩漏「三寶」嗎？這是會得到「惡業報應」的。因爲，「心存惡念」的緣故，今日種下「惡因」，他日必受「惡報」。

這些「網友」會得到「惡業報應」，不是因爲「一貫道的仙佛」會懲罰他們，而是因爲在他們的心裡，生起一個「瞋恨的惡念」：我要傷害「一貫道」。這個「惡念種子」會深植到他們的第八識「阿賴耶識」裡，等待往後的「結果」報應。所謂「三界唯心，萬法唯識」，照顧好自己的「心念」，不要有「瞋恨的惡念」，是很重要的。

至於，爲什麼「一貫道」會有「求道儀式」，「非求道者」不能觀禮的規定，以及「求道後」，不能洩漏在儀式中，「點傳師」所傳授的「三寶（玄關、口訣，手印）」，這是有歷史典故的。

「一貫道」源自於中國歷代的「三教合一論」，在《一貫道簡介》裡的「一貫道的源流」中說：「孟子」以後，道脈西遷，心法失傳，「儒道道脈」泯滅，究未得繼續道統，良以「孔子」時，業經盤轉「西域」，「釋門」接衍，「釋迦牟尼」得道後，眞法傳大弟子「摩訶迦葉」爲「禪宗初祖」，單傳至二十八代「達摩尊者」。「梁武帝」時，「達摩」西來中土，眞機妙法，復還於「中國」，是謂「老水還潮」。自「達摩」入「中國」，「眞道」乃一脈相傳，「達摩」爲初祖，單傳給「神光」二祖，三祖「僧燦」，四祖「道信」，五祖「弘忍」，六祖「惠能」。

「一貫道」的「求道儀式」，源自於「禪宗」有二個「很特殊的傳法儀式」，一個是「釋迦牟尼」得道後，眞法傳大弟子「摩訶迦葉」爲「禪宗初祖」；另一個是五祖「弘忍」傳法給六祖「惠能」。

這兩個「很特殊的傳法儀式」，我在拙作《看懂禪機》上集，第二單元「禪宗的特殊傳法儀式」裡，說明的非常詳細，這裡只作重點介紹。

（一）「釋迦牟尼佛」以「僧伽黎圍之」來傳法

「禪宗」有一個「很特殊的傳法動作」，就是「以僧伽黎圍之」。這個「特殊的傳法動作」，就從「釋迦牟尼佛」傳法給「印度禪宗」第一代祖師「大迦葉尊者」的時候開始。但是，歷代「祖師」的傳承，「佛教史書」卻不曾提起。直到五祖「弘忍」傳法給六祖「惠能」，這個「特殊的傳法動作」，才又出現一次。

「釋迦牟尼佛」傳法給「大迦葉尊者」的過程，在《指月錄》、《五燈會元》和《聯燈會要》都有記載，而且這是「禪宗」的第一個「禪機公案」。

《指月錄》卷之一原文：

世尊在靈山會上拈花示衆。是時衆皆默然。唯迦葉尊者破顏微笑。世尊曰。吾有正法眼藏涅槃妙心。實相無相微妙法門。不立文字教外別傳。付囑摩訶迦葉。世尊至多子塔前。命摩訶迦葉分座令坐。「以僧伽黎圍之」。遂告曰。吾以正法眼藏。密付於汝。汝當護持。并敕阿難副貳傳化。無令斷絕。而說偈曰。法本法無法。無法法亦法。今付無法時。法法何曾法。爾時世尊說此偈已。復告迦葉。吾將金縷僧伽黎衣。傳付於汝。轉授補處。至慈氏佛出世。勿令朽壞。

《五燈會元》卷第一原文：

世尊在靈山會上。拈華示衆。是時衆皆默然。唯迦葉尊者破顏微笑。世尊曰。吾有正法眼藏。涅槃妙心。實相無相。微妙法門。不立文字。教外別傳。付囑摩訶迦葉。世尊至多子塔前。命摩訶迦葉分座令坐。「以僧伽梨圍之」。遂告曰。吾以正法眼藏密付於汝。汝當護持。傳付將來。

《聯燈會要》第一卷原文：

世尊在靈山會上。拈花示衆。衆皆默然。唯迦葉破顏微笑。世尊云。吾有正法眼藏。涅槃妙心。實相無相。微妙法門。不立文字。教外別傳。付囑摩訶迦葉。世尊昔至多子塔前。命摩訶迦葉分座。「以僧伽梨圍之」。乃告云。吾有正法眼藏。密付於汝。汝當護持。傳付將來。無令斷絕。

這個傳法的記載，大意是說：「釋迦牟尼佛」在「靈山（指『靈鷲山』，位於古印度『王舍城』西邊）」的法會上，拿一枝「缽羅花（卽睡蓮）」，出示給衆人看。

「優缽羅花」似蓮花而較小，葉片浮在水面上，呈寬廣卵形全緣，表面爲有光澤的暗綠色，葉背是淡綠色，邊緣爲赤色且有不規則的暗赤紫色斑點。花由多數花蓋組成，根與種子可以食用。

這時候，衆人都不知道是怎麼一回事？不知道要說什麼？衆人都默不出聲，只有「迦葉尊者」露出微笑。

「釋迦牟尼佛」說：「我現在有『正法眼藏』，這是個涅槃妙心的法門，『實相無相』，這個不可思議的微妙法門，是文字無法描述的，是言教之外的法門，特別傳授給『大迦葉尊者』。」

「釋迦牟尼佛」說完話之後，就走到「多子塔」前。命令「迦葉尊者」就坐，並且「分座」。「分座」的意思是「首座代住持說法布教者。」，所以「釋迦牟尼佛」「分座」給「迦葉尊者」，就代表「迦葉尊者」可以代替「釋迦牟尼佛」說法布教。

這時候，「釋迦牟尼佛」做了一個很奇怪的舉動，他用他的「僧伽黎（袈裟）」把「迦葉尊者」圍起來，然後告訴「迦葉尊者」說：「我把『正法眼藏』祕密交給於你，你應當要保護支持。並且命令『阿難尊者』輔佐傳播佛法教化衆生，不可讓佛法斷絕。」

「釋迦牟尼佛」說完，接著說一首詩偈：「法本法無法。無法法亦法。今付無法時。法法何曾法。」

詩偈的大意是說：世間的一切「萬法」，雖然森羅萬象名爲「法」，但是它的本來面目，從體性上來看，實際上是沒有一法可立。「萬法」的本體，雖然實際上是沒有一法可立，但是「無法」的這個本體，卻能夠隨緣起用，而不妨礙森羅萬法的因果運轉。

今天交付這個「無法」的時候，要明白一件事情，「萬法」和「無法」的念頭，都不可以有。要明白哪有什麼「萬法」和「無法」。所謂「萬法」和「無法」，其實都不是眞實的「萬法」和「無法」，只是爲了向衆生說明眞相，而勉強取一個名詞叫做「萬法」和「無法」。

「釋迦牟尼佛」說完這首詩偈之後，又告訴「迦葉尊者」：「我將『金縷僧伽黎衣』轉傳給將來成佛的『慈氏佛（彌勒佛）』，不可讓『金縷僧伽黎衣』腐爛敗壞。」

（二）五祖「弘忍」以「袈裟遮圍」來傳法

「釋迦牟尼佛」的「以僧伽黎圍之」這個舉動，在「印度禪宗」的二十八代「祖師傳承」當中，所有的經典都沒有再提起過。直到「中國禪宗」的五祖「弘忍」，傳法給六祖「惠能」的時候，才又出現一次，《六祖壇經》記載著「祖以袈裟遮圍，不令人見，爲說金剛經。」

《六祖法寶壇經》原文：

次日，祖潛至碓坊，見能腰石舂米，語曰：「求道之人。爲法忘軀。當如是乎。」乃問曰：「米熟也未？」惠能曰：「米熟久矣，猶欠篩在。」祖以杖擊碓三下而去。惠能卽會祖意，三鼓入室；祖以袈裟遮圍，不令人見，爲說金剛經。至應無所住而生其心，惠能言下大悟，一切萬法，不離自性。

《六祖壇經》翻譯：

第二天，五祖「宏忍」悄悄地來到「舂米作坊」，看見六祖「惠能」腰上綁著石磨正在舂米，說：「求道的人爲了正法而忘記身體，正是應當要這樣！」於是問六祖「惠能」說：「米熟了沒有？」，這個意思是問六祖「惠能」開悟了沒有？

六祖「惠能」回答說：「早就熟了！只是欠人篩過（用篩子過濾東西）。」這個意思是說：「我早就有所領悟了，只是還沒有人爲我印證而已。」

五祖「宏忍」用錫杖在「碓（舂米的用具）」上敲了三下後離開，六祖「惠能」立卽領會五祖「宏忍」的意思。「敲三下」就是要六祖「惠能」在三鼓時分，也就是「三更」，到「方丈室」來。

於是六祖「惠能」在入夜三更時分，進入五祖「宏忍」的「方丈室」。五祖「宏忍」用「袈裟遮圍」，不讓別人看到，然後爲六祖「惠能」講解《金剛經》。講到「應無所住而生其心」時，六祖「惠能」聽完大悟「一切萬法不離自性」的眞理。

在《六祖壇經》裡，最有意思的一段經文，就是「惠能卽會祖意，三鼓入室；祖以袈裟遮圍，不令人見，爲說金剛經」。

五祖「弘忍」以「袈裟遮圍」六祖「惠能」，不讓別人難見，爲六祖「惠能」演說《金剛經》。演說《金剛經》，還要「用袈裟遮圍」，這不是多此一舉，很奇怪嗎？

試想，在三更半夜裡，夜深人靜，「衆弟子們」都入睡了，五祖「宏忍」用「袈裟遮圍」，不讓別人看到，然後爲六祖「惠能」講解《金剛經》。五祖「宏忍」是怕被誰看到或聽到他講解《金剛經》呢？

就算被人看到或聽到，「上根的人」就開悟了，不是很好嗎？「下根的人」還是有聽沒有懂，不也是無所謂嗎？五祖「宏忍」到底在怕什麼呢？這是個謎案，六祖「惠能」並沒有說明，這是「禪宗」永遠的謎。

在「禪宗經典」的記載，「釋迦牟尼佛」的「以僧伽黎圍之」，以及五祖「弘忍」的「以袈裟遮圍」，這二個舉動，絕對不是「偶然」事件，而是歷代「禪宗祖師」傳承時的「必然」儀式。只是，這是個「祕密儀式」，所以在「禪宗」的經典，都不見有記載。

「以袈裟遮圍」到底要做什麼呢？只能說「佛意難測」，身在「末法時代」的我們，究竟不曉得「釋迦牟尼佛」的葫蘆裡，賣的是什麼藥？

有趣的是，這個「謎案」，在現代「一貫道」裡，不但有答案，而且還變成「求道儀式」裡，最重要的一環。

在今日「一貫道」的「求道儀式」中，「以僧伽黎圍之」和「以袈裟遮圍」的舉動，被納入「求道儀式」裡。

（三）「一貫道」以「請壇儀式」來傳法

爲什麼「以袈裟遮圍」會被納入「求道儀式」裡？這要從「一貫道道道統沿革」談起。

在「一貫道源流」裡說道：「一貫道道統沿革自伏羲見龍馬負圖，創造八卦，揭開天地奧祕，是爲大道降世之始。伏羲爲第一代道統祖師，其後聖聖相緒，神農爲第二代，第三代軒轅黃帝，…………。第十四代老子，第十五代孔子，第十六代顏子、曾子，第十七代子思，第十八代孟子，是爲東方十八代。孟子以後，道脈西遷，心法失傳，儒道道脈泯滅，究未得繼續道統，良以孔子時，業經盤轉西域，釋門接衍，釋迦牟尼得道後，眞法傳大弟子摩訶迦葉爲禪宗初祖，單傳至二十八代達摩尊者。梁武帝時，達摩西來中土，眞機妙法，復還於中國，是謂『老水還潮』。自達摩入中國，眞道乃一脈相傳，達摩爲初祖，單傳給神光二祖，三祖僧燦，四祖道信，五祖弘忍，六祖惠能。六祖之後衣鉢不傳，道降火宅，…………。」

後面就不再詳述，重點在於「釋迦牟尼得道後，眞法傳大弟子摩訶迦葉爲禪宗初祖，單傳至二十八代達摩尊者。」

然後，在「一貫道」的經典《彌勒救苦眞經》裡也提到「領寶齊魯靈山地。拈花印證考三乘。」，這一句經文講的就是「一貫道」道脈傳承的由來。

《彌勒救苦眞經》原文：

佛說彌勒救苦經。彌勒下世不非輕。領寶齊魯靈山地。拈花印證考三乘。

「一貫道」認爲，「以心印心」之法一定要「密傳」，在「釋迦牟尼佛」的時代是「以僧伽黎圍之」的方式傳道，在六祖「惠能」的時代也是「以袈裟遮圍」的方式傳道，「禪宗」歷代祖師傳道，也都是用這種「以袈裟遮圍」方式來進行。直到六祖「惠能」的時代，因爲五祖「弘忍」的門下弟子爭奪「袈裟」，所以「袈裟」止傳。

到了今日的「一貫道」，改以「請壇儀式」來代替「袈裟遮圍」。請壇時，由仙佛護壇，阻斷天人耳目，祕密傳授這「以心印心」之法。除了「求道者」以外，不讓其他人觀看「傳法儀式」，這是遵從自「釋迦牟尼佛」開始，以「僧伽黎圍之」來傳法的傳統。

要加入「一貫道」的修道行列，一定要「求道」，而要「求道」，一定要有「點傳師」開壇，透過「請壇儀式」，點佛燈，再念誦「請壇經」，才可以「求道」。

「請壇經」的意義，是恭請宇宙萬靈眞宰「明明上帝」臨壇，並且也恭請十方諸佛，諸天仙佛，以及雷部、風部、虎部、龍部，和二十八星宿降壇護道，爲辦三天天人之道，如《六祖壇經》所說的「以袈裟遮圍」以傳心法。

另外，由於「一貫道」傳統的教規，嚴格規定只有「道親」和「求道人」，才可以參加「請壇儀式」，「非道親」絕對不可以參加，也不可以在旁邊觀禮。因爲，「請壇儀式」就象徵「以袈裟遮圍」的意義。

結果，這個嚴格規定，卻造成「一貫道」在台灣傳道的初期，被「國民黨政府」誤以爲這個祕密傳道的「請壇禮」儀式，是對岸「共產黨」的祕密聚會方式，一度禁止「一貫道」的傳道活動。並且派「情報人員」僞裝成「求道者」，參加「求道儀式」，以一探究竟。

沒想到後來，這些「求道的情報人員」，在了解「一貫道」的內涵之後，大爲肯定支持。甚至，許多「求道的情報人員」，後來都成爲「點傳師」，回過頭來要求「國民黨政府」應該開放

「一貫道」。

最後，在一九八八年三月五日，「國民黨政府」核准設立「中華民國一貫道總會」，「一貫道」才正式成爲一個合法的宗教團體。

所以，「一貫道」認爲，從「釋迦牟尼佛」在「靈山」會上，密傳「以心印心」之法，三乘中人全被考倒，只有「迦葉尊者」得法。「迦葉尊者」再將這「教外別傳」的心法，代代相傳至今，到現在「一貫道」所傳的「道」，就是這個源自於「釋迦牟尼佛」所傳下，歷代「禪宗祖師」一脈相承的「心法」。

（四）用「聖靈」與「火」給「求道人」施洗

在「基督教」的《新約聖經》裡，「施洗約翰」曾經說過一段預言。

●《新約聖經》馬太福音：

3:11 我是用水給你們施洗、叫你們悔改．但那在我以後來的、能力比我更大、我就是給他提鞋、也不配．他要用「聖靈與火」給你們施洗。

但是，直到今日的「基督教」，仍然是用「水」幫教徒施洗；反觀在「一貫道」的「求道儀式」中，居然就是用「聖靈與火」給「求道人」施洗。

「一貫道」的「求道儀式」，第一個步驟是「點佛燈」。「點佛燈」象徵光明，代表「萬物萬類生命」的源頭，是宇宙的本體「明明上帝無生老⊙」。古時候「傳道」，即稱爲「傳燈」。

在「一貫道佛堂」的擺設中，會放置三盞「佛燈」，在佛桌的上桌中央，置有一盞燈，稱爲

「母燈」或「無極燈」，象徵天地萬物主宰「明明上帝無生老⊙」，此光稱之「靈光」；而下桌置有兩盞燈，稱爲「日月燈」或「兩儀燈」。

點燈時，必須先點中央的「母燈」，再點左側「日燈」，最後點右側「月燈」，表徵「無極生太極、太極生兩儀」之義，也就是「一本散萬殊」之意；辦完佛事時，得將「佛燈」送熄，首先送右側「月燈」，再送左側「日燈」，最後送中央的「母燈」，即是「萬殊歸一本」之意。

（五）「引保師」的由來

「一貫道」的「求道儀式」，分爲：「獻供、請壇、引保師立願、求道人立願、點傳師傳三寶」等五個階段。

這裡要說明「引保師」的由來，「引保師」是「引師」和「保師」的統稱。何謂「引師」？何謂「保師」？

「引師」是苦口婆心，引導「衆生」來「求道」的人。往昔「單傳獨授」，今之「普渡時期」，要「求道」必須有「引師」來引進。「引師」代天宣化，救渡衆生，四處找「有緣人」，以誠懇的心與「有緣人」溝通講道，使其覺悟發心求道，今得「明師」一指點，跳出苦海淵，若無「引師」恩澤感召，無法求道。

「引師」恐怕「衆生」求道後，對道不大瞭解，而生「怠惰心」，故撥空到每個家庭拜訪或聯絡何時有法會、活動、聯誼帶我們去參加，不辭勞苦，只望大家明理進修，以眞理來開智慧，破己迷津，淨化心靈虛僞空虛，充滿道氣再創里程。

「保師」是保證「求道人」清家清白，品行端正，「求道人」才能求得大道，其恩惠絕對銘刻在心，無他的擔保，無能超生了死，解脫輪迴之苦。

「保師」代天宣化，渡苦海「衆生」，使「衆生」回到「無極理天」。「保師」在「求道」當天，爲「求道人」準備毛巾、茶水、點心，恭恭敬敬的服務引導照顧「求道人」，求道完還叮嚀「求道人」要常回到「佛堂」拜仙佛。

古德云：「救人一命值千金。」又云：「救人一命勝造七級浮屠。」「引、保」二師有未成「佛道」先渡「衆生」的「濟世渡人」精神，把「有緣的人」，都能渡化來得道，是大家「行功立德」的機會。

「引師」和「保師」是「求道儀式」中，很重要的角色，沒有「引保師」的引進和擔保，「求道人」是不能「求道」的。

那麼「引保師」是怎麼產生的呢？在十五祖「王覺一」所撰的《三教圓通》裡的「呂祖韓仙，師徒問答寓言」內，可以找到答案。

● **《三教圓通‧呂祖韓仙，師徒問答寓言》原文：**

昔「唐朝」有一「韓」公子（韓湘子）、名「湘」，乃「愈（韓愈）」文公、「愈（韓愈）」之姪孫也。投拜（投身下拜）鐘（鍾離權）、呂（呂洞賓）二祖攻書（勤勉讀書）；

讀到「博厚配地（博大深厚，相配大地，是用來承載萬物的），高明配天（崇高光明，相配高天，是用來覆蓋萬物的），悠久無疆（悠久長遠，沒有邊際，是用來成就萬物的。）」數句，於心恍有所悟（彷彿有所覺悟），乃求講解。

師（呂洞賓）曰：「此數句，非爾（你）所能問？」

湘（韓湘子）曰：「何人能問？」

師曰：「要『修道之人』，方可能問。」

湘曰：「『不修道之人』，問何章句？」

師曰：「只問『死生有命，富貴在天（指萬事皆由天命注定）』。」

湘曰：「『死生有命』，究竟如何？」

師曰：「『死生』者，是人生在陽世，片善（小善）不修，專好作惡。殺、盜、淫、妄，無所不為；『陽壽』一盡（終止），『陰司（人死後靈魂所進入的地方）』受罪，侯（發語詞。相當於「惟」）罪受滿，選定『凶年、凶月、凶日、凶時』，發放『陽世』投世；饑無食、寒無衣，『六根（眼、耳、鼻、舌、身、意）』不全，貧窮下賤，凶死夭折，故謂『死生有命』。

『富貴』者，祖上有德，又自累積『陰功（陰德）』，感格（感動）『天曹（天上的官署）、地府（陰間）』；選定『吉年、吉月、吉日、吉時』，將爾（你）累世修有因果之人，送到他家，為男作女，聰明正直，『詩、賦、文詞』，件件過人，金榜題名，連科（指連續幾屆科試）及第（舊稱科舉中試），故曰：『富貴在天』。」

湘曰：「既是這等，弟子願棄『死生富貴』，躲逃『輪迴』，改過遷善（改過向善），以修『大道』。」

師曰：「你想修『大道』，先要『立誓（立下誓言，發誓）』。」

湘曰：「願發洪誓（重誓）。」

師曰：「你肯發誓，吾亦安敢不傳？」

「湘」拜呂祖爲「開示師」，鐘祖爲「引進師」。

「呂祖」將「大道玄機」，一一指明。

在「呂洞賓」祖師和「韓湘子」仙，師徒之間的問答對話中，可以得到兩個重點：

⑴古代想要修行「大道」，先要「立誓（立下誓言，發誓）」。這也說明了，爲什麼在「求道儀式」中，在「點傳師」傳「三寶」之前，「求道人」必須「立願發誓」，因爲這是「古代祖師」訂下的規定。

⑵「韓湘子」拜「呂洞賓祖師」爲「開示師」，拜「鐘離權祖師」爲「引進師」。原來在「古代」求道之前，必須有人擔任「求道人」的「開示師」和「引進師」，而這兩師的名稱，在現代的「一貫道」，改成「引師」和「保師」，統稱「引保師」。

二、掛號

「一貫道」求道入門，第一個步驟就是「掛號」。首先由「引保師」引導至「掛號處」，填寫自己的「眞實姓名」，然後再把「新求道人」、「引保師的姓名」、及「功德費」，塡入「龍天表」的表文內，在請壇「九五大禮」後，將「龍天表」表文，焚燒在「八卦爐」中，再恭請「三官大帝」，將名字從「地府生死簿」中抽出，掛在「天堂黃卷冊」簿上，從此脫離「閻王」的掌管，這個過程稱做「天榜掛號，地府抽丁」。

「掛號」最基本的條件，就是要有「引保師」引入保入，否則就不能「求道」。因此，「引保師」可說是「新求道人」和「天道」之間的橋樑。

「掛號」就像「學校註冊」一樣，要想取得「學士、碩士、博士」的學位，首先要「入學註冊」，準時到校上課，經過考試及格才能取得。

所以，沒有經過「一貫道」的「掛號手續」，即使非法得知「三寶心法」，也是沒有用處的。就好像你會「開車」，但是你沒有去「監理站」考「駕照」，你就是「無照駕駛」；就好像沒有經過「佛教師父」的「皈依受戒儀式」，你就不是「佛教徒」；就好像沒有經過「牧師」的「聖水洗禮儀式」，你就不是「基督徒」。

（一）功德費

辦理「掛號」時，必須要繳一筆費用，金額隨喜，稱爲「功德費」。

其實，在歷代信奉「三教合一論」的教派，都有類似的「入教費」，就像學校的「註冊費」一樣的意思。例如：「五斗米道」又稱爲「正一道、天師道」，是「道教」最早期的一個派別。根據史書的記載，在「東漢順帝」時期，由「張道陵」在「蜀郡鶴鳴山（今四川成都市大邑縣北）」所創立，根據《後漢書》、《三國志》記載，凡「入道者」必須出「五斗米」，故得到「五斗米道」的稱呼。

「註冊費」或「入教費」的設立，最早是由「孔子」所設立。《論語．述而》：「子曰：『自行束修以上，吾未嘗無誨焉。』（『束修』是一紮臘肉薄禮，爲古時拜師之敬師禮。）」意思是說：「凡自己帶著『臘肉薄禮』來拜師的，我沒有不認眞教誨的。」信奉「一貫道」，拜「彌勒佛」爲祖師，拜「濟公活佛」爲老師，「功德費」就是「求道人」的「拜師束修」。「功德費」完全用在道務上，例如開荒佛堂、印經書、代天行道等的聖事上，而非「壇主」或「引保師」拿去私用。

（二）龍天表

求道時，「點傳師」請壇所燒的「表文」，稱爲「龍天表」，內容包括「引保師的姓名」和「求道人」的「眞實姓名」及「功德費」。「龍天表」燒了之後，首先由「三官大帝（堯、舜、禹）」接驗，再呈「老⊙」觀看。「老⊙」一看佛兒，隨卽派「地藏古佛」命「十殿閻君」，照表查名，把名字從「生死簿」劃掉，從此「地府抽丁，天榜掛號」，跳出「六道輪迴」。

「龍天表」燒了之後，代表正式註冊爲「彌勒佛」的弟子，就好像在學校念書也要先註冊，否則「旁聽生」畢業時，是沒有「畢業證書」的。

「龍天表」是一種「表文」，源自「道教」的文化。「表文」是以「文字」形成的「章表文函」，是「仙凡」之間溝通的橋樑，不論個人所求，還是國家大事都可爲之。

從「表文」的類型，可分爲兩個大的部分，卽「陽事」道場與「陰事」道場。「表文」的「書寫格式、文字編排」都有嚴格的規範要求，其「內容語言」也比較嚴謹，更要注意寫清楚「神仙的宮闕與其聖號」。一般「表文」在「神仙的聖誕日」都要祝壽慶賀，上章拜表，或「黃道吉慶日」爲「善男信女」做祈福等齋醮活動。

三、「點傳師」傳「三寶心法」

（一）第一寶「合同（手印）」

「點傳師」傳「三寶心法」，首先傳第一寶「合同（手印）」。「點傳師」會說：「先傳您古合同，抱在當胸，……左手抱右手，右手屬惡當在內，左手屬善包外邊，子亥相掐懷中抱，能脫久久大劫關。」

傳「合同」的儀式，是「點傳師」傳授給「求道人」的「通天印」，它是上天所親敕的「法印」，可降魔避邪。「合同」是一種「契約」，是雙方各執以爲憑據的契約，是「一貫弟子」與「老⊙」相約返回「理天」的契約。我們手中有十二地支「子、丑、寅、卯、辰、巳、午、未、申、酉、戌、亥」，「子」爲始，「亥」爲終，代表天地之間的開始與收圓。

「青陽期」的「合同」是「單掌」，代表「蓮葉」；「紅陽期」的合同是「合掌」，代表「蓮花」；「白陽期」的合同是「抱拳」，代表「蓮藕」。

「合同」爲一種左、右手互按相抱的手印，「合同」含有「返樸歸眞」的意思，求道時所傳的「合同」，是禮拜「明明上帝」之手勢，與古人「作揖」之手勢相同，「作揖」即是「不敢爲天下先」之「謙德」。從「作揖」之中，讓我們體悟「謙卑、回歸、放下、尊重、虔敬、純眞、堅持、圓滿」，亦如同「印鑑」一樣有「憑證」之意。

「子亥相掐懷中抱」，在我們的「右手」上，有天地氣數「子、丑、寅、卯、辰、巳、午、未、申、酉、戌、亥」十二地支的代表符號，從「無名指」的「指根關節」代表「子」開始算起，逆時針計算各個「指根關節」和「指尖」，剛好有十二處，搭配「十二地支」，直到「小指」的「指根關節」代表「亥」結束。

此時，「右手」的大拇指，壓住「無名指」的「指根關節」（子）；然後，「左手」的大拇指，壓住「小指」的「指根關節」（亥），再把兩手合起來，呈「抱拳的姿勢」。

在「十二地支」中，「子」代表「開始」，「亥」代表「終止」，「子」跟「亥」相掐爲「孩」字。所謂「子亥相掐懷中抱」，本含「陰陽合一」之象，亦是一個「孩」字，故手抱「合同」好比手抱一個「嬰孩」，「赤子之心」卽是天眞無邪的「自性佛」。若能知此含意，與「赤子之心」一合，與「赤子之心」同，時時懷抱著一顆「赤子之心」，二六時中隨緣而化，與慈佈化，衆善奉行，諸惡莫作，何患道果之不能成熟？

「子」與「亥」合起來爲「孩」字，代表修道要修心，修道者要有一顆「赤子之心」，因爲人類只有在這個階段，才能處於「無分別對待心」的狀態。什麼是「赤子」？就是出生後一百天之內的嬰兒，「赤子之心」是「不垢不淨」的心，是不會「起心動念」的心。

「修道者」要「修心」，就必須把自己的心，修練成「赤子之心」，因爲人類只有在這個階段，才能處於「無分別對待心」的狀態。《舊約聖經》裡形容人類的祖先「亞當」，在最初被上帝創造時，是不能「辨別善惡」，他是天眞純潔的。

孟子曰：「大人者不失其赤子之心」；老子說：「聖人皆孩子」；《新約聖經》馬太福音十八：「我（耶穌）實在告訴你們，你們若不回轉，變成『小孩子的樣式』，斷不能進天國。」

「赤子之心」是修道者的必備要件。但是我們都已經是會思考的成人，要如何才能再度擁有一顆「赤子之心」呢?就是要靠「禪定守玄」的功夫。

「合同」又稱爲「手印」、「通天印」或「印契」，表示「佛菩薩」的覺悟或愿力。「密宗」在修法時，「修行者」的雙手與手指會結各種「佛菩薩的手勢」。「佛菩薩」所結的「手印」，象徵「佛菩薩」特殊的愿力，因此「修行者」與「佛菩薩」結相同的「手印」時，會產生特殊的「意念力量」。

以上是現代「一貫道」對於第一寶「合同（手印）」的詮釋。

但是，十五代祖「王覺一」，在他所撰的《祖師四十八訓》裡的【第二十八條】寫道：

所謂「手印憑據」者，爲「同門師友」相認之「識別」也。現今千門萬戶，賢愚不等，淑慝（ㄊㄜˋ，善與惡）各異，雖同名曰：「道」而「道」實有天淵之別。

如無「憑據合同」，何能辨別眞僞?不但懼不肖者，詐騙財產；尤恐混入匪類，受其連累。「孔門弟子」，千秋萬古，皆成一家。現今吾道，遠近皆知；有「此憑據」，不但當時可以同道相親，彼此關照，即至日久年遠，師生道友之後人，亦「執此相認」。「此吾之所以不避嫌疑，立此之相認憑據也」。凡有此憑據者，即同道；無此憑據，又當別論。

所以，第一寶「合同（手印）」是十五代祖「王覺一」所設立，目的是「執此相認」。「此吾之所以不避嫌疑，立此之相認憑據也」。凡有此憑據者，即同道；無此憑據，又當別論。

十五代祖「王覺一」會設立「合同（手印）」，來作爲「信徒」之間的「相認憑據」，可能源自於中國清代的「青幫」。最有力的依據是，「青幫」對外宣稱信奉「羅祖」，也就是「羅教」。

而「一貫道」的前身，是「先天道」；「先天道」的前身，是「青蓮教」；「青蓮教」的前身，就是「羅教」。到了「清朝」光緒皇帝時期，才由第十六代祖「劉清虛」，將道門改稱爲「一貫道」。

「青幫」是一個中國祕密結社，原名「安清幫」，簡稱「清幫」或「青幫」，由「洪門會」分出。「清代」雍正四年，「清廷」鑒於盜賊遍地，「漕運」不通，貼出皇榜廣召人才。「洪門」的翁德惠、錢德正及潘德林三人獻「反間計」，揭皇榜假意歸順「滿清」，成立「清幫」搜集朝廷情報及募集資金，故幫內有一口訣「但見金盆開花，不聞清洪分家」。

「青幫」在創立初期，「幫會人士」皆以「漕運」爲業，「幫會」亦爲「水手」提供墓葬和宿舍等服務。亦因「青幫」起於「漕運」，故「幫會人士」在早期多流傳於「江南」一帶。到了「乾隆」年間，「青幫」被「朝廷」視爲一種威脅，在公元一七六八年摧毀「羅教寺廟」並取締該教派，驅使「青幫」轉向地下活動。

「青幫」在二十世紀早期到中期，「上海」的社會和政治活動中占有顯著影響力，是「晚清、民國」時期中國「三大幫會（天地會、哥老會和青幫）」之一。

公元一九四九年，隨著「國民黨政府」在「中國大陸」的政權崩潰，「青幫」離開「上海」，並在公元一九五〇年踏足「香港」，而在「台灣」則是多活躍於「中華民國海軍正期班軍官」與「軍火商」。

「青幫」分布在大江南北，是一個十分「注重規矩」的「幫會」，其內部人員衆多且複雜，所以爲了相互介紹和內外聯絡，「青幫」內部規定了一些特殊的「暗語」和「手勢」，作爲特定的術語，他們稱之爲「幫話」。「幫話」是「青幫」內部的機密之一，一般外人很難得知。因此，「青幫」成員行走江湖，或是周旋於組織內部，若是不懂或者記不住「幫話」，那麼，可以說是寸步難行。

（二）第二寶「玄關竅（玄關）」

第二寶是「玄關竅」，「點傳師」會在你的「眉間處」點一下，並且告訴你這個地方就是「玄關竅」。「玄關竅」又叫「通天竅」、「生死竅」，是上天和人相通的樞紐，「五官百骸」的總主宰。

「玄關」這個名詞，最早出自於「唐代」，「唐代」時期的人們，把住宅「入門處」與「正廳」之間的一段轉折空間，稱爲「玄關」。「玄關」是「屋外」和「屋內」的緩衝，使「屋外」與「屋內」有一定的隔開。

後來，「道家」和「道教」借用「玄關」這個名詞，把老子《道德經》裡「玄牝之門」的概念，定義出「玄關一竅」這個專有名詞，認爲人體上有「玄關一竅」，是修煉的入口。「道教」的精華是「煉丹」，而「煉丹」最奧祕的機關就是「玄關」。

「道教」借用「玄關」一詞，變成修練所使用的術語，最早源自於「宋末元初」著名的道士「李道純」所撰的《中和集．卷三．問答語錄》：「玄關者，至玄至妙之機關也。」

在「求道」的儀式中，「點傳師」會說一句（乾道）：「余今指你一條路，燈光照耀在眼前，二目瞳神來發現，洒洒陀陀大路坦。」然後在你的「玄關處」點道時再說：「一指中央會，萬八得超然。」這就是指點「求道人」，修行的不二法門，也就是「意守玄關」的修持法，簡稱「守玄」。

「守玄」的原理，就是把我們的「雜念」，經由「守玄」的功夫，集中成「一念」，再阻斷思維，由「一念」的狀態，進入「無念」的境界，也就是「空的境界、佛的境界」。

「點傳師」點「玄關」的儀式，是「濟公活佛」領受「天命」，神手借凡手，借「點傳師」之手，點開智慧的「第三隻眼睛」，此爲「禪宗」的修道門路，也是「釋迦牟尼佛」所說的「吾有正法眼藏」之處。懂得從「玄關竅」下手修行，便能夠超生了死。

「玄關」，有「正門」的意思，「竅」是「穴位孔竅」。「眼睛是靈魂之窗」，既然有「窗戶」，就一定有「大門」，而「玄關竅」就是「靈魂的正門」，也是「靈性」出入的門戶。「玄關竅」是我們「靈性」生來死去的「門戶」，得受「明師一指」，便可使我們的「靈性」由「正門」出入。

一般人「往生」時，如果「靈魂」沒有從「正門」出竅，而是從眼耳鼻舌等「旁門」出竅，就會墮入「四生六道」裡輪迴。我們的壽命結束後，若「魂魄（靈性）」：

⑴從「泥丸」出去：轉「天道」或「阿修羅道」，投胎爲「天人」或「阿修羅（魔）」；
⑵從「丹田」出去：轉「人道」，投胎爲「富貴者」或「平凡者」或「貧賤者」；
⑶從「眼睛」出去：轉「卵生」，投胎爲「雞、鴨、鳥、雀」，美羽眼利；
⑷從「耳朵」出去：轉「胎生」，投胎爲「牛、羊、犬、馬」，聽人使喚；
⑸從「鼻孔」出去：轉「化生」，投胎爲「蚊、蟲、蝨、蟻」，聞臭而聚；

⑹從「嘴巴」出去：轉「濕生」，投胎爲「魚、蝦、水族」，口動不停。

⑺唯有從「玄關竅」出去，才是「通天正門」，從眼耳口鼻等「旁門」出竅者，墮入「六道輪迴」。

「玄關竅」不只是「至善寶地」，更是歷代聖賢修行的下手處，所以有些宗教對它都有不同的心得。

像「佛教」說：「佛在靈山莫遠求，靈山只在汝心頭；人人有個靈山塔，好向靈山塔下修。」；在「基督教」的《新約聖經》馬太福音第七章裡，「耶穌」也說過：「你們要進去窄門，因爲引到滅亡那門是寬的，路是大的，進去的人多。引到永生那門是窄的，路是小的，找著的人也少。」

什麼是「滅亡的門」？什麼是「永生的門」？所謂「滅亡」，是指「靈性」的「生死輪迴」；而「永生」，就是讓「靈性」跳出「生死輪迴」的一條「通天路」。

「玄關竅」這個「靈魂正門」，就是「耶穌」所說的「窄門」，而「滅亡那個門」，就是我們身上其他大又明顯的「孔竅」，例如：眼、耳、鼻、舌等，也就是「佛家」所謂的「四生六道輪迴」的通道。

「明師」替我們點開了「玄關竅」，就等於帶我們找到「眞正的自己」，如果能夠從此「玄關竅」好好修持，將來百年之後，必定可以「超生了死，成仙做佛」。

以上是現代「一貫道」對於第二寶「玄關竅（玄關）」的詮釋。

「玄關」的名稱，如何稱呼不重要，「道家」可以稱「谷神」，「道教」稱「玄關竅」，

《易經》稱「黃中正位」，「密宗」稱「眉間輪」，「一貫道」稱「玄關」。這些都不重要，重要的是它的修持意義。

「一貫道」的「祖師傳承」，與「儒、釋、道」的「祖師傳承」是重疊的，許多「祖師」在「三教」中有些「顯」有些「隱」。

直到「清朝」，十五代祖「王覺一」，將「三教會通」正名為「無太皇三極一貫大道」傳授「玄關竅」，成為今日「一貫道」修練入門的關鍵。

在《一貫道簡介》裡的「一貫道的源流」裡說道：光緒三年（一八七七年），老☉降臨山東青州「東震堂」，令。「王祖」掌道後，奉命以「儒教」來闡揚「先天道義」，廢除了入道時「茹素」、「絕欲」之規定，以較高層次的「理天法」取代「氣天法」，將「先天道」之「指出玄關」，改為「點開玄關」，……………。

可見「一貫道」的「點開玄關」儀式，是十五祖「王覺一」創立的，以前在「先天道」的時代，是「指出玄關」。

為什麼「先天道」的修道下手處是「指出玄關」呢？這個與「道教」的「呂洞賓」祖師有很大的關係，我們翻閱《指玄篇》就可以看出端倪。

《指玄篇》是由「呂洞賓」祖師親著的道家「金丹學」著作，包括兩部分，第一部分是《謝紫陽眞人書》，第二部分是《辨惑論》，收入《藏外道書》第六冊，宋代的「白玉蟾」有作注解。

在《指玄篇》裡的「指玄篇絕句詩三十二首」，「呂洞賓」祖師寫道：「玄牝之門若會通。

百川萬派總歸東。時人若知眞消息。子正陽生月正中。」

「玄牝之門」這個名詞，出自到道家「老子」所撰的《道德經》第六章：「谷神不死，是謂玄牝。玄牝之門，是謂天地根。綿綿若存，用之不勤。」

「玄牝之門」，就是「道教」所謂的「玄關竅」。「呂洞賓」祖師寫《指玄篇》，就是指出「玄關竅」是修道的下手處。因此，「先天道」才會把「指出玄關」，視爲修道的關鍵處。

那爲什麼十五祖「王覺一」，要把「先天道」的「指出玄關」，改爲「點開玄關」呢？

那是因爲十五祖「王覺一」，是一位博學又精通「三教經典」的「祖師」。十五祖「王覺一」的著作頗多，「竹坡居士」於光緒二十一年（公元一八九五年）蒐集《大學解》、《中庸解》、《三易探原》、《一貫探原》、《理性釋疑》等書，編輯而成《理數合解》一書。

現代的「林立仁」，則又另蒐集「王覺一」的《理數合解》、《三教圓通》、《談眞錄》、《祖師四十八訓》、《歷年易理》等書，合編爲《北海老人全書》，於民國八十年（公元一九九一年）付梓台北縣的「正一善書出版社」。

十五祖「王覺一」以較高層次的「理天法」取代「氣天法」，將「先天道」的「指出玄關」，改爲「點開玄關」。這是因爲他受到宋明「理學」和「禪宗經典」影響很大，所以他才要改革「先天道」的理論。

十五祖「王覺一」將「先天道」的「指出玄關」，改爲「點開玄關」，是受到「禪宗」的「圓相宗」禪師的影響，他經常以「劃圓圈」，圓圈中間「點出一點」的方式來互相印證「玄關」這個位置的修持。現在「一貫道」傳道時的「點玄」手勢，也是承襲「圓相宗」禪師的手法，再加上「道家」的「玄關竅」理論，融會貫通而來。

另外，在禪宗「臨濟義玄」所說的「三句」中，也提到「點」這個動作。「三句」是說明傳授「禪法」時，應當注意的三個原則，其中的第一句：「三要印開朱點窄，未容擬議主賓分」。

「朱點」是什麼？古人在「校讀書籍」時，用「朱筆（紅筆）」圈點畫重點，就稱為「朱點」，「臨濟義玄」用「朱點」來比喻我們的「眞心、自性、佛性」。

所以，十五祖「王覺一」所創立的「點開玄關」，是源自於禪宗「祖師禪」的「圓相宗」和道家的「玄關竅」理論。兩者融會貫通之後，再經過「呂洞賓」祖師的實際修煉和印證之後，形成後來「宋、元」很長時期的「玄關竅修持」方法。在「宋末元初」，道教「全眞教」的「王重陽」祖師，直接提出「傳香指玄」的修煉方法。

所以，想要更了解道教「呂洞賓」祖師的「玄關竅修行心法」，就要研讀「呂洞賓」祖師所撰的《太乙金華宗旨》一書。請參閱拙作《看懂道教》的最後一個單元「道教」的《太乙金華宗旨》，裡面有詳細的探討和解說。

另外，在十五祖「王覺一」的著作《北海老人全書》裡的《三教圓通》內，第二單元「呂祖韓仙，師徒問答寓言」，也暗示「玄關竅」的重要性。

●《三教圓通》（二）呂祖韓仙，師徒問答寓言：

湘曰：「『明師』指明『來去』？」

師曰：「『來』字原從『一』字起，『斗口一貫』不差移；外生『金、木、水、火、土』，內含『心、肝、脾、肺、腎』。」

湘曰：「『斗口』何方？『來』字何地？」

師曰：「『來』字原從『八筆體』，『方寸』上下『斗口』立。」

湘曰：「何謂『方寸上下』？」

師曰：「將身立定，二目朦朧，眉配（結合）一橫，手分八字，乃成『木字』，卽『木性』也。你把雙目一睜，露出兩個『瞳人（瞳孔）』，豈不是『木旁二人』，卽『斗口』『來』字。因『此口』，能含『金、木、水、火、土』，與『精、氣、神』『三寶』共成八筆，而爲『來』字。人欲『脫凡成聖』，定要明白『來』處。」

「方寸」是「長寬各一寸的面積」，卽「一寸的平方大小」，形容「地方狹小」。在《列子．仲尼》裡說：「吾見子之心矣：方寸之地虛矣。」所以，「方寸」又可以比喻「心、心神」。

「斗口」是指「北斗七星」的「斗柄」，亦卽指「北斗七星」的第五至第七星，卽「玉衡、開陽、搖光」。「北斗七星」的第一至第四星形狀像「斗」，第五至第七星像「斗柄」。

「北斗七星」的「斗柄」指向，與「季節」有關係。《冠子．環流篇》云：「斗柄東指，天下皆春；斗柄南指，天下皆夏；斗柄西指，天下皆秋；斗柄北指，天下皆冬。」

但是，在這裡，「呂洞賓」祖師借用「方寸」和「斗口」，來暗指修道的「入手處」，亦卽眉間的「玄關竅」，這也是「一貫道」的修道核心。

我們把「方寸」和「斗口」套用成「玄關竅」，大家就看懂了。

師曰：「『來』字原從『八筆體』，『方寸（玄關竅）』上下『斗口（玄關竅）』立。」

湘曰：「何謂『方寸（玄關竅）上下』？」

師曰：「將身立定，二目朦朧，眉配（結合）一橫，手分八字，乃成『木字』，卽『木性』也。你把雙目一睜，露出兩個『瞳人（瞳孔）』，豈不是『木旁二人』，卽『斗口（玄關竅）』『來』字。」

其實，「來」字中間的「十」，「中間交叉點」就是暗指「眉間的玄關竅」。「呂洞賓祖師」還強調說：「人欲『脫凡成聖』，定要明白『來』處。」

接下來，「呂洞賓祖師」還用「去」字，來補充說明「眉間的玄關竅」。

湘曰：「『去』字如何講究？」

師曰：「『去』字只合『五筆整』，恰合『心、肝、脾、肺、腎』，能守『靈山』『精、氣、神』，煆煉（ㄒㄧㄚ，煉其私慾，復還天理。）『三寶』轉『法輪』，失卻『靈山』三件寶，空留『心、肝、脾、肺、腎』，皈依『三寶』歸家去，不煉『三寶』入苦輪。」

「呂洞賓祖師」說：「能守『靈山』『精、氣、神』，煆煉（ㄒㄧㄚ，煉其私慾，復還天理。）『三寶』轉『法輪』。」

有句古諺說：「佛在『靈山』莫遠求，『靈山』就在汝心頭；人人有個『靈山塔』，好向『靈山塔』下修。」「靈山」就是指臉上的「鼻頭山」，「靈山塔」下，就是指眉間的「玄關竅」。

能守「靈山」的「精、氣、神」「三寶」，就能夠「轉法輪」。「轉法輪」是指「釋迦牟尼佛」爲令眾生得道而說法。

「靈山」的「精、氣、神」「三寶」，後來演變成今日「一貫道」特有的「三寶心法」。

（三）第三寶「無字眞經（口訣）」

第三寶「無字眞經」，又稱爲「口訣」。「口訣」就是「咒語」，「咒語」是一種具有不可思議力量的「密祕語」，如「觀世音菩薩」的「六字大明咒（嗡嘛咪叭咪吽）」，一持念咒語，「觀世音菩薩」就會聞聲救苦。

傳「口訣」的儀式，是「點傳師」親口傳授給「求道人」的那五個音，此乃上天所降的「通天神咒」，又稱爲「無字眞經」，內含「彌勒尊佛」的慈悲，由「點傳師」口傳心印，只能「默念」不能念出聲。口授心印，只能記在心裡，不可以說出或寫出，洩漏天機。

「口訣」就是「眞經」，「眞經」不是沒有「文字」，只是「不立於文字上」，所以自古以來，「聖賢仙佛」只是「口傳心授」，心心相印。

這是給「求道人」遇到凶險災難，要逢凶化吉用的祕訣，所以叫做「口訣」。若遇危急時，默念「無字眞經」，「諸佛菩薩」聞聲必定前來護庇保佑。但是若用於不正的地方，則無此效用。

「青陽期」的口訣是「無量壽佛」；「紅陽期」的口訣是「南無阿彌陀佛」；「白陽期」的口訣是「○○○○○」。

誠心持念「無字眞經」者，有五種感應：脫劫避難、驅魔避邪、開啟智慧、助於守玄、改毛病去脾氣。

古人說：「千里訪明師，萬里求口訣。」《達摩寶傳》云：「達摩西來一字無，全憑心意用功夫，若要紙上尋佛法，筆尖醮乾洞庭湖。」

若要解釋「無字眞經」的意思，第一個音是指「無極理天」，是我們「本性、靈性」的故鄉；第二個音是指「太極氣天」，是位於「兜率陀天」的「彌勒淨土」所在地；後三個音是指「彌勒佛」。這五個音的意思是：皈依「彌勒佛」，到「兜率陀天」的「彌勒淨土」修行，功德圓滿後，從「兜率陀天（屬於太極氣天）」，返回「無極理天」。

「明師」傳給我們「口訣」，這「五個音」不只是「通天神咒」，也是「伏魔心咒」。當我們的情緒、脾氣無法控制時，默唸「無字眞經」數次，當下可以把我們的「心火」冷卻，降伏下來。

以上是現代「一貫道」對於第三寶「無字眞經」（口訣）的詮釋。

我對於「無字眞經」的這五個音，非常讚嘆。因爲，這五個音是個「方便法門」，可以用來時常繫念思惟「彌勒佛」。

「方便」是「佛教」的術語，是指「巧妙地接近、施設、安排」等。乃是一種「向上進展之方法」，在諸佛經論中，經常用此一名詞。

「方便法門」卽是對「眞實法」而言，爲誘引「衆生」入於「眞實法」而權設之法門。故亦稱爲「權假方便、善巧方便」。卽「佛菩薩」應「衆生」之根機，而用種種方法施予化益。

我觀察周遭認識的一些「一貫道」信徒，尤其是「年長的信徒」，嘴裡常念「彌勒老祖師」或簡稱「老祖師」，常說自己往生後，要去「彌勒老祖師」那裡。

我很驚訝一件事情，「釋迦牟尼佛」建議衆生去的「淨土」有兩個，一個是「阿彌陀佛」的「西方極樂世界」；另一個是位於「兜率陀天」的「彌勒淨土」。而且「彌勒佛」是「釋迦牟尼佛」指定的「未來佛」，是他的「接班佛」，是被「釋迦牟尼佛」指定來救度「末法衆生」的佛。

「釋迦牟尼佛」在《佛說觀彌勒菩薩上生兜率天經》中說：「佛告優波離：佛滅度後，四部弟子、天、龍、鬼神，若有欲生兜率陀天者，當作是觀繫念思惟。念兜率陀天，持佛禁戒一日至七日，思念十善，行十善道，以此功德迴向，願生彌勒前者，當作是觀。」

所以，要去「彌勒淨土」的條件是「繫念思惟（常常想著）」三件事情：

⑴念兜率陀天：心中常念「彌勒佛」，念念不忘「兜率陀天淨土」。

⑵持佛禁戒一日至七日：平時要「諸惡莫做，衆善奉行。」

⑶思念十善，行「十善道」。

「釋迦牟尼佛」所說的這三個條件，在今日的「一貫道」，完全被實踐。尤其是「不殺生」這一戒，多少「一貫道」的信徒立下「清口愿」，「清口茹素」的人數之多，是「佛教界」的「佛教徒」無法想像的。第三寶「無字眞經（口訣）」，就是用來時常繫念思惟「彌勒佛」。

我突然間明白，原來在今日要大力實踐「釋迦牟尼佛」的交代，「末法衆生」要往生「兜率陀天」的「彌勒淨土」，只有依靠「一貫道」去弘揚「彌勒法門」。

第四單元

「玄關竅」的奧祕

「玄關」是什麼?本來,「玄關」是中國「唐代」稱呼住「宅正門」的用語,中國人很重視「正門」,它代表重要與唯一性。「日本文化」受「唐朝」的影響很大,所以至今日本的住宅正門,仍用漢字「玄關」來代表。

把「玄關」拆開來分析其意,「玄」者深奧微妙之意,「關」者有二解,一爲「出入境要害之處」,如「山海關」;二爲人體重要之「孔竅」及肢體,如《黃庭經》稱「手、口、足」爲「三關」。所以,在人體上,「玄關」是一個很重要的孔竅,就如同「住宅之正門」一樣,它是「修佛入道」的門徑。

「玄關竅」是「一貫道」的「三寶心法」裡的第二寶,是十五祖「王覺一」把原先「先天道」的「指出玄關」,改爲「點開玄關」。

其實,「玄關竅」是中國歷代「三教合一論」裡的「修道心法」,被視爲是修道的核心,修道的下手處。爲什麼「玄關竅」那麼重要呢?因爲,在「儒、釋、道」三教的「修行心法」裡,都離不開「玄關竅」,在「三教」的經典裡,或隱或顯都強調「玄關竅」的重要性。甚至,在「基督教」的《新約聖經》裡,也提到「玄關竅」,可見了解「玄關竅」是多麼重要的一件事情。

今日的「科學」日新月異,使得「醫學」發達進步,透過各種新發明的儀器,更了解人類大腦的功能，也揭開了「玄關竅」的祕密。

這個單元將探討「道教、佛教、儒教、基督教」，在各自經典上，對「玄關竅」的記載，以及以「科學」的角度來分析「玄關竅」的功能。

一、「道教」的「玄關竅」

「玄關一竅」，簡稱「玄關」，又稱爲「元神府」，或稱爲「玄關竅」、「玄關門」，是「道教丹道」修行中最重要的專有名詞。可以說，「道教」的精華是「丹道」，而「丹道」最祕密的機關是「玄關」。

按照「道教丹道」傳統的觀點，認爲只有修習「玄關一竅」才是「正道」，否則統屬「旁門左道」。

「玄關一竅」是「宋、元」以來，「內丹諸家」所強調的一大秘要，但是由於門派太多，後世各執一偏，居然「所指的位置」不同。

各種「丹書」對於「玄關一竅」的論述，初無定位，衆說紛紜，後世各執一偏，愈說愈奇。另外，由於「道教」教派之間的差異和戒律制約，「丹道」對於「玄關一竅」，向來「祕而不宣」，大都是「師徒相授，口口相傳，不記文字」。這樣「道友」與「道友」之間心照不宣，守口如瓶，局外人就更難以知道了。

「古氣功詩」說：「道法三千六百門，人人各執兩邊（指有、無）根，誰知些子玄關竅，不在三千六百門」。

依照各門派「經書」的記載，「玄關一竅」位於「上丹田（眉間）、中丹田（兩個乳房中間）、下丹田（肚臍以下三吋）、海底、臍後腎前」和「夾脊」等處。

「玄關」在「內丹經典」中比喻衆多，《道教大辭典》對「玄關」的解釋如下：「玄關指入道之門，又名玄關一竅、玄竅、玄牝、玄牝之門、天地根、衆妙之門、玄之又玄、谷神。」

總之，「道教丹道」各門派，皆以「玄關一竅」爲修持之根本門徑，下面整理出各門派「經書」的記載。

（一）「天心」卽「眉間玄關處」

●「呂洞賓」《太乙金華宗旨》第一章「天心」：

「自然」曰「道」，「道」無名相，一「性」而已，一「元神」而已。「性命」不可見，寄之「天光」，「天光」不可見，寄之「兩目」。

「金華」卽「光」也，「光」是何色？取像於「金華」，亦秘一「光字」在內，是「先天太乙之眞炁」，「水鄉鉛（先天一炁）」只一位者。此也，「迴光之功（意守玄關，把意念集中於天心，卽眉間玄關處。）」，全用「逆法」，注想「天心（眉間玄關處）」，「天心」居「日月（雙眼）」中。《黃庭經》雲：「寸田尺宅可治生，尺宅面也，面上寸田（眉間玄關處），非天心（眉間玄關處）而何？方寸中具有鬱羅肖台之勝，玉京丹闕之奇，乃至虛至靈之神所住。」儒曰：「虛中」；釋曰：「靈台」；道曰：「祖土」；曰「黃庭」、曰「玄關」、曰「先天竅」。

●**「柳華陽」《金仙證論》**：

「然竅本無形，自無而生有，則謂之玄關、中宮、天心。」

「一貫道」的十五祖「王覺一」，卽是採用「呂洞賓」在《太乙金華宗旨》裡所說的「天心」，來作爲「玄關處」。《太乙金華宗旨》云：此也，「迴光之功（意守玄關，把意念集中於天心，卽眉間玄關處。）」，全用「逆法」，注想「天心（眉間玄關處）」，「天心」居「日月（雙眼）」中。

（二）「玄牝之門」卽「玄關一竅」

●**《道德經》：「谷神不死，是謂玄牝；玄牝之門，是謂天地根，用之不勤，綿綿若存。」**

「玄牝之門」原本是「老子」在《道德經》裡，所說的一個專有名詞，後世的「內丹諸家」，卻認定「老子」所說的「玄牝之門」，就是暗指「玄關」。

◎《養生秘錄》內的《中黃內旨》說道：「宮卽黃庭，卽玄牝，卽先天一氣，卽玄關一竅。」

◎《道藏續篇初集》記載：「山根（指鼻梁）一地亦名玄牝，於此存觀，學到一念不生，自能豁然內闢，神由黃道直達中黃，自覺寬廣高深無際，乃爲內玄牝。」

◎《道法會元》卷八十四《瓊山紫清眞人答隱芝書》說：「玄關卽土也，黃房也，呼之根，吸之蒂，卽命蒂也，正玄牝也。臍之後，腎之前，小腸之左，大腸之右，正在中間，空閒一穴，陽舒陰訳，本無正形，意到卽開，開闔有時，故曰：天地之根，結丹之處。」

◎《仙佛合宗語錄》中「李虛庵」說：「一陽出動卽玄關」、「藥物生，玄關竅也。」又說「此一竅玄關，卽玄牝之門，冬至藥生，火候沐浴，結胎、脫胎俱在於此，則一竅之旨盡矣。」

◎《養生秘錄》內的《中黃內旨》說：「中宮卽黃庭，卽玄牝，卽先天一氣，卽玄關一竅，卽至善之所，卽黃極之道，卽允執厥中，在五行謂之土，在五臟謂之脾，在五常謂之信，藥物、三氣、五神、火侯、呼吸盡在是矣。行住坐臥，皆當注念，不可須臾離也，不廢人事，但當正心處物，常應？多言數窮，不如守中。」

◎「陳虛白」在《規中指南》中說：「夫身中一竅，名曰玄牝，受炁以生，實爲神府，三元所聚，更無分別，精神魂魄，會於此穴，乃金丹返還之根，神仙凝結聖胎之地也。」

◎《性命圭指》云：「修煉金丹，全在玄牝。玄牝一竅，而採取在此，交媾在此，烹煉在此，沐浴在此，溫養在此，結胎在此，至於脫胎神化，無不在此。修煉之士，誠能知此一竅，則金丹之道盡矣，所謂得一而萬事畢者是也。……修丹之士，不明祖竅，則眞息不住而神化無基，藥物不全而大丹不結。蓋此竅是總持之門，萬法之都。」

◎「劉一明」《象言破疑》云：「玄關卽玄牝之別名。因其陰陽在此，故謂玄牝門；因其玄妙不測，故謂玄關竅。蓋玄關無定位，若有定位，卽非玄關。」

◎「周無所住」注《金丹直指》：「其實玄關一竅，玄牝之門，皆謂人念頭超滅處。」

◎《黃庭經》云：「兩腎水王對生門，出入日月呼吸存，是一身上下之正中，樞轄經緯，前向臍，後對腎，有如混沌，心腎合爲一脈，其白如綿，其連如環，廣一寸二分，包一身之精粹，元氣系之於此，修眞之士採鉛投汞，一點落在此中，所謂立基一百日也，此其卽成，方名玄牝。」

◎「呂洞賓」《指玄篇》絕句詩三十二首下篇，「白玉蟾」和，其六詩曰：「一法通時萬法通，休分南北與西東。朝朝只在君家舍，要見須知掘土中。」和曰：「玄牝之門若會通，百川萬派總歸東。時人若識眞消息，子正陽生月正中。」

（三）「氣穴」卽「玄關一竅」

●張三丰《道言淺近談》：

「玄關者，氣穴也。氣穴者，神入氣中，如在深穴之中也。神氣相戀，則玄關之體已立。」

◎張三丰《大道歌》云：「不識玄關端的處，眞鉛來來何處安？」

◎張三丰《參禪歌》曰：「初打坐，學參禪，這個消息在玄關。」

◎張三丰《道要秘訣歌》：「看玄關，無它訣，先從竅內調眞息，氣靜神恬合自然，無極自然生太極。一息去，一息來，心息相依更相偎。幽幽細細無人覺，神氣沖和八脈開。照此行持得竅妙，玄關何必費疑猜？」

●《張三丰煉丹秘訣》「張三丰太極長生訣」卷二：

「打坐淺訓：修煉不知玄關，無論其他。只此便如入暗室一般，從何下手？玄關者，氣穴也。氣穴者，神入氣中，如在深穴之中也。神氣相戀，則玄關之體已立。」

「打坐之中，最要凝神調息，以暇以整，勿助勿忘，未有不逐日長功夫者。凝神調息，只要心平氣和。心平則神凝，氣和則息調。心平，平字最妙。心不起波之謂平，心執其中之謂平。平卽在此中也，心在此中，乃不起波。此中卽丹經之玄關一竅也。」

「調息須以後天呼吸尋眞人呼吸之處，古云：『後天呼吸起微風，引起眞人呼吸功。』然調後天呼吸，須任他自調，方能調得起先天呼吸，我唯致虛守靜而已。眞息一動，玄關卽不遠矣，照此進功築基，可翹足而至，不必百日也。」

「打坐歌：初打坐，學參禪，這個消息在玄關。秘秘綿綿調呼吸，一阿一阿鼎內煎。」

（四）「黃庭」卽「玄關一竅」

●**《大道歌》指出：「黃庭便是眞玄關。」**

◎在《黃庭外景經》中，認爲「黃庭一竅」是人身根本之處，所以在修煉中必須精至「黃庭」，氣歸「黃庭」，神入「黃庭」的要神。「修煉者」如能「精、氣、神」三者常在「黃庭」，就好像室有主人一樣，外魔就難以入侵。爲此之故，經的名稱便取爲「黃庭」。那「黃庭」是指什麼呢？經中有解：「黃庭者，在頭中、明堂、洞房、丹田此三處是也。兩眉間，入一寸，爲明堂，二寸爲洞房，三寸爲丹田，此三處爲上元，一也。」所以「黃庭」指著就是「玄關」處。

（五）「機」卽「玄關一竅」

《黃帝陰符經》云：「天性、人也；人性、機也，機在於目。」「機」是「人心」，「目」

就是「玄關」。

（六）「祖竅」即「玄關一竅」

練「氣功」者，有一法門為「意守祖竅」，即內視兩眼之間鼻樑上的「祖竅穴」，「祖竅」就是「玄關」，又稱為「天目」。

（七）「下丹田」即「玄關一竅」

《道樞》卷七釋《黃庭篇》：「下丹田者，下關元也，其命曰命關，曰金關，曰玄關，曰生死關。」但是，「下丹田」在何處？說法不一，有指臍下三寸處，有指臍下一寸三分。

（八）「祖氣穴」即「玄關一竅」

唐朝「司馬承禎」說：「虛無一竅號玄關，正在人身天地間，八萬四千分上下，九三六五列循環，大包天地渾無際，細入微塵不見顏，此處名為祖氣穴，虛無一竅正中懸。」

（九）「下丹田」即「玄關一竅」

● 《道樞》卷七釋《黃庭篇》稱：

「下丹田者，下關元也，其命曰命關，曰金關，曰玄關，曰生死關。」

「下丹田」，古今說法不一，有指臍下三寸處，如《法海遺珠》卷七：「臍下三寸，即下丹田。」有指「臍下一寸三分者」，如《抱朴子內篇．地眞》稱「下丹田」在「臍下」。

（十）「黃中」即「玄關一竅」

「黃中通理」見於《周易．坤卦》，《坤》六五文言曰：「君子黃中通理，正位居體，美在其中，而暢於四支，發於事業，美之至也。」

東漢「魏伯陽」在《周易參同契》中亦有「黃中漸通理，潤澤達肌膚。初正則終修，干立末可持。一者以掩蔽，世人莫知之」之句。

在「丹道」中「黃中」有「黃庭」、「黃道」、「中黃」、「神室」、「中宮」、「玄竅」等不同的名稱，是「丹道」的核心機密，即「丹道」所謂「玄關」亦或「虛無一竅」。

那「黃中通理」的「理」是什麼呢？《周易．說卦》曰：「窮理、盡性，以至於命」，大意是說：窮究天下萬物的根本原理，徹底洞明人類的「心體自性」，以達到改變「人類命運」的崇高目標，從而使「人類行爲」與「自然規律」能夠和諧平衡、生生不息。

同樣源自《周易》，所以這裡的「理」和「黃中通理」的「理」是同樣使用的。可見「理」就是指「天理」，即是「大自然的規律」，也即是「丹道」所謂的，「虛無之」道化生出來的「元始先天一炁」，這種「先天一炁」被認爲是「宇宙萬物」運動的生機，也是「生命」運動的源泉。

「內丹家」通過一種將「人體規律」和「宇宙規律」調諧的方法，使人體的「精、氣、神」等元素充分激發，在「量子層次」上和「自然界的本源」相互作用，將這種殘留在宇宙中的「元始先天一炁」，招攝到體內。

「內丹家」將「人體」和「大自然」的「規律」相調諧，使「自己的身心」與「混沌的宇宙」融匯爲一體，返回「先天的初始狀態」，才能同「宇宙」的「自然本性」契合，進人「道的境界」。

可見，「黃中通理」就是通過感召「元始先天一氣」而進入古人所說的「天人合一」狀態，從而實現「美在其中，而暢於四支」。

（十一）「中」即「玄關一竅」

李道純《瑩蟾子語錄》卷六：「夫『玄關』者，至玄至妙之機關也。所以聖人只書一個『中』字示人。此『中』字，『玄關』明矣。所謂『中』者，非中外之中，亦非四維上下之中，不是在中之中。

『釋氏』雲：『不見善，不思惡，正于懲麼時，那個是自己本來面目。』此禪家之中也。儒曰：『喜怒哀樂未發之謂中。』道教曰：『念頭不動處謂之中。』此道教之中也。此乃『三教』只用一個『中』也。

《易》曰：『寂然不動，中之體也；感而遂通，中之用也。』《老子》雲：『致虛極，守靜篤，萬物並作，吾以觀其複。』《易》雲：『複見天地之心。』且複卦一陽生於五陰之下，陰者，靜也；陽者，動也。靜極生動，只這個動處，便是『玄關』也。公但向二六時中，舉心動念處著工夫，久久『玄關』自然見也。」

●陸西星《道竅談．玄關一竅》：

「玄關一竅，自虛無中生，不居於五臟六腑，肢體間無論也。今以其名而言，此關爲玄妙機關，故曰玄關。此竅爲萬法歸一之地，有獨無對，故曰一竅。一言以畢之曰『中』是也。『中』在上下之中，亦不在上下之中。有死有活故也。何謂『死』？以『黃庭、炁穴、丹田』爲此中，就是死的。何謂『活』？以凝神聚炁，現出此中，就是活的。以死而論，就叫做『黃庭、炁穴、丹田』；以活的論，乃算做『玄關一竅』。故曰『自虛無中』生。」

（十二）「臍後腎前」即「玄關一竅」

◎《道法會元》卷八十四《歸一密語》說：「徑寸之質，混涵三才，在臍之後，腎之前，仿佛其中謂之玄關，此其所也。今若不明指示，後學必妄意猜度，非太過則不及也。」

◎《道法會元》卷八十四《瓊山紫清眞人答隱芝書》說：「玄關即土也，黃房也，呼之根，吸之蒂，即命蒂也，正玄牝也。臍之後，腎之前，小腸之左，大腸之右，正在中間，空閒一穴，陽舒陰訳，本無正形，意到即開，開闔有時，故曰：天地之根，結丹之處。」

（十三）「無相」即「玄關一竅」

瀏覽過各個「丹道經典」對「玄關一竅」的定義和解釋之後，我發現其中有一個門派，比較接近佛教「無相」的修練法。認爲「玄關一竅」並不在身體內，它不是一個實體，而是一個「虛擬的竅位」。當你「靜坐修道」時，「入靜」至「虛無境界，萬念俱寂」的境界，當下就是「玄關處」。

◎《道法會元》卷六十七說：「玄關一竅論耳、眼、口、鼻、舌、肝、心、脾、肺、腎、臍輪、尾閭、膀胱、谷道、兩腎中間一穴，臍下一寸三分、明堂、泥丸、關元、氣海皆不是。此竅無邊傍，無內外，無前無後，無長無短，無闊狹，無深淺，無大小，無東西南北之分，無青紅黑白之別，不著物，不泥象，不增減，無新無舊，無欠無餘，在人身之中，爲神氣之根，虛無之谷，是曰玄牝，實天地交界之間，陰陽混合之蒂。詩訣雲：『此竅非凡竅，中中復一中，萬神從此出，直上與天通。』」

◎《性命圭旨》：「空洞無涯是玄竅，知而不守是功夫。若有一念，便不能親證玄關。」

◎李涵虛《道竅談》說：「玄關一竅，自虛無中來，不居於五臟、肢體間，今以其名而言，此關爲玄妙機關，故曰玄關。」

◎黃元吉《樂育堂語錄》：「玄關一竅，並無形象可窺。」又說：「心腎之炁兩相交會，始有其兆。但心有心之玄關，腎有腎之玄關，不經道破，不成佳諦。始而以性攝情，忽然腎炁衝動，眞機自現，此腎之玄關也。繼而以情歸性，忽焉心神快暢，炁機大開，此心之玄關也。卽眞知靈知之體也。」

◎元玄全子《諸眞內丹集要》卷中：「四大五行不著處，謂之玄關。」

◎張伯端《悟眞篇》：「此竅非凡竅，乾坤共合成，名爲神炁穴，內有坎離精。」又說：「一孔玄關最幽深，非腎非心非臍輪，膀胱穀道空勞力，脾胃泥丸莫搜尋。」又說：「蓋玄關一竅，本不定方所，既不著於幻身，又不離乎幻身，機發則露，機息則隱，自虛無而生，功到機現，只能默而識之，悟而明之，無心求則得之，有心求則失之。」

◎張紫陽在《金丹四百字》序中云：「惟恐不識藥材出處，又恐不知火候法度，須要知夫身中一竅，名曰玄牝。此竅者，非心非腎，非口非鼻，非脾非胃，非谷道，非膀胱，非丹田，非泥丸。能知此一竅，則冬至在此矣！藥物在此矣！火候亦在此矣！沐浴亦在此矣！結丹亦在此矣！脫體亦在此矣！夫此一竅，亦無邊傍，更無內外，乃神炁之根，虛無之谷，在身中求之，不可求於它也。此之一竅，不可以私意揣度，是必心傳口授。苟或不爾，皆妄之矣。」

◎《唱道眞言》說：「玄關者，萬象咸寂，一念不成，忽而有感，感無不通，忽而有覺，覺無不照，此際是玄關也。」

◎陳虛白《規中指南》：「徑寸之質，以混三才。在腎之上，心之下，仿佛其內，謂之玄關。不可以有心守，不可以無心求。以有心守之，終莫之有；以無心求之，終見其無。若何可也？蓋用志不分，乃凝於神，但澄心絕慮，調息令勻，寂然常照，勿使昏散，候氣安和，眞人入定。於此定中，觀照內景，才若意到，其兆卽萌。此意到處，便見造化，此息起處，便是玄關。非高非下，非左非右，不前不後，不偏不倚，人一身天地之正中，正此處也。」

◎中國近代「道教學者」，道教「全眞道龍門派」系譜，第十九代居士「陳攖寧」指出：「玄關一竅，既不是印堂眉間，亦不是心下腎上，更不是臍下一寸三分，執著這個身體在裡面搜求，固然不對。撇開這個身體在外面摸索，又等於捕風捉影，水月鏡花。著象著空，皆非道器。學者當於內外相感、天人合發處求之。此是實語，不是喻言。」

認爲「無相」即「玄關一竅」，這一門派修練法的代表人是「李道純」，他是「宋末元初」著名的道士，字「元素」，號「淸庵」，別號「瑩蟾子」，精於「內丹學」。

「李道純」博學多才，他的「內丹理論」兼容並包，系統非常完整。他的師父「王金蟾」爲「道教丹功」南宗「白玉蟾」的弟子。

「李道純」融合「內丹道派南北二宗」。其「內丹理論」以「守中」爲要訣。故後人稱其爲「內丹學」中的「中派」。「守中」主要在「歸根復命」，「李道純」說：「煉丹者，全天奪天地造化……返本還原，歸根復命，功圓神備，凡脫爲仙，謂之丹成也。」

「李道純」通過對「先秦」以來的「易學」和「老子學」進行創造性的闡述，兼收並蓄「宋代理學」和「佛教的心性之學」，提出以「中和」爲本的「內丹學說」。著有《太上升玄消災護命經注》、《太上大通經注》、《全眞集玄秘要》、《道德會元》、《中和集》、《三天易髓》等。

「李道純」認爲，時下「學道的人」，大多「拘泥於形體上求玄關」，有的說在「眉間」，或「臍輪」，或「兩腎中間」，或「臍後腎前」，或「膀胱」，或「丹田」，或說「頭有九宮，中爲玄關」等，種種說法都是錯誤的。執著在「形體」上都不是，也不可向外尋求，「丹經」大都不說。

「李道純」引用佛家「六祖惠能」大師的話：「不思善，不思惡，正與麼時，那個是明上座本來面目？」，也引用「儒家」所說的「喜怒哀樂未發謂之中」的概念來解釋「玄關」處。

「李道純」又引證《易經》說：「復見天地之心，且復卦一陽生於五陰之下。陰者，靜也；陽者，動也。靜極生動，只這動處，便是『玄關』也。汝但於二六時中，『舉心動念處』著工夫，『玄關』自然見也，見得『玄關』，藥物火侯，運用抽添，乃至脫胎神化，並不出『此一竅』。」

●李道純《中和集》卷二說：

「『下乘』以『腎前臍後爲玄關』，『中乘』以『泥丸爲玄關』，『上乘』以『天心』爲『玄關』，『最上一乘』以『中』爲『玄關』。」

●李道純《中和集．問答語錄》卷三：

問：「諸『丹經』云用工之妙，要在『玄關』，不知『玄關』正在何處？」

曰：「『玄關』者，『至玄至妙之機關』也。寧有定位？著在身上，卽不是；離了此身向外尋求，亦不是。泥於身則著於形，泥於外則著於物。夫『玄關』者，只於『四大五行』不著處是也。」

●李道純《中和集．金丹或問》卷三：

或問：「何謂『玄關』？」

曰：「『至玄至妙之機關』也。初無定位，今人多指『臍輪』，或指『頂門』，或指『印堂』，或指『兩腎中間』，或指『腎前臍』後，已上皆是『傍門』。『丹書』云：『玄關一竅』，不在四維上下，不在內外偏傍，亦不在當中，『四大五行』不著處是也。」

●李道純《中和集》卷三：

「夫『玄關一竅』者，『至玄至要之機關』者。『非印堂，非顖門，非肚臍，非膀胱，非兩腎，非腎前臍後，非兩腎中間』。上至『頂門』，下至『腳跟』，『四大』一身，才著一處，便不是也。亦不可『離了此身』，向外尋之。所以『聖人』只以一『中』字示人，只此『中』字便是也。

我設一喻，令爾易知。且如『傀儡』，手足舉動，百樣趨蹌，非『傀儡』能動，是『絲線』牽動。雖是線上關捩，卻是『弄傀儡底人』牽動。咦，還識這箇『弄傀儡底人』麼？休更疑惑，我直說與汝等。『傀儡』比『此一身』，『絲線』比『玄關』，『弄傀儡底人』比『主人公』。一身手足舉動，非手足動，是『玄關』使動。雖是『玄關』動，卻是『主人公』使教『玄關』動。若認得這箇『動底關捩（機關中的轉軸）』，又奚患不成仙乎。」

●李道純《中和集》卷三：

「丹書云：以心觀道，道卽心也，以道觀心，心卽道也。『斗柄推』遷者，『玄關』也。夫『玄關』者，『至玄至妙之機關』也。『今之學者』多泥於『形體』，或云『眉間』，或云『臍輪』，或云『兩腎中間』，或云『臍後腎前』，或云『膀胱』，或云『丹田』。或云『首有九宮，中爲玄關』；或指『產門』爲『生身處』，或指『口鼻』爲『玄牝』，皆非也。著在『形體』上，都不是。亦不可離『此一身』，向外尋。

諸『丹經』皆不言正在何處者，何也？難形筆舌，亦說不得，故曰『玄關』。所以『聖人』只書一『中』字，示人此『中』字，『玄關』。明矣。所謂『中』者，非中外之中，亦非四維上下之中，不是在中之中。『釋云』：『不思善，不思惡，正恁麼時，那箇是自己本來面目』。此『禪家之中』也。儒曰：『喜怒哀樂未發謂之中』，此『儒家之中』也。道曰：『念頭不起處謂之中』，此『道家之中也』。此乃『三教』所用之『中』也。

《易》曰：『寂然不動』，中之體也，『感而遂通』，中之用也。『老子』云：『致虛極，守靜篤，萬物並作，吾以觀其復。』《易》云：『復，其見天地之心』。且『復卦』一陽，生於五陰之下。陰者，靜也。陽者，動也。靜極生動。只『這動處』，便是『玄關』也。汝但於二六時中，『舉心動念處』著工夫，『玄關』自然見也。」

綜合整理「李道純」在《中和集》裡，所提到的幾個重點：

(1)以心觀道，道卽心也；以道觀心，心卽道也。

(2)「時下學道的人」，大多「拘泥於形體上」求「玄關」，有說在「眉間」，或「臍輪」，或「兩腎中間」，或「臍後腎前」，或「膀胱」，或「丹田」，或說「頭有九宮，中爲玄關」等等。這些說法都是錯誤的，「執著形體上」都不對，也不可「離開身體」向，外尋求。

(3)關於「玄關」「聖人」只書一「中」字示人，此「中」字，「玄關」明矣。所謂「中」者，非中外之中，也非四維上下之中，不是在中之中。

(4)「佛家」的「中」：「不思善，不思惡，正憑磨時」，那個是「自己本來面目」。

(5)「儒家」的「中」：「喜怒哀樂未發」，謂之中。

(6)「道家」的「中」：「念頭不起處」，謂之中。

所以，「李道純」認爲，「玄關」並非實體，也無定位，不在四維上下，不在內外兩旁，不在當中，在「四大五行」不著處。「玄關」是「有爲」所不能求得的。人能通「此一竅」，則「萬竅」皆通。

如上所說，「玄關一竅」既然是「非在人身中」，又是「有爲」所不能求得的，那要如何找到它呢？這裡提供四個方法。

(1)「李道純」在《中和集》裡說，只要「靜坐」到一個火候，「靜極生動」，自然會見到「玄關」。

(2)在《道法會元》卷一九五中，也有說明：「要知『身中一竅』，名爲『玄竅』，此之一竅，乃『神氣之根』，『虛無之谷』，在身而求，不可求之於他也，又不可私意揣度，是必『口傳心授』。」

(3)遵循老子《道德經》第十六章所說的「致虛極，守靜篤」的原則堅持修行，使心靈保持「虛和靜」的「至極篤定狀態」，達到「無知無覺」，而「忽然又有知覺」的境界，就能「震雷發動，復見天地之心」，也就打開了「超凡入聖」的「玄關一竅」。

(4)修習「安那般那守意法」，即「鼻根調伏氣息（呼吸）」法門。這是「釋迦牟尼佛」傳授「安那般那守意法」給他的獨生子「羅雲」的修行心法。

在《增一阿含經》卷第七《安般品第十七》裡，記載著釋迦牟尼佛教他的獨生子「羅雲（羅睺羅）」「鼻根調伏氣息」的法門：世尊告曰：「如是，羅雲！若有比丘樂於閑靜無人之處，便正身正意，結跏趺坐，無他異念，繫意鼻頭，出息長知息長，入息長亦知息長；出息短亦知息短，入息短亦知息短；出息冷亦知息冷，入息冷亦知息冷；出息暖亦知息暖，入息暖亦知息暖。盡觀身體入息、出息，皆悉知之。有時有息亦復知有，又時無息亦復知無。若息從心出亦復知從心出。若息從心入亦復知從心入。如是，羅雲，能修行安般者，則無愁憂惱亂之想，獲大果報，得甘露味。」

其實，上述這四個方法，原理都是一樣的，都是要「斷除思想」，都是要「止念入定」。只要「思想」一斷，「玄關一竅」立卽顯現。

用「唯識學」的理論來說明，要想「斷除思想」，要想去除「妄想執著」，只有一個方法，就是修行「三昧（靜坐禪定）」，讓我們的第七識「末那識」停止思慮的作用，就不會產生「妄想執著」。

而要讓第七識「末那識」停止作用的方法就是：透過「靜坐禪定」的修習，停止自己第六識「意識」的「分析判斷功能」，讓第六識「意識」無法傳達「分析判斷的結果」，給第七識「末那識」做決定，第七識「末那識」就會停止作用，「自性」自然顯現。只要「思想」一斷，「玄關一竅」立卽顯現。

二、「佛教」的「玄關竅」

「玄關」這個名詞，最早出自於「唐代」，「唐代」時期的人們，把住宅「入門處」與「正廳」之間的空間，稱爲「玄關」。

後來，「道家」和「道教」借用「玄關」這個名詞，把老子《道德經》裡「玄牝之門」的概念，定義出「玄關一竅」這個專有名詞，認為人體上有「玄關一竅」，是修煉的入口。「道教」的精華是「煉丹」，而「煉丹」最奧祕的機關就是「玄關」。

「魏晉南北朝」時期，道家「清虛無為」的思想大為盛行，是當代修行者的主流思想。就在這個時期，「佛教」傳入中國，「達摩祖師」的「祖師禪」也在這時傳入「中國」。

當時「佛教」極力要融入當時的主流文化，也就是「儒道思想」，以尋求認同。所以，當時的「佛教」大師如「僧肇大師」，著作的《肇論》，裡面就有很多「道家思想」，也獲得當時「道家名士」的肯定。

後來，「達摩祖師」的「祖師禪」，逐漸融入當時「儒道思想」的主流文化。慢慢的道家「玄牝之門」和「玄關一竅」的悟道關鍵，逐漸形成「祖師禪」關於「玄關」的說法。

其實，在「玄關」說法落實在「祖師禪典籍」裡以前，「玄關的修持」早已存在於「祖師禪」，只是「名相」的不同。

當時的禪宗「圓相宗」禪師，經常以「劃圓圈，圓圈中間點出一點」的方式，來互相印證「玄關」這個位置的修持。於是「禪宗」的「圓相法門」和道家的「玄牝之門、玄關一竅」默默結合，脫胎轉換成「玄關」。現在「一貫道」傳道時的「點玄」手勢，也是承襲「圓相宗」禪師的手法而來。

到了「唐朝」末年，「道家」出現代表性的人物「呂洞賓」祖師。「呂洞賓」祖師得到「道家真傳」後，又拜「黃龍禪師」為師，得到「祖師禪心法」，從「呂洞賓」祖師傳下的道脈，代代宗師都有「傳玄關」的修持法門。

所以，「玄關」的修持，正確來說應該是「祖師禪」的「圓相宗」和道家的「玄關竅」，融會貫通，再經過「呂洞賓」祖師實際修煉、印證後，而形成後來「宋朝、元朝」很長時期的「玄關竅修持」風潮。「宋末元初」，「全眞教」的「王重陽」祖師，直接提出「傳香指玄」的修煉。

在中國佛教「禪宗」的重要的「宗師語錄」裡，在「心法傳承」中，都有反覆出現過「玄關」一詞。下面我整理出各「禪宗經典」，或隱或顯提到有關「玄關修持法」的記載。

●在《達摩寶傳》中，「達摩祖師」把「玄關」比喻爲「無縫塔」。

神光曰：「二六時中，歸依何處，諷誦（背誦而熟記之）何經？」

祖曰：「歸依『無縫塔』，默念『無字經』。」

神光曰：「那裡是『無縫塔』？」

祖曰：「自己『眞寶』在當前，何須用巧向外尋，內中有個『舍利子』，不分晝夜放光明。」

◎《瞎堂慧遠禪師廣錄》：「當恁麼時。千眼頓開。萬機聲赴。則時人知有。截斷『玄關』一句。」又說：「『玄關』一擊。光境脫然。慧刃一揮。根塵淨盡。戶外鋒鋩未露。目前眹跡全拋。截斷萬機緣。啞卻千聖口。」

◎王巾《頭陀寺碑文》：「『玄關』幽鍵，感而遂通。」

◎《瑞州洞山良价禪師語錄》：「潙山果云。斬釘截鐵。豁開向上『玄關』。語諦言誠。且指當人要路。」

◎《五家宗旨纂要》其頌爲：「金鎖『玄關』達者稀，如環妙用有臨機，往來不斷偏回互，一句無私絕妙奇。」

◎「洞山良价」禪師在《五家宗旨纂要》中，對「鳥道」的詮釋爲：「不開中處『玄關』轉，未措言時鳥道玄，此是不落語言，聲前一句。」「洞山良介」禪師認爲，最上乘的「接引方法」，不用言語來說明，只要在「玄關竅」的地方繞，把心念固定在「玄關竅」不動。就好像「小鳥」飛過去的道路一樣，不留下一點痕跡，恢復清靜的「本來眞面目」，這就是「鳥道」的接引方式。

◎「雲居戒」禪師在《補續高僧傳》裡說：「五家宗門，各有門庭，各有困奧。『玄關』金鎖，百匝千重，陷虎迷獅，當機縱奪。」

◎《五燈會元》記載著「白居易」的悟道詩：「無勞旁修道，只是此『玄關』。」

◎《嘉興大藏經．無依道人語錄》：「如金鎖『玄關』，得其蘊者謂之眞參實悟，稍一疑滯，則銀山鐵壁聳之。」

◎《五燈會元》：「婺州智者法銓」禪師：「上堂，要扣『玄關』，須是有節操，極慷慨，斬得釘，截得鐵，硬剝剝地漢始得。若是隈刀避箭，碌碌之徒看卽有分。」以拂子擊禪床，下座。

◎《人天眼目》卷之四：「塵塵聲色了無窮。不離如今日用中。金鎖『玄關』輕掣斷。故鄉歸去疾如風。」

◎《佛法要領》：宗門云：「凡夫『玄關』緊閉，『識鎖』難開。『機』卽『玄關』，勝者以一言投之，擊發其機，彼卽頓悟耳。」

◎《略論禪宗》說：「一言相契，打開『玄關』識鎖，而豁然大悟。」

◎《嘉興大藏經．文穆念禪師語錄》：「僧禮拜乃云：象王顧獅子吼，底事分明，直爲剖『玄關』金鎖洞然開，無依眞人笑拍手，笑拍手，驚起街頭石敢當，撞落南星貫北斗。」

◎《新纂續藏經．呆菴普莊禪師語錄》：「眞誠學道人，脊梁硬如鐵，正念常現前，『玄關』俱洞徹，拈起犀牛扇，清風撼寥泬，拓開無盡藏，驪珠耀明月，掉頭歸去來，不墮他途轍，出林獅子兒，奮迅天然別。」

◎《嘉興大藏經．憨予暹禪師語錄》：「示衆云：打七打三，佛祖『玄關』，投機入室，衲僧巴鼻，人人問答分明，箇箇獅兒骨格，切須自肯，乃方親把手牽，君行不得，從今各各莫隨流，管取大家都透徹，始知生死不相干，任運人天爲規則，然雖如是，且道任人天一句，意作麼生。良久云：莫怪渠儂多意氣，他家曾踏上頭關。」

◎《新纂續藏經．百丈懷海禪師廣錄》：「懷海福州長樂縣人，俗姓黃，幼年隨母入佛寺，見佛像如人，便言後當做此，此雖童言，卻示其志，其後爲僧，志慕上乘，直造大寂法會，大寂一見，延之入室，師密契『玄關』，更無他往。」

◎《嘉興大藏經．朝宗禪師語錄》：「憶又不得，忘又不得，此是『玄關』金鎖之難，五家宗旨之立，皆令人透過此關之訣，若透過此關，無論拈花別傳，方明此事。五家宗旨，事同一家，卽千經萬論之中，諸子百家說，都有者箇消息。」

◎《大正新脩大藏經．鎭州臨濟慧照禪師語錄》：「故『臨濟祖師』以『正法眼』，明涅槃心，興大智大慈，運大機大用，棒頭喝下，勦那許追思，非唯雞過新羅，欲使鳳趨霄漢，不留朕跡，透脫『玄關』，令三界迷徒歸一眞實際，天下英流莫不仰瞻，爲一宗之祖理當然也。」

另外，在「佛教」的「非禪宗經典」，也暗示「玄關修持法」的重要性。

◎《指月錄》：世尊云「吾有『正法眼藏』，涅槃妙心，實相無相，微妙法門，不立文字，教外別傳，咐囑摩訶迦葉。」「正法」就藏在「玄關處」。

◎《遺教經》說：「『制心一處』，無事不辦。」把心制（守住）在「玄關處」，就無事不辦。

◎「密宗瑜伽」認爲人體有七個主要「能源中心」：「海底輪、生殖輪、臍輪、心輪、喉輪、眉間輪、頂輪」，第六個中心稱爲「眉間輪」，它位於兩眉的中心，它也是「第三隻眼」，通常被視爲和「心智」相關。

◎印度「奧修大師」說：「注意在『兩個眉毛之』間，它有一個『內在的第三眼』，它通常是蟄伏的，它是『西藏人』所稱的『濕婆內特拉』，是『濕婆的眼睛』。」又說：「注意在『兩個眉毛之間』，讓頭腦在思想之前，閉起你的眼睛，將你的『兩隻眼睛』集中在『兩個眉毛的中間』，要剛好把『焦點』放在中間，眼睛閉起來，好像你用『兩隻眼睛』在看，給予全然的注意，這是『集中精神』最簡單的方法之一。」

另外，在「佛經」上也經常提到，「釋迦牟尼佛」說法時，頂上放光、眉間（玄關竅）有白毫相光、口中放光、胸口放光的現象。

以「科學角度」來解釋，當「腦波能量」集中往「大腦的中心處」，也就是「松果體」的所在處射進時，「松果體」會因「腦波能量」的刺激，而釋放出無比浩大的潛能，這股潛能會影響到各個空間，所以在「佛經」中經常提到「白毫相光」的記載。

以「現代醫學」的角度來看，從眉間的「玄關竅」向腦內延伸，在大腦中間偏後一點的地方，位於大腦與小腦之間，有個大小如「小松果」的器官，稱為「松果體」。

「松果體（又叫做松果腺、腦上體或第三隻眼）」，它的形狀像是一顆「小松果」，略帶些紅的灰白色，大小約一顆「松果」那麼大，並座落在腦部中央的附近，介於兩個大腦半球之間，被裹在兩個圓形的「丘腦」的接合處。它是一個位於腦中的「小內分泌腺體」，是人體最小的器官。

「松果體」負責製造「褪黑激素」，是由「胺基酸」所組成的。「褪黑激素」會在「眼睛」感覺到黑暗時分泌，感覺到光亮時就被抑制分泌。它是一種會對「醒、睡模式」與「晝夜節律功能」產生調節影響的激素。

「科學家」發現「松果體」與「視網膜」非常類似，「松果體」也具有感光功能。「松果體」不僅有感光受體，而且有完整的感光信號傳遞系統。「松果體」細胞與「眼睛」的感光細胞非常相似，它也有感光的功能。人的肉眼像是照相機的鏡頭，有對焦、採集光線的作用；「松果體」卻是像照相機的底片，有感光成像的作用。

人人都有「松果體」，都可以透過「靜心暝想、打坐」等方式的修煉，激發「松果體」後，不用透過「視覺神經」的傳導，也可以直接看到肉眼看不見的「自性光」光芒，稱爲「天眼通」的神通。

◎《彌勒上生經》中記載：「『彌勒，流出衆光作百寶色』、「禮已，諦觀眉『間白毫相光』，卽得超越九十億劫生死之罪。」、「此人命欲終時，『彌勒菩薩』放『眉間白毫大人相光』，與『諸天子』雨『曼陀羅花』來迎此人。」

◎《地藏王菩薩本願經》中記載：「爾時『世尊』從『頂門』上放百千萬億『大毫相光』」、「大海雲毫光，於『頂門』上放如是等『毫相光』已。」

◎《華嚴經》中記載：「爾時『世尊』，第七會在普光明殿，從『兩眉中間』，放『白毫光』，其光普照十方，盡虛空法界，顯示如來，成等正覺。」

●**《妙法蓮華經》中記載最多次：**

⑴序品第一：「爾時，佛放『眉間白毫相光』，照東方萬八千世界靡不周遍，下至『阿鼻地獄』，上至『阿迦尼吒天』。」

⑵序品第一：「爾時，『如來』放『眉間白毫相光』，照東方萬八千佛土，靡不周遍，如今所見是『諸佛土』。」

⑶序品第一：「佛放『眉間光』，現諸希有事，此光照東方萬八千佛土。」

⑷見寶塔品第十一：「爾時，佛放『白毫一光』，卽見東方五百萬億『那由他』恆河沙等國土諸佛。……………，『白毫相光』所照之處，亦復如是。」

⑸妙音菩薩品第二十四：「爾時，『釋迦牟尼佛』放『大人相肉髻光明』，及放『眉間白相

毫光，』遍照東方百八萬億『那由他』恆河沙等『諸佛世界』。……………，『釋迦牟尼佛』『白毫光明』，遍照其國。」

此外，我們常看到「印度人」的「眉間」有「一點紅」，這也是暗指「玄關處」。

在「南亞地區」，「額頭上的一點」是一種非常流行的「面部裝飾」，在「印度、孟加拉國、尼泊爾、斯里蘭卡」和「模里西斯」尤其盛行。這一古老的「印度教」傳統名爲「賓迪」，在印地語中這一詞意爲「點、滴、塵埃」。而印地語中的「賓迪」一詞，來源於梵語，意思是「第三隻眼」。

「第三隻眼」的由來，源自於「濕婆」。「濕婆」是「印度教」的三大主神之一，與「梵天、毗濕奴」並稱。「濕婆」是宇宙與毀滅之神，在「印度哲學」中「毀滅」有「再生」的含義，故也擔當「創造」的職能，由「吠陀時代」的天神「樓陀羅」演變而成。

傳說，「濕婆」的妻子「雪山神女」，從後面用雙手捣住「濕婆」雙目，瞬間從「濕婆」的「額頭」出現「第三隻眼」。「額頭」上的「第三隻眼」，能噴出毀滅一切的「神火」，在「宇宙」週期性的毀滅之際，他會用這隻眼睛殺死所有的神和其他一切生物，他也曾經用「第三隻眼」，將作惡多端的「金、銀、鐵」三座「惡魔城市」，和引誘他脫離苦行的「愛神」燒成灰燼。

「濕婆」的「第三隻眼」，後來演變成「印度宗教」的「吉祥痣」。傳統的「印度宗教」觀念認爲，「額間」位置是人類「第三隻眼」所在的地方。與其他兩隻「外露的眼睛」不同的是，「第三隻眼睛」是「內觀、通神」的眼睛，而「吉祥痣」的形式，則有助於人積聚能量，獲得神的庇佑。

三、「儒教」的「玄關竅」

「一貫道」詮釋「儒家經典」時，常用「以教解經」的方式，亦即以「宗教的角度」來解讀「儒家經典」，使得「儒家經典」出現不一樣的內容。

「一貫道」認爲「玄關」是我們身上的「至善地」，也是居「中」之所在，因爲「玄關」乃位居「人首之中」，是「性命」的「至善地」，再加上受到十五祖「王覺一」精通《周易》、《河圖》、《洛書》的影響，故而常以《河圖》之「五十」位置，來詮釋此一「至善地」，藉以解釋「玄關」的居所。

《河圖》之「五十」的位置，乃居於「中」位，畫起來即是「十」字，而「玄關」位居人首之中心位置，因此這個「十」字被視爲「玄關」的代名詞。

◎《大學》經一章說：「大學之道，在明明德，在親民，在止於至善。知止而后有定，定而后能靜，靜而后能安，安而后能慮，慮而后能得。物有本末，事有終始，知所先後，則近道矣。」，其中「至善」就是暗指「玄關」。

《中庸》是「儒家」傳道的心法，「中」即「性」，「存諸心」爲「中」；「庸」即「道」，「發諸事」爲「庸」，所以要研究「孔門心法」，一定要研讀《中庸》。

◎《中庸》序：子程子曰：「不偏之謂中，不易之謂庸；中者，天下之正道，庸者，天下之定理。此篇乃孔門傳授心法，子思恐其久而差也，故筆之於書，以授孟子。其書始言一理，中散爲萬事，末復合爲一理。放之則彌六合，卷之則退藏於密。其味無窮，皆實學也。善讀者玩索而有德焉，則終身受用之，有不能盡者矣。」

◎《中庸》第一章：「喜怒哀樂之未發，謂之中；發而皆中節，謂之和。中也者，天下之大本也；和也者，天下之達道也。致中和，天地位焉，萬物育焉。」

【譯文】

在「喜怒哀樂」的情緒還沒有發作之前，叫做「中」；發作之後而都合乎節度，叫做「和」。「中」，是天下事物的自然本性；「和」，是天下事物共同遵守的大道。能夠完全達到「中和」的地步，天地便可安居正位，萬物便可順利的生長了。

「喜怒哀樂之未發，謂之中。」，「中」卽「本性」，《心經》上說「本性」是「不生、不滅、不垢、不淨、不增、不減」意爲「無分別，本來淸淨。」，「儒家」認爲在「喜、怒、哀、樂」的情緒未發作之前，才是自己「本性」顯現的時候。也就是「唯識學」所說，第六識「意識」尚未做「分析判斷」之前的狀態。

◎《中庸朱子章句序》：「蓋自上古聖神，繼天立極，而道統之傳，其自來矣！其見於經，則允執厥中者，堯之所以授舜也。人心惟危，道心惟微，惟精惟一，允執厥中者，舜之所以授禹也。」所以，「允執厥中」就是誠守「中庸之道」。

◎「陸象山」在《張子全書》中說：「極者，中也！又言所謂無極者卽無中也。」所以，「儒家」是以「至善」與「中」來暗指「玄關」的修持。

另外，「一貫道」解釋《大學》的「愼獨」，則有其「宗教性的解釋」：「愼獨」更深一層的解說，就是「意守玄關」，「自性」當家，自然不會被「聲色貨利」引誘而迷了「自性」，敗壞德性。

「一貫道」將「獨」字解釋爲「良知本性、明德、至善地」，也就是「玄關」處所，故而認爲「愼獨」就是「意守關玄」，要「愼獨」一定要知道「關玄」這一點。

「意守關玄」簡稱「守玄」，是將「注意力」集中於「玄關處」，使得「明德自性」回歸「本然」，不受外物誘惑而迷失不知。尋求「自性」根源，而且就「根源處」修持本是「一貫道」強調的重心，然而若非「一貫道」的信徒，很難理解「獨」在何處？因此他們將「曾子」之言，依其教義解讀，認爲「曾子」之言已經點破玄機，「玄關」卽落在人身之首的「十」字中央處。

●《中庸》：**「道也者，不可須臾離也，可離，非道也。是故君子戒愼乎其所不睹，恐懼乎其所不聞。莫見乎隱，莫顯乎微，故君子愼其獨也。」**

【譯文】

這個正道，是片刻也不能夠離開的，如果可以離開，就不是正道了。所以，君子在沒有人看到的地方，更是小心謹愼。在沒有人聽到的地方，更是恐懼害怕。最隱暗的地方，也是最容易被發現的處所，最微細的事物，也是最容易顯露的，因此君子在一個人獨處的時候，更要特別謹愼。

●《大學》：**「所謂誠其意者，毋自欺也。如惡惡臭，如好好色，此之謂自謙。故君子必愼**

其獨也。」

【譯文】

「使意念眞誠」的意思是說，不要自己欺騙自己。要像厭惡「腐臭的氣味」一樣，要像「喜愛美麗的女人」一樣，一切都發自內心。所以，品德高尚的人哪怕是在一個人獨處的時候，也一定要謹慎。

同樣的，「一貫道」解釋《大學》裡，「曾子」所說的「十目所視，十手所指」時，同樣用「宗教性的解釋」：「十」字更深一層的解說，就是「意守玄關」。

●《大學》：曾子曰：**「十目所視，十手所指，其嚴乎？」**

【譯文】

曾子說：「十隻眼睛看著，十隻手指著，這難道不令人畏懼嗎？」

對於「十目」和「十手」，「一貫道」有不同的解釋，「十」是指「玄關一竅」，將「十」字解釋成「玄關」處，這是「一貫道」對「十手十目」的新解釋。「十目」者，非「十方之人目」；「十手」，非「十方之人手」。「一貫道」認爲，「曾子」聞道之後，深得「一貫之旨」。「十」就是「以一貫之」，「目所視」意思是此「十手所指」者。這裡所謂的「十」是說「返觀必須人指示」，愼重保守不可輕忽，所以說「嚴」。「十目」就是指「玄關竅」，「曾子」所說的「十目十手」，在此完全被「宗教化」了。

「一貫道」認爲，所謂的「十」，卽是「孔子」傳授「曾子」的「一貫心法」，也就是天賦「本性」的「玄關竅」，此處是「靈性」的出入門戶。經過「明師」指點得知此處去修道，才是

「得道」。若不知道此處，則只是「修法」而不是「修道」。

「一貫道」認爲，自古以來的「修行者」遍訪「明師」，他們修道的終極目標，在於尋覓自身中的「十」，所以「指明玄關之處」是最重要的事情。

可是，「玄關」的傳授，必須「入教」，未「入教」者，是無法得知的。所以，上天藉由有形的《河圖》指示玄機，讓有心向道者，透過外在的《河圖》，而參悟自己身上的《河圖》，借假修眞，借有返無，這是「十」的玄機妙意。

●《尚書．虞書．大禹謨》記載「舜」傳「禹」的「十六字心法」：「人心惟危，道心惟微，惟精惟一，允執厥中。」

【譯文】

「人心」是危險難安的，「道心」卻微妙難明。惟有精心體察，專心守住，最後使「人心」與「心」道和合，執中而行，執守中道。

「一貫道」認爲，這個「中」就是指「中央戊己土」，就是「道之本體」，就是我們的「靈明自性」，就是我們「心性的源頭」，也就是「玄關竅」。所以，「堯、舜、禹」成爲聖人，成爲聖帝明君，原因就在傳授此「性理心法」。

孔子撰《周易．繫辭》，所以《周易》也歸類於「儒家」的典籍。

●在《周易》「坤卦」的「文言」中說道：「君子黃中通理，正位居體，美在其中，而暢於四支，發于事業，美之至也。」

【譯文】

「有德的君子」知道把「心念」守在「黃中（玄關竅）」是通達「眞理」的方法，「黃中（玄關竅）」居於人體的正位，生命中最美好的東西就在其中，「自性」裡的能量，由「黃中（玄關竅）」舒暢到四肢，把自身「佛性的妙智慧」發揮到「大業」上去，「君子的人格」便可達到完美的極點。

「一貫道」對於「黃中通理」，有不同的解釋。「黃中通理」是什麼意思呢？天地有「五方」，東、西、南、北、中；東方「甲乙木」、西方「庚辛金」、南方「丙丁火」、北方「壬癸水」、中央「戊己土」；天地有「五色」，青、白、紅、黑、黃，東方屬青、西方屬白、南方屬紅、北方屬黑、「中央屬黃」。

所以，「這個地方」如果能夠通達，就是「黃中通理」，「正位」於「中央戊己土」，天君泰然，百體從令，自然四肢百骸通適自在。所以，「黃中」是指「中央戊己土（屬黃）」，也就是「明師一指」的地方「玄關竅」。

四、「基督教」的「玄關竅」

「一貫道」詮釋《舊約聖經》和《新約聖經》時，常用「以教解經」的方式，亦卽以「宗教的角度」來解讀「基督教經典」，使得「基督教經典」出現不一樣的內容。

「一貫道」認爲「玄關」是我們身上的「至善地」，也是居「中」之所在，因爲「玄關」乃位居「人首之中」，是「性命」的「至善地」，再加上受到十五祖「王覺一」精通《周易》、

《河圖》、《洛書》的影響，故而常以《河圖》之「五十」位置，來詮釋此一「至善地」，藉以解釋「玄關」的居所。

《河圖》之「五十」的位置，乃居於「中」位，畫起來即是「十」字，因而這個「十」字被視為「玄關」的代名詞。而「玄關」位居人首之中心位置，故又以「十字架」形容之。

●**《新約聖經》馬太福音**

6:22 眼睛就是身上的燈．你的眼睛若瞭亮、全身就光明。

（The light of the body is the eye; if then your eye is true, all your body will be full of light.）

6:23 你的眼睛若昏花、全身就黑暗．你裡頭的光若黑暗了、那黑暗是何等大呢。

（But if your eye is evil, all your body will be dark. If then the light which is in you is dark, how dark it will be!）

【解析】

「一貫道」認為「耶穌」所說的「眼睛」，是指「玄關竅」，因為原文的英文是「the eye」，指「特定的一顆眼睛」，不是「雙眼」。再加上「玄關竅」有「第三隻眼睛」的別稱，所以「一貫道」認定，「耶穌」所說的「眼睛」，一定是指「玄關竅」。

●**《新約聖經》馬太福音**

10:38 不背著他的『十字架』跟從我的、也不配作我的『門徒』。

（And he who does not take his cross and come after me is not good enough for me.）

16:24於是『耶穌』對『門徒』說、若有人要跟從我、就當捨己、背起他的『十字架』、來跟從我。

（Then Jesus said to his disciples, If any man would come after me, let him give up all, and take up his cross, and come after me.）

【解析】

耶穌說：「不背著他的十字架跟從我的、也不配作我的門徒。」

「一貫道」認為「耶穌」所說的「他的十字架」，是指「他的玄關竅」。我們每個人的臉上，都有一個「十字架」，把雙眼畫一條直線，再把鼻子向上畫一條直線，就成為一個「十字架」，兩條直線垂直交叉處，就是「玄關竅」。

所以，「耶穌」所說的「他的十字架」，是指「他的玄關竅」。

●《新約聖經》馬太福音

7:13你們要進窄門．因為引到滅亡、那門是寬的、路是大的、進去的人也多。

（Go in by the narrow door; for wide is the door and open is the way which goes to destruction, and great numbers go in by it.）

7:14引到永生、那門是窄的、路是小的、找著的人也少。

（For narrow is the door and hard the road to life, and only a small number make discovery of it.）

【解析】

「耶穌」要他們背起「自己的十字架」，通過「窄門」，才能回到「天國」。背起「自己的十字架」，不是去外面買個「十字架」來背喔！是要背起「自己的十字架」，穿過「窄門」，我們的「玄關竅」就是「自己的十字架」、就是「窄門」，這樣才能夠回到「天國」見「明明上帝」。

●《新約聖經》馬太福音

3:11 我是用水給你們施洗、叫你們悔改．但那在我以後來的、能力比我更大、我就是給他提鞋、也不配．他要用聖靈與火給你們施洗。

（I indeed baptize you with water unto repentance: but he that cometh after me is mightier than I, whose shoes I am not worthy to bear: he shall baptize you with the Holy Ghost, and with fire:）

3:12 他手裡拿著簸箕、要揚淨他的場、把麥子收在倉裡、把糠用不滅的火燒盡了。

（Whose fan is in his hand, and he will throughly purge his floor, and gather his wheat into the garner; but he will burn up the chaff with unquenchable fire.）

【解析】

這一段經文有兩個重點，一個是「他要用聖靈與火給你們施洗」，另一個是「他手裡拿著簸箕、要揚淨他的場」。

「一貫道」認爲，「施洗約翰」所說的「聖靈與火」，是指今日「求道儀式」中的「點佛燈」，因爲「點傳師」把「佛燈」一點，仙佛就從「佛燈」裡顯現出來。

又指出「他手裡拿著簸箕」，其實應該翻譯成「他手裡拿著扇子」，因爲，原文的英文是「fan」。「fan」除了有「簸箕」的意思，還有「扇子」的意思。「一貫道」認爲，「施洗約翰」所說的「但那在我以後來的」，是指「濟公活佛」，因爲在衆仙佛中，只有「濟公活佛」的手裡，是拿著「扇子」。

上述的論點，「基督教徒」有不同的說法。

「基督教徒」認爲「耶穌用聖靈與火爲人施洗」的預言，很清楚地記載在〈使徒行傳〉裡。

●《新約聖經》使徒行傳

1:4 耶穌和他們聚集的時候、囑咐他們說、不要離開耶路撒冷、要等候父所應許的、就是你們聽見我說過的。

（And when they were all together, with him, he gave them orders not to go away from Jerusalem, but to keep there, waiting till the word of the Father was put into effect, of which, he said, I have given you knowledge:）

1:5 「約翰」是「用水施洗」，但不多幾日、你們要受「聖靈的洗」。

（For the baptism of John was with water, but you will have baptism with the Holy Spirit, after a little time.）

2:1 五旬節到了、門徒都聚集在一處。

（And when the day of Pentecost was come, they were all together in one place.)

2:2 忽然從天上有響聲下來，好像一陣大風吹過，充滿了他們所坐的屋子。

(And suddenly there came from heaven a sound like the rushing of a violent wind, and all the house where they were was full of it.)

2:3 又有「舌頭如火焰」顯現出來，分開落在他們各人「頭上」。

(And they saw tongues, like flames of fire, coming to rest on every one of them.)

2:4 他們就都被「聖靈」充滿，按著「聖靈」所賜的口才，說起別國的話來。

(And they were all full of the Holy Spirit, and were talking in different languages, as the Spirit gave them power.)

另外，「一貫道」說經文中的「簸箕」應該是指「扇子」才對，但是根據「希臘文」原文，這個字是「ptu,on」，根據「希臘文字典」，意思是「a fork-like shovel」即「叉狀的鏟子」，是用來分別「米糠」之用的工具。之所以在部分「英文版本」被翻譯成「winnowing fan」，可能是因爲「fan」也有「鼓風機」的涵義，可以用來吹「稻米」，也是用來分別「米糠」之用的工具。

● **《新約聖經》啟示錄**

7:1 此後我看見四位天使站在地的四角，執掌地上四方的風，叫風不吹在地上、海上、和樹上。

(After this I saw four angels in their places at the four points of the earth, keeping back the four winds in their hands, so that there might be no moving of the wind on the earth, or on the sea, or on any tree.）

7:2 我又看見另有一位天使、從日出之地上來、拿著永生　神的印．他就向那得著權柄能傷害地和海的四位天使、大聲喊著說、

（And I saw another angel coming up from the east, having the mark of the living God: and he said with a great voice to the four angels, to whom it was given to do damage to the earth and the sea,）

7:3 地與海並樹木、你們不可傷害、等我們印了我們　神衆僕人的額。

（Do no damage to the earth, or the sea, or the trees, till we have put a mark on the servants of our God.）

【解析】

這一段經文有三個重點，第一個是「叫風不吹在地上、海上、和樹上」，第二個是「另有一位天使、從日出之地上來、拿著永生　神的印．」，第三個是「等我們印了我們　神衆僕人的額」。

第一個重點，「一貫道」詮釋「叫風不吹在地上、海上、和樹上」，是指「世界末日」時的「罡風劫」。什麼是「罡風」？「罡風」是古代「道家」稱「天空極高處的風」，現在有時用來指「強烈的風」，也可以解釋爲「原子彈、核武」在高空中爆炸，所產生的的「核武風爆」。

「一貫道」認爲「白陽期」的災劫爲「延康風劫」，又稱爲「罡風劫」。什麼是「延康

風劫」呢？「濟公活佛」在《性理題釋》〈何謂三期末劫〉一文裡解釋如下：「所謂『延罡風劫』，就是都以『罡風』爲害，像鈾和氫的原子炸彈，及未來慧星，和『罡風』的掃世等等，萬物完全化爲灰塵。」

「一貫道」相信在「白陽期」時，由於人類爭奪有限的資源，我們所居住的世界，將被人類高科技發展的武器，如原子彈、核武等「毀滅性武器」所毀滅，或者因爲受到「慧星」的撞擊而毀滅，當世界毀滅時，唯有持有「一貫道三寶」者，才能獲得救贖。

第二個重點，「一貫道」詮釋「另有一位天使、從日出之地上來、拿著永生　神的印．」，這位「從日出之地上來（指東方的中國）」，手裡「拿著永生　神的印」的「天使」，就是「濟公活佛」。

因爲，在「求道儀式」裡，「濟公活佛」藉著「點傳師」的手來「點道」，稱爲「神手借凡手」。

第三個重點，「等我們印了我們　神衆僕人的額」。爲什麼說「我們」，而不是說「天使」他自己呢？「一貫道」認爲，這是因爲「濟公活佛」神手借凡手，借著諸位「點傳師」的手來「點道」，所以才說「我們」。

結論：由《新約聖經》上的印證，衆生務必得到來自東方的「天使（濟公活佛）」的「印記（點道）」，印在額頭上的「玄關竅」。亦卽「求道」，得到「濟公活佛」傳授「自性三寶」，才能得救，可見「天道」是多麼殊勝。

其實，這是一個「美麗的錯誤」和「完美的巧合」。因爲，《啟示錄》接下來的章節，寫的很清楚。只有「以色列人」，才有資格「受印」。

●《新約聖經》啟示錄

7:4 我聽見以色列人、各支派中「受印」的數目、有十四萬四千。

（And there came to my ears the number of those who had the mark on their brows, a hundred and forty-four thousand, who were marked out of every tribe of the people of Israel.）

7:5 猶大支派中「受印」的有一萬二千．流便支派中有一萬二千．迦得支派中有一萬二千．

（Of the tribe of Judah were marked twelve thousand: of the tribe of Reuben twelve thousand: of the tribe of Gad twelve thousand:）

7:6 亞設支派中有一萬二千．拿弗他利支派中有一萬二千．瑪拿西支派中有一萬二千．

（Of the tribe of Asher twelve thousand: of the tribe of Naphtali twelve thousand: of the tribe of Manasseh twelve thousand:）

7:7 西緬支派中有一萬二千．利未支派中有一萬二千．以薩迦支派中有一萬二千．

（Of the tribe of Simeon twelve thousand: of the tribe of Levi twelve thousand: of the tribe of Issachar twelve thousand:）

7:8 西布倫支派中有一萬二千．約瑟支派中有一萬二千．便雅憫支派中「受印」的有一萬二千．

（Of the tribe of Zebulun twelve thousand: of the tribe of Joseph twelve thousand: of the tribe of Benjamin were marked twelve thousand.）

經文清楚的聲明，只有「以色列人」，只有「以色列十二支派」的人，才有資格「受印」，「外邦基督徒」也沒有資格「受印」，他們只能穿「白衣」。因為，「以色列人」還是上帝「耶和華」的「最愛」，是上帝「耶和華」的「選民」。而「外邦基督徒」，是上帝「耶和華」的「次愛」，所以不能「受印」，只能穿「白衣」。

●《新約聖經》啟示錄

9:3 有蝗蟲從煙中出來飛到地上，有能力賜給他們，好像地上蠍子的能力一樣。

（And from the smoke locusts came out on the earth; and power was given them, like the power of scorpions.）

9:4 並且吩咐他們說、不可傷害地上的草、和各樣青物、並一切樹木、惟獨要傷害額上沒有神印記的人。

（And they were ordered to do no damage to the grass of the earth, or any green thing, or any tree, but only to such men as have not the mark of God on their brows.）

【解析】

「天使」吩咐「蝗蟲大軍」，不可以傷害地上的「草」和各樣「青物」，並一切「樹木」，惟獨要傷害「額上沒有　神印記的人」。

可見，在「世界末日」來臨的時候，是沒有「肉類」可以吃的，只有各式各樣的蔬菜、水果和穀類可以食用。因此，「一貫道」鼓勵「清口素食」是對的，有先見之明。

但是，這句「惟獨要傷害額上沒有　神印記的人。」，是指要傷害「以色列十二支派」以外的人。

●《新約聖經》啟示錄

20:12 我又看見死了的人、無論大小、都站在寶座前・案卷展開了・並且另有一卷展開、就是生命冊・死了的人都憑著這些案卷所記載的、照他們所行的受審判。

（And I saw the dead, great and small, taking their places before the high seat; and the books were open, and another book was open, which is the book of life; and the dead were judged by the things which were in the books, even by their works.）

20:13 於是海交出其中的死人・死亡和陰間也交出其中的死人・他們都照各人所行的受審判。

（And the sea gave up the dead which were in it; and death and Hell gave up the dead which were in them; and they were judged every man by his works.）

20:14 死亡和陰間也被扔在火湖裡・這火湖就是第二次的死。

（And death and Hell were put into the sea of fire. This is the second death, even the sea of fire.）

20:15 若有人名字沒記在生命冊上、他就被扔在火湖裡。

（And if anyone's name was not in the book of life, he went down into the sea

of fire.）

【解析】

「上帝耶和華」手上有一本《生命冊》，死了的人都憑著這些「案卷」所記載的內容，照他們所行的受審判。

有趣的是，中國的「佛教」和「道教」也有《生死簿》的說法。《生死簿》是「陰間鬼神」對「人類」或「其他衆生」的壽命之紀錄，《生死簿》記錄著每一個人的「壽命長短」，及其生前的「善行」和「惡行」；當「某人」生命已盡的時候，「陰間」就會派遣「黑白無常」或者「牛頭馬面」，去把人的「魂魄」押解到「地府」接受審判。持有《生死簿》者，多半爲「東嶽大帝、十殿閻王」等冥界神靈。在古代的「道教」，「南斗星君」和「北斗星君」也有《生死簿》。

「一貫道」則認爲，「求道人」在「求道儀式」中，「點傳師」燒了《龍天表》之後，就完成「天榜掛號，地府除名」的程序。

所謂「天榜掛號」，就是說「求道人」求道，就從今天起，「求道人」的名字，就被「三官大帝」登記在天上的《仙佛名冊》裡面，也就是說，從求道這一刻起，你就是屬於「仙佛的候選人」，只要「求道人」好修道辦道，將來「靈性」都可以回天做「仙佛」。

所謂「地府除名」，就是說「求道人」從「求道」這一刻起，「閻羅王」就將「求道人」的名字，從「地府」的《生死簿》除掉，今後只要「求道人」不做壞事，就不再受到「閻羅王」的管轄，也不用再受「生死輪迴」了。因爲，「閻羅王」掌管《生死簿》，就是掌管了「六道輪迴」的生死大事。

《新約聖經》〈啟示錄〉上說：「若有人名字沒記在生命冊上、他就被扔在火湖裡。」

「火湖」是處罰名字沒有登記在《生命冊》上的人的處所，沒有登記在《生命冊》上的人，就是「非基督教徒」，不信「上帝耶和華」的人。

「火湖」並不是「地獄」，「地獄」是「魔鬼撒但」的地盤。《新約聖經》沒有說明這一點，但是在「伊斯蘭教」的《古蘭經》裡，就說的很清楚。「火湖」是「上帝耶和華」另外設立的一個「監獄」。

「伊斯蘭教」的《古蘭經》把「火湖」稱爲「火獄」，也就是「火地獄」的意思，而且「上帝耶和華」還派多位「天使」去「火獄」擔任「守護者」。

●《古蘭經》第十五章 石穀（希只爾）

15:26 我確已用「黑色的成形的黏土」創造了「人」。

15:27 以前，我曾用「烈火」創造了「精靈（鬼）」。

15:28 當時，你的主曾對「天神（天使）」們說：「我必定要用『黑色的黏土』塑造『人像』而創造人。」

15:29 當我把它塑成，而且把「我的精神」吹入他的「塑像」的時候，你們應當對他俯伏叩頭。

15:30 隨後，「天神（天使）」們一同叩頭，

15:31 唯獨「易卜劣斯（撒但）」不肯叩頭。

15:32 主說：「『易卜劣斯（撒但）』啊！你怎麼不叩頭呢？」

15:33 他說：「你用『黑色黏土』塑成『人像』而創造的人，我不該向他叩頭。」”

15:34 主說：「你從這裡出去吧。因爲你確是被放逐的。」

15:35 你必遭詛咒，直到「報應日」」

15:36 他說：「我的主啊！求你對我緩刑，直到人類『復活之日（末日）』。」

15:37 主說：「你確是被緩刑。」

15:39 他說：「我的主啊！你已判定我是迷誤的，所以我誓必在『大地」』上以『罪惡』誘惑他們，我必定要使他們一同迷誤。」

15:40 除非他們中你所選拔的「僕人」。

15:41 主說：「這是我應當維持的正路。」

15:42 我的「僕人」，你對他們絕無權力，除非那些順從你的迷誤者。

15:43 「火獄」必定是他們全體的約定的地方。

15:44 「火獄」有「七道門」，每道門將收容他們中被派定的一部分人。

15:45 「敬畏者」們必定在一些「樂園」和「源泉」之間，

15:46 你們平平安安地進入「樂園」吧！

15:47 我清除他們胸中的怨恨，他們將成爲弟兄，在高榻上相對而坐。

15:48 他們在那裡不感覺疲乏，他們絕不被逐出。

15:49 你告訴我的「僕人」們，我確是至赦的，至慈的；

15:50 我的「刑罰」確是痛苦的。

●《古蘭經》第二十六章 衆詩人（抒爾拉）

26:91 「火獄」將被陳列在「邪惡者」的面前。

26:92 將要向他們說：「你們以前舍「眞主（上帝「耶和華」）」而崇拜的，如今在哪裡呢？」

26:93 他們能助你們呢？還是他們能自助呢？

26:94 將被投入「火獄」中的，是他們和迷誤者，

26:95 以及「易卜劣斯（撒但）」的一些部隊。

26:96 他們在「火獄」中爭辯著說：

26:97 指「眞主（上帝「耶和華」）」發誓，以前，我們確實在明顯的迷誤中。

●《古蘭經》第五章 筵席（馬以代）

5:27. 你當如實地對他們講述「阿丹（亞當）」的兩個兒子的故事。當時，他們倆各獻一件供物，這個的供物被接受了，那個的供物未被接受。那個說：「我必殺你。」這個說：「『眞主（上帝「耶和華」）』只接受『敬畏者』的供物。」

5:28 如果你伸手來殺我，我絕不伸手去殺你；我的確畏懼「眞主（上帝「耶和華」）」——全世界的主。

5:29 我必定要你擔負殺我的罪責，和你原有的罪惡，你將成爲「火獄」的居民。這是「不義者」的報酬。

「耶穌」在「傳道」的過程中，除了「講道」以傳「天國的福音」，以及爲人「治病趕鬼」時，所行的「奇跡」之外，還作了一件很重要的事，那就是爲信徒行「按手禮」。

● 《新約聖經》馬太福音

19:13 那時有人帶著「小孩子」來見「耶穌」、要「耶穌」給他們「按手」禱告．「門徒」就責備那些人。

（Then some people took little children to him, so that he might put his hands on them in blessing: and the disciples said sharp words to them.）

19:14 「耶穌」說、讓「小孩子」到我這裡來、不要禁止他們．因爲在「天國」的、正是這樣的人。

（But Jesus said, Let the little ones come to me, and do not keep them away: for of such is the kingdom of heaven.）

19:15 「耶穌」給他們按手、就離開那地方去了。

（And he put his hands on them, and went away.）

【解析】

「按手禮」是「耶穌」用他的手，按在「信徒」的身上。而且如果「按手禮」不是很尊貴，很難得，「信徒」用不著責備他們，所以「耶穌」的「按手禮」，應該與「開啟天國的窄門」，有直接的關係。

「耶穌」的「按手禮」，和「一貫道」「點傳師」的「點道禮」，有非常相似的地方。

● 《新約聖經》提摩太後書

1:6 爲此我提醒你、使你將「神藉我按手」所給你的恩賜、再如火挑旺起來。

（For this reason I say to you, Let that grace of God which is in you, given to you by my hands, have living power.）

【解析】

這段「神藉我按手所給你的恩賜」，和「一貫道」宣稱「點傳師」在「點道」時，是「濟公活佛」「神手介凡手」在執行「點道」，是一樣的說法。

● 《新約聖經》使徒行傳

8:15 兩個人到了、就爲他們禱告、要叫他們受聖靈・

（Who, when they came there, made prayer for them, that the Holy Spirit might be given to them:）

8:16 因爲「聖靈」還沒有降在他們一個人身上・他們只奉「主耶穌」的名受了洗。

（For up to that time he had not come on any of them; only baptism had been given to them in the name of the Lord Jesus.）

8:17 於是「使徒」「按手」在他們「頭上」，他們就受了「聖靈」。

（Then they put their hands on them, and the Holy Spirit came on them.）

8:18 「西門」看見「使徒」「按手」，便有「聖靈」賜下・就拿錢給「使徒」、

（Now when Simon saw that the Holy Spirit was given through the touch of the

Apostles' hands, he made them an offering of money, saying,）

8:19說、把這「權柄」也給我、叫我手按著誰、誰就可以受「聖靈」。

（Give me this power, so that when I put my hands on.）

【解析】

「按手禮」，在「基督教」的傳佈上，是很重要的儀式，它必須是「門徒」中的「大弟子」，如「彼得、約翰」等人才能行使，而且要經過「按手」後，才能使「聖靈」充滿，可見具神聖性，難怪喜好方術的「西門」，想要得到這項「權柄」，但它不是用錢可以買到的。

● **《新約聖經》使徒行傳**

3:3　於是禁食禱告、「按手」在他們「頭上」、就打發他們去了。

（Then, after prayer and going without food they put their hands on them, and sent them away.）

6:6　叫他們站在「使徒」面前．「使徒」禱告了、就「按手」在他們「頭上」。

（These they took to the Apostles, who, after prayer, put their hands on them.）

19:6　「保羅」「按手」在他們「頭上」、「聖靈」便降在他們身上．他們就說方言、又說預言。〔或作又講道〕

（And when Paul had put his hands on them, the Holy Spirit came on them; and they had the power of talking in tongues, and acting like prophets.）

【解析】

當時的「按手禮」是把手按在身體的「哪個部位」呢？根據《新約聖經》的記載，說是在「頭上」。把手按在「頭上」，然後「聖靈」就降在身上，這是「上帝」很大的恩賜，不是人人可以領受，有經過「按手」者，也被稱爲在身上蓋上「印記」，可見「天國的鑰匙」，就是「上帝永生的印」，用「按手禮」開啟那扇通往「天國的窄門」，這一點和「一貫道」宣稱，「求道人」必須受「明師一指」，才能夠得救的內涵是相符合的。

「一貫道」認爲，《新約聖經》的眞理，對「大道普傳」的印證，實在太多了。研讀《新約聖經》，可以讓我們更加瞭解「先聖先賢」修辦道的心路歷程，更加印證「大道」的尊貴與殊勝。

五、「科學」的「玄關竅」

前面提到「道教、佛教、儒教、基督教」，在各自的經典裡，或隱或顯都提到「玄關竅」是修道的必要心法。但是，仍然會有許多人懷疑「玄關竅」的眞實性，因爲現代的「科學技術」發達，「玄關竅」的功能有「科學的根據」嗎？

以科學的角度來說，由眉間的「玄關竅」向內通達「頭顱」的中央部位，直達「松果體」的所在位置。「松果體」在醫學上稱爲「腦丘下體」或「生命中樞」，它是一個調節新陳代謝、生長、保持體內平衡、並控制人體全身器官的器官，它能播送及吸取各種不同頻律及波長的「精神震波」，它潛藏著無限的智慧與能力。

當「腦波能量」集中往大腦的中心處射入時，也就是「松果體」的所在處，「松果體」就會因爲「腦波能量」的刺激，而釋放出無比浩大的潛能，這股潛能會影響到各個空間，所以在「佛經」中經常提到「白毫相光」的記載。

「佛教」和「道教」在修習「靜坐禪定」的過程中，據說會見到「自性光」。我相信有人會懷疑，甚至不相信：閉著眼睛，就是一片黑暗，怎麼可能見到光？

我們可以從「科學的角度」，來解釋見到「自性光」的現象。隨著現代科學、醫學不斷進步的研究，「科學家」在人體上發現二件事情：一件是發現「松果體」，另一件是發現人體會發光。這二件事情就可以解釋，我們閉著眼睛，是可以見到光的。

前面提到，「道教」有一個門派的修行方法是，意守眉間的「玄關竅」。據說，透過「內丹修煉」的方法，人會從「眉間（又稱印堂或天目穴）」看到明亮的亮光。

其實，以「現代醫學的角度」來看，從眉間的「玄關竅」向腦內延伸，在「大腦」的中間偏後面一點的地方，位於「大腦」與「小腦」之間，有個大小如「小松果」的器官，稱爲「松果體」。

「松果體（又叫做松果腺、腦上體或第三隻眼）」，它的形狀像是一顆小松果，略帶些紅的灰白色，大小約一顆「松果」那麼大（5-8 mm），並且座落在腦部中央的附近，介於兩個大腦半球之間，被裹在兩個圓形的「丘腦」的接合處。它是一個位於腦中的「小內分泌腺體」，是人體最小的器官。

「松果體」負責製造「褪黑激素」，是由「胺基酸」所組成的。「褪黑激素」會在「眼睛」

感覺到「黑暗」時分泌，感覺到「光亮」時就被抑制分泌。它是一種會對「醒、睡模式」與「晝夜節律功能」產生調節影響的激素。

「科學家」發現「松果體」與「視網膜」非常類似，「松果體」也具有「感光功能」。「松果體」不僅有「感光受體」，而且有完整的「感光信號傳遞系統」。「松果體」細胞與「眼睛」的「感光細胞」非常相似，它也有「感光的功能」。人的「肉眼」像是「照相機的鏡頭」，有對焦、採集光線的作用；「松果體」卻是像「照相機的底片」，有「感光成像」的作用。

現代西方醫學解剖發現，「松果體」的位置，正好和古代東方「道教」所描述的「玄關竅（天目穴、第三隻眼）」的位置相吻合。「道教」把「松果體」稱爲「泥丸宮、黃庭、玄關」，是人的「元神（靈魂）」所在之處，是人的「生命中樞」。人人都有「松果體」，都可以透過「靜心冥想、打坐」等方式的修煉，激發「松果體」後，不用透過「視覺神經」的傳導，也可以直接看到「肉眼」看不見的「自性光」光芒，稱爲「天眼通」的神通。

我們的「自性（佛性）」是個「能量場」，見到「自性光」，只是「能量場」經由高度的「意識集中」之後，所產生較高的「振動頻率」。「自性光」只是一種「能量」的釋放現象，就像我們看到的「太陽光」一樣，「太陽光」是「太陽」所釋放出來的「高振動頻率能量」。

其實，「大自然」給我們一個啟示，「集中能量會產生巨大的作用力」：

⑴經年累月的「滴水」，可以切穿「岩石」。

⑵把「凸透鏡」放在「太陽光」的下，讓「太陽光」集中照射在紙上，紙張就會燃燒起來。

⑶水是最柔軟的物質，但是「水刀切割機」，可以集中水來切割「鋼板」。

我們的「意識」，透過「高強度的集中」之後，會產生極高的「振動頻率」，可以無事不辦。

所以，《遺教經》才會說：「制心一處，無事不辦。」意思是說：把心專注在一處，心就不散亂。能夠「一心不亂」，效果就很不可思議。我們能夠把心專注在一處，那一切事都很容易辦，沒有辦不了的事情。

這是「釋迦牟尼佛」教導我們，把心專注在「一處」，「一處」就是「定」。你有「定」，定能生「慧」，「慧」起來了，世間一切法自然通達明瞭，沒有辦不了的事情。

另一件科學研究，發現「人體會發光」，這項研究是「前蘇聯」的技師發現的。在公元一九一三年，「前蘇聯」技師「塞米楊．克里安（Semyon Kirlian）」和他的妻子意外發現了一種技術，叫做「克里安照相術（Kirlian Photography）」。

這是一種利用「高電壓」的一種攝影技術，拍攝到人的手指、手掌、頭部、以及全身的週圍，都有一層薄薄的氣體光色所圍繞著，而且在情緒和健康狀況不同時，會呈現不同顏色的光色；而且，用植物做研究，也有相同的發現。這種特殊的相機被稱做「克里安相機（Kirlian Camera）」。

根據現代「生物光子學」的研究，「人體」能夠自己發出「電子」和「光子」的能量，產生「肉眼」看不見的光芒。當「人體」處於「電磁場」中，這種「電光子」的發射就會被激發，並且能夠被拍攝下來。

「克里安照相術」能夠將「人體」發出的「電磁場能量放射狀態」拍攝下來。方法是透過

「照相紙」跟「物體」接觸，並利用「高電壓」，使物體的「放電影像」，直接感光在「照相紙」上，這就是「克里安照相術」的原理。

到了二十世紀末，又有一種改良自「克里安相機」的特殊機器，叫做「氣場分析儀（Aura Spectro-Photo-Meter）」，它可以更眞實的拍攝到人體的「氣場」。它的原理，是根據「手掌反射區」的能量高低，以接觸性的「感應盤」讀取資料，再由「電腦」所模擬出的「氣場照片」。

「氣場（Aura Field）」，或稱爲「生物電磁場（Bio-Electro-Magnetic Field）」，它突破「克里安照相機（Kirlian Camera））的觀念，主要以採集人身「手掌的能量」，經過「電腦」的數據分析比對，轉化爲「可見光色」，把「人體的氣場」顯現在「照相紙」上。

從「愛因斯坦」的著名方程式 E=MC2 ，我們可以得知一個觀念與事實，就是「整個「宇宙」的萬事萬物，都是由「能量」構成的」。「人體」本身就是一個「電磁場」，也都是「能量」的組合，而且「人體的能量」會受到「大腦意志」的控制。

從「氣場分析儀」的研究裡，「科學家」發現一些特點：

(1)人類的「精神」和「情感」狀態，能夠對人體的「能量」場產生影響。人類的「情緒」，會改變身體「能量氣場」的高低。

(2)人體發光的「顏色」和「形狀」，會根據人的「健康狀況、生理和心理活動」等發生變化。

(3)人體某「些部位」，比它周圍的區域發出的光還要強，而這些明亮的「閃光點」與「中醫針灸圖」上標明的七百四十一個「穴位」一致。

⑷身體「能量場」的變化，會隨著人的「情緒」不同而改變。當一個人「高興」的時候，他的「能量場會增強」；當一個人產生「生氣、妒忌、憎恨」，這些負面情緒的時候，他的「能量場會縮小、缺損」。

⑸人體「能量場」，光的大小，大約是把兩手伸展開，畫一圓圈的範圍。

⑹人的「意念」，能讓「身體的能量」進行「遠距離傳輸」，也就是人的「意念」，可以把「身體的能量」發射出去，對遠處的人產生影響。

現代「科學家」發現「人體會發光」，而且人類大腦內的「松果體」有「感光功能」。所以，我們練習「靜坐禪定」時，閉著眼睛，會看到自己內在的「自性光」，就不是一件迷信，或者不可思議的事情。

另外，我們注意觀察「佛教」和「基督教」的一些「宗教畫像」，會發現在「諸佛菩薩」和「耶穌」的畫像裡，在他們「頭部的後面」，都會有個像「月亮」一樣的「圓形光芒」。甚至有些畫像，在「諸佛菩薩」和「耶穌」的身旁，總是圍繞著一層薄薄的光芒，代表是「聖人形象」。

其實，在「佛經」上也經常提到，「釋迦牟尼佛」說法時，口中放光、頂上放光、眉間放光、胸口放光的現象。

第五單元 「一貫道」的「修持方法」

一、「現代一貫道」的修持方法

「現代一貫道」的修持方法，和當初十五祖「王覺一」所說的修持方法，幾乎完全不同。追究其原因有兩個，一個是沒有研讀十五祖「王覺一」所撰的《北海老人五書》；另一個是「現代一貫道」各組線的「人才濟濟」，對於「儒、釋、道」三教的經典，都又專精的研究。因此，各組線的點傳師、壇主和講師，對「三教經典」有研究心得的人，都以自己的想法來詮釋「一貫道」的修持方法，所以各人所認爲的「修持方法」都不同。

所以，「現代一貫道」的修持方法，是沒有統一標準的，可以說是百家齊鳴。不過，「衆人才」大體上都說的非常棒，都能夠引經據典，說得頭頭是道。

我並不是批評他們說錯了，而是他們說的答案版本，與十五祖「王覺一」說的答案版本不同。十五祖「王覺一」是「現代一貫道」的實際創始人，他的答案版本才是唯一的標準答案。

下面整理出一些各組線的點傳師、壇主和講師，在網路上所發表的文章重點。

（一）「接近佛堂」是最簡單的修行，不必靠「語言文字」，直接受到「佛光普照」，從獻香、道理研究、服務衆生、破除我執，這就是佛「堂共修」的力量所在。

（二）「三寶心法」可應百千萬「機」，不論什麼「根器」的人，「不必參禪，也不必打坐」「三寶心法」的修持，可以迅速解脫你眼前的「煩惱」，提昇你的「智慧」，開拓你的「人生」。

（三）「一貫道」的「修持法門」，不在「深山古洞」，而是在「家中修行」。「在家修行」其實也是一種考驗，各位前賢有沒有發現，最親近的人最難相處。我們都知道，吵架的對象都是自己兄弟姊妹，爲什麼會這樣？越親近的人相處的時間較多，較容易有磨擦，因爲較親近要求多，又缺少一份尊重，所以較容易有爭執。在生活當中，我們應該要學會如何去尊重別人，如何來約束管理自己。

（四）「一貫道」的「修持法門」：就是以一個「性理心法（內功）」，以一個「行功了願（外王）」做爲我們的修道依據。

第一就是「良心作主的生命自覺」：「一貫道」的「修持法門」，不是在「六根」裡頭找消息，而是在「心地」裡面用功夫。

第二是「率性而行」：我們「一貫道」的「修持法門」：「不參禪，不打坐，不練功」，就在「本性」裡面用功夫。「一貫道」沒有講很多的「法門」，直接點明「心地」，從心裡面去用功夫。當我們接受「明師一指點」的時候，我們的生命開始產生蛻變。

（五）「一貫道」的「修持法門」：「早晚獻香」，爲什麼「早晚獻香」是「一貫道」修持的法門？要知道當我們在「獻香」的時候，就是在培養我們的行、住、坐、臥「四威儀」。所謂「禮儀三百，威儀三千」，在《六祖壇經．機緣品》裡講到「具三千威儀，八萬細行」。「三千威儀」指「出家人」的一切微細行儀。「八萬細行」是指「大乘菩薩戒」外的「微細行儀」。

（六）有的人說我修道修了這麼久了，爲什麼我都沒有得到「仙佛感應」呢？那是因爲「誠心」不夠，你求上天慈悲一定會相應的。

（七）「一貫道」修行的驗證，凡修道的前賢歸空後，皆是面帶笑容，顏色如生，不走四門，冬不挺屍，夏不腐臭，甚有多至數日不變，異香滿堂，童叟皆然，色身卽有此表現，足可證其靈性已登善境，當無疑議矣。

（八）「一貫道」的修持觀，可以斬釘截鐵的說：就是「明師一指」，點明人人本有的「自性心燈」，吾人當「還自本處」卽悟明「心燈」。

（九）「一貫道」的修持，是「不參禪、不打坐」，只在「本性」裡用功夫。

（十）「一貫道修持」可以分爲三個階段：第一個階段是「求道」；第二個階段是「佛堂共修」；第三個階段是「玄關的修持」。

（十一）「三寶心法」是「覺路明燈」：

(1)意守玄關：「明師」點開「玄關竅」，借「明師一指」的當下，契悟「玄關竅」內的「自家菩薩」，使「良知良能」顯露，放下所有「牽纏執著」，修煉功夫，卽「意守玄關」，求其放心，使私欲淨盡，天理流行，流露慈悲喜捨，至道必凝矣。

(2)持念口訣：可發露我們的「慈悲心」，開啟智慧，降伏「邪思妄想」，改變氣質，棄除不良習慣，遠離惡業，進一步躲災避難，達於「輪迴止、生死了」的境界。「持念眞經」的方法以「默念」，在觀想「彌勒祖師」的慈心慈容，久而久之，可開發潛能，增長智慧，提昇心靈層次。

⑶手抱合同：「子亥相叉」便是「合同」，手抱「合同」，可使我們恢復「赤子之心」，即是「本來面目」，增加穩定力，達於與上天合，與萬物同，天人合一的境界。總之，修持「三寶心法」，可使「身心口業」皆清淨，使「一眞」獨露，覺醒迷津，回鄉面母。

（十二）「十條大願」是修行階梯：

實行「十條大願」，是修道成道的保障，「一貫道弟子」在承師傳授「三寶心法」之前，必定要先立下「十條大願」，以「愿力」抵住前愆業障，減清業力牽纏，再行功立德，以補前愆，使求道順遂，此明示修道方法，啟發吾人之良知，表達新「求道人」的至誠與宏願，一方面以報答上天降道之厚德鴻恩，另一方面成就自己，俾「求道」以後，照愿實行才能功愿成就，了脫輪迴，得登彼岸。

故「十條大愿」，意義深遠，其內容如下：「誠心保守、實心懺悔（坤道——實心修煉）、如有虛心假意、退縮不前、欺師滅祖、藐視前人、不遵佛規、洩露天機、匿道不現、不量力而爲者（坤道——不誠心修煉者）」。

以上「十條大愿」，乃是「白陽弟子」在「求道」時所立的愿文，表達「求道者」立志之堅定與修道之宏願，「立愿」時有仙佛作證，一來可監督，同時護佑「立愿」人功愿成就，返本歸鄉。故「十條大愿」爲修行的階梯，吾人若能照愿實行，必能使靈性光明，爲修行的重要功課。

（十三）「六度萬行」是成道保障：

「求道」只是「註冊的手續」而已，尚要「學道、修道、行道」，才能成道。蓋「修道」像「儲蓄」一樣，慢慢累積。「一貫道」的「修持方法」是「頓見漸修」的法門，也就是「得道」以後，再以「漸修」的方式，一方面「渡衆生」，一方面「了業障」，便能步步踏入「成佛之道」，其中之修持法，以「六度萬行」爲最切確之「修道成道」保障。

六度萬行又稱「六度波羅蜜」，也就是「布施、持戒、忍辱、禪定、精進、智慧」。若能信受奉行，修道必定能成就。

（十四）「三寶心法」是「一貫道」的修持方法：

⑴叩首守玄：叩首時萬緣放下，合同，玄關齊用，加上數數（一叩，再叩，參叩……）。又加上「佛堂、佛燈」，加上「仙佛的力量」，最易專注。「無影山前對合同」，「合同」在「玄關」前振動，「心念」透過整個「叩首的動作」，可以收回「玄關」，這是最有效的「守玄方式」，可達到降伏此心，求其放心，「制心一處，無事不辦」這是初步的階段，「道親」都是要從「叩首」開始起修最安全。

⑵默念眞經：「無字眞經」默念於心，這種修持可以讓我們帶著到天涯海角，任何場所，任何時間，「行、住、坐、臥」都可以默念。

⑶意守玄關：直接「守玄」，在「佛堂」辦事時「守玄」，在「佛堂」執禮或服務時，很專注的去做，並提醒自己意念要回到「玄關」。「直接守玄」把它生活化，專心喝茶，嚐出茶的甘甜；專心嚼一塊饅頭，吃出饅頭的香甜；專心與人交談，談出眞情實義。專心走路，專心開車……。都要提醒自己意念，收回「玄關」，如此會幫助你專心把事情做好。

「意守玄關」要注意的是不要太執著「玄關」這一點，只要能接近「玄關」，拉回一直線就可以，所謂「不即不離」，不要直接貼在「玄關」上，但也不離太遠。

以下是各組線的點傳師、壇主和講師，對於「意守玄關」的詮釋，都講得很棒。

（一）在《抱朴子內篇．暢言》中提到「守玄一法」，什麼叫做「玄」呢？「玄者，自然之始祖，而萬殊之大宗也。」所謂「守玄一」就是在思想上一心一意守住這「自然之始祖」、「萬殊之大宗」的深遠微妙之「玄」，也就是「守住玄關」。

（二）如何『意守玄關？只要闔上雙眼，將「注意力」集中在「兩眉之間（玄關竅）」的地方，它自然會替你找，慢慢的你會感覺有一種「吸引力」吸著你，像磁鐵一樣，當你被吸住的時後，你的「注意力」將不會隨波逐流，它被固定在那個點（玄關竅）上。

（三）「守玄」的方法：眼睛八分閉，二分開，舌頭輕輕的頂上顎，眼觀鼻鼻觀心，心裏輕輕地一直想著「玄關竅」那一點卽是「意守玄關（第一寶）」。這時口中可能會產生大量口水，可配合於「吸氣」快完時，吞下口水後，再「呼氣」。

用「腹式深呼吸」，「吸氣」時「腹部脹起」，「吐氣」時「腹部收縮」，需練習至「肺部」不可脹起。

配合「呼吸」，「吸氣」時默念「無字眞經」的第一個字，「吐氣」時默念「無字眞經」的後四個字。雖然是從「鼻子」呼吸，但需想像著「呼吸」是從「玄關處」進出，想像著「吸氣」時，有「四周的空氣」從「玄關處」吸進；「吐氣」時，想像有「體內的濁氣」，從「玄關處」吐出來，想像「玄關處」爲「呼吸器官」。但是，要注意「吸氣」與「呼氣」時必須緩慢，練習到聽「不見呼吸的聲音」才對，此卽「玄關式呼吸法」。

若時常使用「玄關式呼吸法」的話，則在「吸氣」時，從「玄關、膻中穴處」會有一股「暖流」直下至「丹田（肚臍下三公分處）」；「吐氣」時「暖流」自動從背後「尾椎」延著「脊椎」，往上至頭頂「泥丸宮」，並從「玄關竅」出去，此「暖流」就是「浩然正氣」。

「守玄」就是「心思」輕輕的想著你「玄關竅」那一點，無論行住坐臥，講話、吃飯、走路、等車、騎車、洗衣、煮菜、工作、睡覺等，都可以練習「意守玄關」，把「守玄」融入日常生活中。

（四）「一貫道」的「玄關修持」，就是一種「將意念收回玄關時，就能處於「根塵迥脫」的狀態。也就是說，當我們的「心念」完全不攀援「六塵」時，「心念」就會自動回到「玄關處」。

「心念」返回「玄關處」，不是就「住在玄關不動」，而是「心念」同時遍一切處。所謂「一卽一切，一切卽一」，而不是「心念住在玄關內」，而是以「玄關竅」爲「中心點」，感應到「無處不通」。這就是所謂的「坐微塵裡轉大法輪，於一毛頭納三千大千世界」，也就是所謂的「芥子納須彌」的境界。

當然，我們不能說「玄關修持法」是唯一的「見性法門」，「法門」無量各有方便因緣。但是，誠如「白居易」的証道詩：「無勞別修道，卽此是玄關。」「玄關」畢竟是古來「禪師大德」共同開悟的門徑，四祖「道信」也說：「百千法門同歸方寸（玄關竅）」。

（五）直接從「守本眞心、守護玄關」下手，也是一樣可以「放下攀援、斷除貪嗔癡」，自然智慧大開。這是「自誠明謂之性」，一種「直接見性」的方法。

我再強調一次，各組線的點傳師、壇主和講師，對於詮釋「現代一貫道」的修持方法，尤其是「意守玄關」的詮釋，都講得很棒。只是與當初十五祖「王覺一」所說的「修持方法」版本不同。

當初十五祖「王覺一」所說的「修持方法」版本，都記載在他所撰寫的《北海老人五書》。十五祖「王覺一」提倡「三教合一」，所以他把「三教經典」裡的修行核心，當作「一貫道」的修持方法，再加上自己的看法。

我把十五祖「王覺一」，在《北海老人五書》裡所說的七個「修行重點」整理如下，內容的詳細解說，請參閱拙作《看懂北海老人五書》：

（一）《理數合解》〈三易探原〉

【重點二十五】

「三聖（釋迦牟尼佛、老子、孔子）」立教之初，以「存心養性、明心見性、修心煉性，抱元守一、萬法歸一、執中貫一」爲標準；以「清靜無爲、定靜無爲」爲入手；以「慈悲、感應、忠恕」爲功夫；以「三皈五戒、六度萬行」，「三華五氣、五百大戒」，「三綱五常、非禮勿視、聽、言」爲行持；以「盡性至命、歸根覆命、亦復如是」爲究竟。

（二）《理數合解》〈一貫探原〉

【重點十五】

「一貫」者、「至靜不動天」。以「理」貫「萬物」。乃「河圖」之所從出。爲人生「本然之性（本性）」。「道心、元神」之源。

欲回此天。必遵「孔門」之「四勿（非禮勿視、非禮勿聽、非禮勿言、非禮勿動）」。無「佛門」之「四相（我相、人相、衆生相、壽者相）」。習「玄門（道家）」之「清靜（指意境不煩擾，清心寡欲，無爲和靜，爲修煉內丹的基本原則。）」。功行圓滿。杆頭進步。「一靜」卽超「三界」外。不勞彈指（比喻很短暫的時間）了（完畢、結束）修行。

（三）《理數合解》理性釋疑

【重點六】

吾以「常清常靜（寧靜不煩擾）。非禮勿視、聽、言、動。無人、我、衆生、壽者相。」爲「煉己筑基」。

以「頓悟本來『乾元（天德的基始，是萬物孳生的力量來源。）』面目。元神理性。爲得藥（金丹）結胎（聖胎）。以飢餐渴飲（餓就吃，渴就喝。）。夏葛冬裘（夏天穿葛衣，冬天穿衣襖。指人能因時制宜，懂得變通。）。「貴賤有等。長幼有序。（『禮』是有貴賤等級的，長幼有差別的。）」從容中道（指從容不迫地做到事事合乎道義）。爲「沐浴溫養」。

「周天（氣路之行徑，周而復始，連綿不斷。）火候（比喻修養程度的深淺）。以數盡（氣數盡）理純。性（本性）合『無極』。爲『脫胎神化』。以造詣（學業或技藝達到的程度）淺深。知（指知識或道德觀念）行（指行爲、行動）純駁（純正或不純正）。而分賢關（賢人的境界）聖域（聖人的境界）。以『接續道統』。俎豆（ㄗㄨˇ，奉祀）廟貌（廟宇及神像）。師表（足爲表率，可以讓人效法的人。）萬世。」爲「證果朝元」。

（四）《三教圓通》〈三會圓通〉

【重點十三】

理（理天）上乘（上等而高妙的境界）、氣（氣天）中乘（中等的境界）、象（象天）下乘（下等的境界），洩漏無餘（無存），獨開千古之生面（新境界）。神「無極」、聖「太極」、大「皇極（帝位或王室之位）」宏中肆外（指文章內容豐富，文筆又能盡量發揮。），普渡（廣行佛法，以救眾生。）萬教之迷津（引申爲錯誤的道路或方向）。

講明顯微（顯著和隱微）理事（本體和現象）之的歸（確實的、可靠的趨向），永絕權（權謀、權宜之義，指爲一時之需所設之方便）實（眞實不虛之義，係指永久不變之究極眞實。）頓（不依次第，快速到達覺悟之教法，稱爲頓教）漸（依順序漸進，經長時間修行而覺悟者，稱爲漸教。）之爭論。

「至理（至高無上的道理）」既明（明確），六合（天下）內，六合（天下）外，都歸「一貫（同一道理）」。「大道」不隱，萬世（萬代）上萬世下（萬代），盡入中庸（待人處事不偏不倚，無過無不及。）。

戒「淫念」、戒「雜念（紛雜不純的念頭）」，人人遵依（依照），「十殿閻君」之庭免張羅（籌備、安排）。還（返回）「太極」、還（返回）「無極」，個個參透（澈底瞭解、識破），「三教聖人」之經（經典）當高擱（置之不用）。

「寡慾（減少欲望）」爲入手（著手、下手）之法，須打破物慾（對物質的欲望）之蔽（遮蓋、擋住）；「息念（停止念頭）」乃「明德（崇高顯明的德性）」之要（關鍵、重點），不可爲氣稟（人生來對氣的稟受）所拘（限定、限制）。如此則「一理」爲主，「二氣（陰陽）」爲佐（輔助），五官四肢，百體（身體的各部位）從令（形容遵從命令之迅速，而毫無異議。）。中和（指平衡穩定、不受干擾的狀態。）之致（達到），天地之位（所在的地方），萬物之育（成長），有不外此（除此以外）而得者矣。

「寡慾（減少欲望）者」，常能遣（捨棄）其慾（欲望），而「心自靜」也。「息念（停止念頭）者」，常能「澄（使沉澱、清）其心」，而「神（元神）自清」也。「遺慾（捨棄欲望）者」戒（謹慎）也，「澄（使沉澱、清）心者」定（安定）也，「神（元神）清」則「智慧」生矣。

（五）《三教圓通》〈末後一著〉

【重點七】

予（我）應（回答）之曰：三教聖人，皆有煆煉（煆煉水火二炁）之法，而不同今日旁門小道之煆煉（煆煉水火二炁）法也。

「非禮勿視、聽、言、動」，此「儒家」之煆煉（煆煉水火二炁）法也。

「無人相、我相、衆生相、壽者相」，此「佛家」之煆煉（煆煉水火二炁）法也。

「夫人神好清，而心擾之；人心好靜而慾牽之；常能遣其慾，而心自靜；澄其心，而神自清；自然六慾不生，三毒消滅。」此「道家」之煆煉（煆煉水火二炁）法也。

「煆煉（煆煉水火二炁）」者，煉去「私慾」，復還（返回）「天理」之謂也。

故孟子曰：「養心莫善寡慾」。又曰：「盡其心者，知其性也，知其性，則知天矣！」又曰：「存其心，養其性，所以事天也。」

「遣慾、寡慾，存其心，養其性」；乃「明心見性，修心煉性」之「正法」也。

（六）《三教圓通》〈末後一著〉

【重點八】

「問者」感悟（心有所感而醒悟），喟然（嘆息、嘆氣的樣子）讚嘆（讚美、驚嘆）曰：「今日知『三教傳心』，當前卽是，『克己復禮（克制自己的私欲，使言行舉止合乎禮節。）』，一言盡矣（一句話就說完了）！

但不知「金丹之家」曰：「煉精爲立基之始」，是耶？非耶？

（七）《三教圓通》〈末後一著〉

【重點九】

予（我）曰：得其「心法」則是。

如搬運「眼」觀「淫色（沉迷美色）」心動（動心；心中震悸不安），心動（動心；心中震悸不安）則「命門（經穴名，在兩腎之間）」「相火」隨之而動，「相火」動，則「爍氣（ㄕㄨㄛˋ，卽陽氣銷蝕之意）」燒乾，「血結」而爲「精」；「元神」卽「元氣」也，如「星」（天上之星）之在天；「濁精（淫精；主要由精子和精液組成）」「石（石頭）」也，如「星」之殞地（墜落地上）。「星」殞地（墜落地上）化而爲「石（石頭）」。有化（改變）而還（返回）爲「氣」，復（再）生於「天」者乎？未之有也。

吾之煉法，不與衆同。先知（首先知道）「精」之所由（事理的緣由）失，以「不煉（用火氣久熬）而煉之」。

蓋「眼」觀「淫色（沉迷美色）」而心動（動心；心中震悸不安），則「失精」；耳聽「淫聲」，口道「淫言」，身觸「淫物」，心生「淫想」，此皆「失精」之由（原因）。

吾則「淫色、淫言、淫聲、淫物、淫念」，「不觀、不聽、不言、不想」，端倪（事情的頭緒跡象）不動，「天理（天和理）」渾然（形容混同在一起不可分割），「精」何從而失乎？與其（指在比較兩件事的利害得失而決定取捨時，表示放棄或不贊成的一面。）法施（解說佛法，使聽聞者獲益。）已然（已經發生，成爲事實者。）之後，不如理禁未然（還沒成爲事實）之先爲愈（勝過、高明）也。

如（如果）不明不（明白）「失精」之來由（緣故），妄施（胡亂任意實行）「煆煉（煆煉水火二炁）之法」，多談「龍虎、嬰奼」，「陰陽會合交媾」之由，此「家本無賊」，而「引賊入院」之事也。

不惟（不但）不能「煆精（鍛煆煉元精）」，「精」反愈洩，何也？不言「嬰奼、金公、黃婆」；「煉精化氣，煉氣化神，煉神還虛，煉虛還無」；還不知「虛」在何處？「無」在何方？言之諄諄（叮嚀告諭，教誨不倦的樣子）有味（有興致），修者百無一成（一事無成）。

爾（你）不歸（返回）「無」，焉知（怎麼知道）「無」？「無為（不從事人為干預，而任萬物自然生長之意。）之法」，乃「妙法」也。玄妙（幽深微妙的境界）也。「玄中有妙」，「妙中有玄」也。多由於「外感（受外來刺激而起的感動。）」，而後「精失（喪失元精）」；此則不待（不想）外成（外部形成．）「有形之物（指精液）」，而內生「無形之精（元精）」矣！

二、「儒家」的修持方法

「王覺一」祖師在《理數合解》的〈三易探原〉和〈一貫探原〉，以及《三教圓通》的〈末後一著〉裡認為，「儒家」的核心修持方法就是「孔門」之「四勿（非禮勿視、非禮勿聽、非禮勿言、非禮勿動）」。

「王覺一」祖師說：「非禮勿視、聽、言、動，此儒家之煅煉（煅煉水火二炁）法也。」又說：「『三聖』立教之初，『儒家』以『存心養性，執中貫一』為標準；以『忠恕』為功夫；以『三綱五常、非禮勿視、聽、言』為行持；以『盡性至命』為究竟。」

所以，「王覺一」祖師把「儒家」的「四勿（非禮勿視、非禮勿聽、非禮勿言、非禮勿動）」、存心養性、執中貫一、忠恕、三綱五常、盡性至命」等核心修持方法，納入為「一貫道」信徒的「修行準則」。

下面我們就來逐一研究「儒家」的六個「核心修持方法」：

（一）「孔門」之「四勿」

「王覺一」祖師說，想要返回「至靜不動天（無極裡天）」。必須遵守「孔門」之「四勿（非禮勿視、非禮勿聽、非禮勿言、非禮勿動）」。這是「孔子」教「顏回」的「四誡」，見《論語．顏淵》。

《論語．顏淵》：「子曰：非禮勿視、非禮勿聽、非禮勿言、非禮勿動」，意思是說：孔子說：「不符合禮的不看，不符合禮的不聽，不符合禮的不說，不符合禮的不做。」

《論語．顏淵篇》主要是講「孔子」教育「弟子」如何「實行仁德」？如何「為政」和「處世」？本篇的原文如下：

● **《論語．顏淵篇》原文：**

顏淵問仁，子曰：「克己復禮為仁。一日克己復禮，天下歸仁焉。為仁由己，而由人乎哉？」

顏淵曰：「請問其目？」

子曰：「非禮勿視，非禮勿聽，非禮勿言，非禮勿動。」

顏淵曰：「回雖不敏，請事斯語矣。」

【白話翻譯】

「顏淵」問「什麼是仁」？

「孔子」回答道：「抑制自己，使言語和行動都走到禮上來，就是仁。一旦做到了這些，天下的人都會稱許你有仁德。實行仁德要靠自己，難道是靠別人嗎？」

「顏淵」又問：「請問實行仁德的具體途徑。」

「孔子」回答道：「不合禮的事不看，不合禮的事不聽，不合禮的事不言，不合禮的事不做。」

「顏淵」說道：「我雖然不聰敏，請讓我照這些話去做。」

「顏淵」問「什麼是仁」，「孔子」回答說：「『克己復禮』爲『仁』。」

「克己復禮」的「克」是「克制」；「復」是「返、還、歸」。意思是：克制自己，使自己的行爲，歸到「禮的方面」去，即「合於禮」，「歸於禮」。簡單的說就是：克制自己的「私欲」，使自己的「言行舉止」合乎「禮節」，在這裡「孔子」強調「自我約束」的重要性。

「仁」是「孔子」思想的一個核心。要在生活中行「仁」，依照「孔子」的說法，就要「克己復禮」，加強「自我約束」。也就是說，想要做到「仁」的境界，就要「淨化自己的心靈」，

「約束自我的行爲」。「仁」是用來實踐的，不是說說而已。

「儒學」中的「仁」，從本質上來講，是一個「內心修養」的眞功夫，是實實在在的境界，並不是簡單抽象的理論。想要做到這一點，非要下苦工夫長期修練不可，需要時時提醒自己，要能夠克制自己的慾望。

「克己復禮」就是自「我約束」的功夫，在與他人的交往過程中，我們總會遇到各種各樣的「煩惱」。這個時候，我們就要學會「約束自己」，冷靜面對「不如意」。在與人交往的時候，彼此互相謙讓、互相尊重、講究禮儀，從而激發出「人性的光輝」。從「禮」出發，就能至「仁」了。

「禮」是通過「接受教育」，慢慢培養起來的。沒有誰「生而知禮」，我們從小接受教育之後，才懂得了什麼事情該做，什麼事情不該做，哪些行爲是對的，哪些又是錯的。社會有公衆奉行的「社會道德」，也有「法律規範」，人們通過「學習」來「約束自我」。「知禮」是一個需要逐漸培養的過程，「內心修爲」的提高，不是一朝一夕就可達到的。

雖然說，人通過「教育」而「知禮」，但是想要達到「仁」的境界，卻需要從「自己」入手。「孔子」在教育「顏回」如何「克己復禮」，從而達到「仁」的境界時，告訴了他一個「入手」的方法，就是要他從「眼、耳、口、手」四個方面來規範自己的行爲。

在《三教圓通》的〈末後一著〉裡說：「問者」感悟（心有所感而醒悟），喟然（嘆息、嘆氣的樣子）讚嘆（讚美、驚嘆）曰：「今日知『三教傳心』，當前即是，『克己復禮（克制自己的私欲，使言行舉止合乎禮節。）』，一言盡矣（一句話就說完了）！

所以，總結「王覺一」祖師的「心法」，用一句「克己復禮（克制自己的私欲，使言行舉止合乎禮節。）」，就說完了。

（二）存心養性

「存心養性」出自於《孟子・盡心上》，「孟子」說：「盡其心者，知其性也，知其性，則知天矣。存其心，養其性，所以事天也。」

孟子說，人如果可以「盡其本心」，就能知道「他的本性」，能知道「他的本性」，就能知道「天道的道理」。

但是，光是知道還不夠，還要有「篤實踐履」的功夫，因此應該時時刻刻保存這顆純然靈明的「本心」，天賦的「本然善性」，不要使它放失，不要使它受到戕害。能夠做到保持它不放失，又不遭受戕害，就可以稱作是「仁人」了。所以，人的「所作所爲」，如果都能夠與「天相合」，就是「不違天理」的作法。

然而，在人的一生當中，許多「物欲」使「人心」陷溺於其中，而受到侵蝕。「人心」被「物欲」侵蝕，如同「山林」被砍伐，失去「仁義」的本質，所以「存心」即是「不使良心淹沒」。

另一方面，人有得自「天賦的善性」，在「心」則是「仁、義、禮、智」四個善端，存「仁義之心」，以保養「原有的善性」。因爲，「三界唯心」，「心」爲萬能的主宰，唯有「此心」不失，「善性」才能實現，「善念、惡念」只在一念之間，便是「此心」與「善性」的相聯結，所以需要「存養」的功夫。

（三）執中貫一

「執中」是「持中庸之道」，無「過與不及」，「持平」，「不偏不倚」。

「執中」有兩個出處：

⑴《尚書．大禹謨》：「維精維一，允執厥中。」

⑵《孟子．盡心上》：「子莫執中，執中爲近之，執中無權，猶執一也。」

「貫一」是指「吾道一以貫之」，意思是「用一種道理貫通於各類事物之中」，語出《論語．里仁》。

●《論語．里仁》原文：

子曰：「參乎，吾道一以貫之。」

曾子曰：「唯。」

子出，門人問曰：「何謂也？」

曾子曰：「夫子之道，忠恕而已矣。」

【白話翻譯】

「孔子」說：「參啊！我講的道是由一個基本的思想貫徹始終的。」

「曾子」說：「是。」

「孔子」出去之後，「同學」便問「曾子」：「這是什麼意思？」

「曾子」說：「老師的道，就是『忠恕』罷了。」

「忠恕之道」是「孔子思想」的重要內容，待人「忠恕」，這是「仁」的基本要求，貫穿於「孔子思想」的各個方面。

「一以貫之」，「貫」者「貫穿」，以「一理」貫穿萬事，則「萬事」皆有其理。「孔子之道」，一理分為萬事，萬事歸於一理，有「入世」者，有「出世」者，而能「一以貫之」。可是，「出世之道」非常人所能了解，所以「曾子」以「忠恕」來回答。

（四）忠恕

「忠恕」是「儒家」的一種道德規範。何謂「忠恕」，「忠」是「竭盡心力為人，盡己之力為人，盡心為人」；「恕」是「己所不欲，勿施於人，推己及人，將心比心，設身處地替別人著想」。

「忠恕」是中國「儒家」的倫理範疇，是處理人與人之間關係的原則。「忠」，是「盡力為人謀，中人之心」，故為「忠」；「恕」是「推己及人，如人之心」，故為「恕」。

最早將「忠恕」聯繫起來的人，是中國「春秋時代」的「曾子」。他在解釋孔子「吾道一以貫之」時說：「夫子之道，忠恕而已矣。」，「忠恕」是以「對待自己的態度」來「對待他人」。

「儒家」以「忠恕」來作為貫通「孔子思想」的核心內容，是「仁」的具體運用。「忠恕」成為「儒家」處理人際關係的基本原則之一。

什麼是「忠」？什麼是「恕」？「忠」是從「積極的方面」來說，也就是「孔子」在《雍也》篇裡所說的：「己欲立而立人，己欲達而達人。」意思是：自己想「有所作為」，也盡心盡力地讓別人「有所作為」，也就是「待人忠心」的意思。

「恕」是從「消極的方面」來說，也就是孔子在《衛靈公》篇裡，回答「子貢」問說：「有一言而可以終身行之者乎。」的問題時所說的：「其恕乎，己所不欲，勿施於人。」意思是：自己不願意做的事情，不要強加給別人做。

總的來說，「忠恕之道」就是人們常說的「將心比心，推己及人。」這段孔門師徒的對話，把「孔子」的「仁學思想」歸納為「一以貫之」的「忠恕之道」。

（五）三綱五常

「三綱」即三倫理，是「君為臣綱、父為子綱、夫為妻綱」，指「君臣、父子、夫婦」等三種基本的人倫關係；「五常」即五人倫，是指「仁、義、禮、智、信」等五種德性，「三綱五常」皆為「中國」古代的「倫理標準」。

「三綱五常」又簡稱「綱常」，是中國「儒家」倫理文化中的重要思想，「儒家」透過「三綱五常」的教化，來維護社會的「倫理道德、政治制度」，在的「封建社會」中，起了極為重要的作用。

「三綱五常」是中國「儒家」的倫理架構，起源「先王之學」，經「思孟學派」的「五行」闡發，再歷經「漢朝」，並盛行於「宋、明、清」三代。

在《五代史平話．梁史．卷上》說：「小生慣讀經史，教導鄉里徒弟，無過是教他學習個孝、弟、忠、信的道理，識得個『三綱五常』。」

「三綱」之觀念起源於「法家」，在《韓非子．忠孝》中，首次提出：「臣事君，子事父，妻事夫，三者順，天下治；三者逆，天下亂。」

「五常」的源頭，起源於「儒家」的「孟子」提出「惻隱之心」、「羞惡之心」、「辭讓之心」、「是非之心」，簡稱為「仁」、「義」、「禮」、「智」，並列「四端」。

而「三綱、五常」的說法，來源於西漢「董仲舒」的《春秋繁露》一書。「董仲舒」從「天人關係」出發，根據「天尊地卑」的思想，明辨了「三綱五常」，稱「惟天子受命於天，天下受命於天子」；又循「陰陽五行」說，確立了「綱常」理論，他說：「君臣父子夫婦之義皆取諸陰陽之道，君為陽，臣為陰；父為陽，子為陰；夫為陽，婦為陰。」

到了「東漢章帝」召開「白虎觀會議」，確定「三綱」之說。《白虎通義．三綱六紀》說：「三綱者，何謂也？謂君臣、父子、夫婦也。……君為臣綱、夫為妻綱、父為子綱。」這種名教（名分與教化）觀念，是「儒家」政治思想的重要組成，即通過「上定名分」來教化天下，以維護社會的倫理綱常、政治制度。

而「東漢」的「王充」在《論衡．問孔》裡說：「五常之道，仁、義、禮、智、信也。」，也確立了「五常」之說。

「隋代」的大儒「王通」與「宋代」的「朱熹」都提倡過「三綱五常」。「朱熹」提出「存天理，滅人慾」，「人慾」即指一切違背「三綱五常」的動機與行為。

「朱熹」認爲：「宇宙之間一理而已。天得之而爲天，地得之而爲地，而凡生於天地之間者，又各得之以爲性；其張之爲『三綱』，其紀之爲『五常』，蓋皆此理之流行，無所適而不在。若其消息盈虛，循環不已，則自未始有物之前，以至人消物盡之後，終則復始，始復有終，又未嘗有頃刻之或停也。」

「三綱」涵蓋「君臣、父子、夫婦」的關係。就「君臣關係」來說，君是群體的中心，衆人應歸心凝聚於君的領導，臣則應堅定心志效忠於君，以維繫團體的存在；就「父子關係」來說，父應教導子女正當的道理，子女則應以誠懇恭敬的態度規諫父親；就「夫婦關係」來說，丈夫應以正道來扶持妻子，妻子則應以禮來服從丈夫。

現代有些人認爲「三綱」是「封建時期」的「父權觀念」，事實上「儒家」的「倫理觀」，基本上主張「相對的義務」，君有君的本分，臣有臣的職責，各自都應盡自己的義務和職分；「父子」和「夫婦」也是如此。而其間最重要者乃是雙方互敬互愛、互相成全、相勉於正道的心情。現代人的誤解，實是忽略了儒家學說的眞義。

「五常」涵蓋「仁、義、禮、智、信」五種「道德規範」。「仁」是同情與愛敬他人的心；「義」是裁斷事情價値的能力；「禮」意指認知和實踐道德規範的能力；「智」是判斷是非的能力；「信」是堅守信念或承諾的意志。五者是立身處世的必要德性與規範。

「三綱五常」本指「天理人事的應對進退」，後來被「專制主義」巧取爲封建「道統」，甚至在不明事理的「鄉愿」下，導致「禮教殺人」，造成了人們對「孔孟之道」的誤解。「孔子」從沒有要求「君要臣死，臣不得不死；父要子亡，子不得不亡」，這原非「孔子」的本願。

「三綱五常」有「儒家」的觀念，也有「法家」的觀念。實際上，大多數的「君主」都是「外儒內法」，「暴君」則把自己的「法家權鬥」展露無遺。搞「愚民之術」的決不是「儒家」，而是「法家」。

「孔子」有言：「君使臣以禮，臣事君以忠」，「士有諍友，則身不離於令名；父有諍子，則身不陷於不義。故當不義，則子不可以不諍於父，臣不可以不諍於君。故當不義，則諍之，從父之令，又焉得為孝乎？」。

「孟子」則更進一步闡述：「君之視臣如手足，則臣視君如腹心；君之視臣如犬馬，則臣視君如國人；君之視臣如土芥，則臣視君如寇讎。」

（六）盡性至命

「盡性至命」這句話出自於《易傳．說卦傳》：「昔者聖人之作易也，幽贊於神明而生蓍，參天兩地而倚數，觀變於陰陽而立卦，發揮於剛柔而生爻。和順於道德而理於義，『窮理盡性以至於命』。」

這段話的大意是：「周文王」在創製《周易》的時候，暗中輔助「陰陽運化」的功能，設立了用「蓍草占筮」的方法。把「天奇地偶」相互交錯的道理揣摩出來，從而確定了《周易》的數理，觀察陰陽的變化而設立了「卦」，依據剛柔的變動而產生了「爻」，把「人的道德」與「天地陰陽之道」協和理順起來合乎自然，把「萬事萬物的性情道理」推究徹底，一直推到「天命」，這才創製出《周易》。

其中，「窮理盡性以至於命」這句話的意思是說：窮究「天下萬物」的「根本原理」，徹底洞明人類的「心體自性」，可以達到改變人類命運的崇高目標，從而使人的生命與自然能夠和諧平衡、生生不息。

「窮理盡性以至於命」這一句，包括「理、性、命」三個概念。

就「理」而言，「宇宙」間雖然景象繽紛，但是每一個事物的背後，都有一個最基本的「理」存在，由「理」生出「宇宙一切萬象」。「理」先「事物」而存在，雖隱而不現，但是依然有脈絡可尋。只要努力探求，必然可以獲得。「窮理」就是「窮究宇宙事物之理」。

就「性」而言，《中庸》云：「天命之謂性」，「人之性」是承「天命」而來，換言之，「人性」稟賦於「天」，稱之爲「天性」。「盡性」就是發揮上天賦予的「善良本性」。

就「命」而言，「命」指「生命」。人與動物一樣都有生命，但是就「精神層次」而言，只有人能「窮理」、「盡性」，所以人與動物不同。人能「明理」又能發揮「天性」，所以人能成爲「萬物之靈」。古人把「性」聯上「命」，而稱之爲「性命」，「性命」與「生命」的意義不同，「生命」指生活的時間存在，「性命」包含了「生命」的意義與價值。

「窮理盡性以至於命」，在人就是「窮究宇宙之理」，發揮「人之善良本性」，以之融入「生命體」中。《說卦傳》第二章中說：「昔者聖人之作易也，將以順『性命之理』。是以『立天之道』，曰『陰與陽』；『立地之道』，曰『柔與剛』；立人之道，曰『仁與義』。」以「仁義」爲「性命之理」，人要秉持「仁義」，才能見出生命的意義與價值。

《中庸》第二十二章也說：「唯天下至誠，爲能盡其性。能盡其性，則能盡人之性。能盡人之性，則能盡物之性。能盡物之性，則可以贊天地之化育。可以贊天地之化育，則可以與天地參矣。」

意思是說：只有天下「至誠的聖人」，才能盡量發揮自己「天賦的本性」；能盡量發揮自己「天賦的本性」，就能盡量發揮「天下人的本性」；能盡量發揮「天下人的本性」，就能盡量發揮「萬物的本性」；能盡量發揮「萬物的本性」，就可以幫助「天地」對「萬事萬物」進行演化和發展；能幫助「天地」對「萬事萬物」進行演化和發展，就可以與天地並立爲三了。

《中庸》強調，發揮個人的精神力量，來改變世界、創造世界。一個人必須有良好的道德、良好的心理素質，以及改造世界的信心，這樣他才能做自己的主人，他才能生活得很快樂。

三、「道家」的修持方法

「王覺一」祖師在《理數合解》的〈三易探原〉和〈一貫探原〉，以及《三教圓通》的〈末後一著〉裡認爲，「道家」的核心修持方法就是「玄門（道家）」之「清靜（指意境不煩擾，清心寡欲，無爲和靜，爲修煉內丹的基本原則。）」。

「王覺一」祖師說：「『夫人神好清，而心擾之；人心好靜而慾牽之；常能遣其慾，而心自靜；澄其心，而神自清；自然六慾不生，三毒消滅。』此『道家』之『煆煉（煆煉水火二炁）法』也。『煆煉（煆煉水火二炁）』者，煉去『私慾』，復還（返回）『天理』之謂也。」

又說：「『三聖』立教之初，『道家』以『修心煉性，抱元守一』爲標準；以「清靜無爲、定靜無爲」爲入手；以「感應」爲功夫；以「三華五氣、五百大戒」爲行持；以『歸根覆命』爲究竟。」

所以，「王覺一」祖師把「道家」的「清靜、修心煉性、抱元守一、清靜無爲、定靜無爲、感應、三華五氣、五百大戒、歸根覆命」等核心修持方法，納入爲「一貫道」信徒的「修行準則」。

下面我們就來逐一研究「道家」的九個「核心修持方法」：

（一）清靜

「王覺一」祖師說：「『夫人神好清，而心擾之；人心好靜而慾牽之；常能遣其慾，而心自靜；澄其心，而神自清；自然六慾不生，三毒消滅。』此『道家』之『煆煉（煆煉水火二炁）法』也。『煆煉（煆煉水火二炁）』者，煉去『私慾』，復還（返回）『天理』之謂也。」

這一段經文，出自於《清靜經》的修行心法。《清靜經》篇幅短小，不足四百字，教導人「靜心清神、遣欲入靜、得性悟道」，被「道教」視爲「修煉性功」的法寶，是「道士」日常誦習的功課之一。

●《清靜經》原文：**夫人神①好清，而心②擾之。人心好靜。而欲③牽④之。常能遣⑤其欲，而心自靜。澄⑥其心，而神自清。自然⑦六欲⑧不生，三毒⑨消滅。所以不能者，爲心未澄，欲未遣也。**

【註釋】

①人神：陰陽不測謂之「神」，指「元神、本性」，就是第八識「阿賴耶識」。

②心：即「識神」，「道教」認爲「識神」是人認識世界和操控身體行動的意識體，它屬於後天的意識，即第七識「末那識」。

③欲：是欲望，即性情之所好者。

④牽：牽引、牽動。

⑤遣：格除、消除。

⑥澄：由濁入清，使沉澱、清澈。

⑦自然：無所勉強之意。

⑧六欲：是色、聲、香、味、觸、法。

⑨三毒：貪、嗔、癡。

【白話翻譯】

人的「元神（本性、第八識阿賴耶識）」，本來是「純潔無染，虛空無礙」的。因爲受到「人心（識神、第七識末那識）」的擾亂，便將靈明的「元神（本性、第八識阿賴耶識）」給蒙蔽了。人降生後的「初心（識神、第七識末那識）」，無嗜無欲，也是很安靜的。因爲逐漸長大，受到「世間知識」的薰陶污染，於是有了「私慾」的念頭，又受到俗情物慾的牽動引誘，便將「人心（識神、第七識末那識）」驅使的有如脫韁的野馬。

如果能夠永久的將一切「私慾雜念」格除，那麼「人心（識神、第七識末那識）」自然能夠平靜不妄動，再加上「澄清污心」的功夫，「元神（本性、第八識阿賴耶識）」自然能夠回復到「純潔無染，虛空寂靜」的狀態。自然「六欲（色、聲、香、味、觸、法」不再生起，「三毒（貪、嗔、癡）」也就消滅了。

修行人為何不能夠達到「心自靜，神自清」的境界，這是因為心中的雜念還沒有澄清，私慾還沒有除盡的緣故。

以「唯識學」的角度來解釋《清靜經》這段經文，我們的「本性（第八識阿賴耶識、元神）」原本是純潔清靜的，但是我們出生為人之後，被我們第七識「末那識（識神）」所產生的「妄想執著（慾念）」所蒙蔽。而第七識「末那識（識神）」會產生「妄想執著（慾念）」，是因為第六識「意識」，把分析判斷的結果，傳遞給第七識「末那識」做決定。

所以，只要停止自己第六識「意識」的分析判斷功能，讓第六識「意識」無法傳達分析判斷的結果，給第七識「末那識」做決定，第七識「末那識」就會停止作用「本性（第八識阿賴耶識元神）」自然顯現。

（二）修心煉性

何謂「心」？何謂「性」？「心」是「後天之性」，「性」是「先天之心」；「不動之心」為「性」，「已動之後性」即是「心」；「未發之前心」是「性」，「已發之後性」是「心」。

「道家」重視「心性」的修煉，稱為「修心煉性」。由於人在成長的過程中，受到「社會習性」的污染，其「心」已經不純淨了，其「性」亦遠離「天眞」。因此，要恢復純潔善良的「天性」，修煉成「先天的心性」，必須首先要「修心」。

「修心」就要「修德」，因爲「人性」的表現爲「德」，「德」是人類共同遵循的規範。要「積德」就必須要有「善良之心」，要關愛他人，與人爲善，要幫助弱者，慈愛生命。要淡化「七情六欲」，不爲「名繩利鎖」所困擾。

因爲只有把持住「正心正念」，才能利於「煉性」，而「性」則會變得越來越穩固，從而就減少了很多的「起心動念」。「心動」則「失性」，面對花花世界的引誘不去「動心」，才是「養性」的根本。

要如何「修心」呢？自己要隨時警惕自己，反省自己，反觀自己的「心念」。一旦發現自己有「妄念」產生，「一貫道」信徒可以立即「意守玄關」，再默念「無字眞經」，便可降伏「妄念」。

要如何「煉性」呢？把「勿以惡小而爲之，勿以善小而不爲。」變成一種習慣，持之以恆，堅持下去，就是「煉性」的過程。因爲，在每次的歷練中，自己的「意識」遠離了「七情六欲，名繩利鎖」的污染與困擾，久而久之養成習慣，順其自然的不再對「名利」等動心。

（三）抱元守一

「抱元守一」是「道家」早期修煉方術之一，其側重點不在「煉形」而是「煉神」，通過它排除「心中雜念」，保持「心神清靜」，其主旨爲守持人的「精、氣、神」，使之不內耗，不外逸，長期充盈體內，與形體相抱而爲一。修習此術，可以延年益壽，乃至長生久視。

「抱元守一」，「抱」是「守護」；「元」是「元神（道家稱人的靈魂）」；「守」是「保持、堅持」；「一」是「眞道」。意思是：守護「元神」，與「眞道」合一。要達到這種境界，就必須要「心中沒有雜念，精神專注於一處」。

「守一」這個專有名詞，可能源自「老子」的「抱一」。

●《老子》第十章：**「載①營魄②抱一③，能無離乎？」**

【註釋】

①載：用作助語句，相當於夫；

②營魄：卽魂魄；

③抱一：卽合一。一，指道，抱一意爲魂魄合而爲一，二者合一卽合於道。又解釋爲身體與精神合一。

【白話翻譯】

「精神」和「形體」合一，能不分離嗎？指專注於內在的「魂魄」，與「形體」不離，並與「道」相合爲一，則可以復歸純樸，與「天地精神」達致和諧。

「守一」這個名詞雖然來源自「先秦道家」，但是直到「東漢末年」，才成爲專有名詞。最早將這個單字名詞化的人，已經無可考證。

在「道教」，「東漢」末年的《太平經》中，首次使用「守一」這個名詞；同時間的「佛教譯經」，也將「守一」應用在表達「禪定方法」上。在「東漢」末年，「佛教」最初的信徒，經常也同時崇信「道術」，兩者有混同發展的狀況，「守一」這個用語可能是在這個狀況下發展出來的。

「東漢」末年以後，「守一」的方法複雜化，與「三丹田」之說結合。在《老子節解經》裡，「守一」也稱爲「行一、抱一」或「存一」，「上丹田」在「腦」，「中丹田」在「心」，「下丹田」在「臍下」，「一」循環灌注於「三丹田」之中。

到了「魏晉」時，「守一」有「守眞一」和「守玄一」兩種方法，「守眞一」是守「體內之神」，關鍵在守「上、中、下三丹田」；「守玄一」同樣是存思「體內之神」，「修道者」先齋戒百日，冥想三四日後，不但看見自己的精神，還可以化身作十多人，達到分身的效果。

「魏晉」以後，「守一」變得複雜化，「守一」變成「守三一」，「一」分處於「上、中、下三丹田」；也有「道士」教人存思「一」分身多人，或同時存思「天上星斗」及其他「仙眞」。

「漢代六朝」時，「守一法」廣受推崇，「唐宋」時「道教」的「內丹術」亦沿用「守一法」，描述「煉內丹」的體驗。

在「東漢」至「魏晉」初期譯出的「佛經」中，採取「道家典籍」的「術語」來轉譯「佛經」，也曾使用「守一」這個名詞，來形容佛教「禪定修行」的方法。

由於「道教」的門派衆多，對「守一法」的看法也不同。許多教導「抱元守一」的方法，都是用「後天的意識」，去「用力意守」身體某一部位，或守上，或守下，或守外，或守內，越守越執，越執越迷，背道求道，遺毒無窮。守腦腦脹，守腹腹疼，守哪病哪，無有是處。

其實，「清靜」就是「抱元守一」的終極結果，終極狀態。所謂：「修行從來不用心，遺欲澄心才是眞，用心之時無心用，無心始知道在心。」

「抱元守一」就是「精神內守」，「內守」就是「心不渙散，不外溢」。「內守」也不是要「用力意守」。「意守」只是剛開始學習「修行」的一種訓練，「修行」到最後，「意念」要慢慢地鬆開，「不守了」才對。

爲了做到「心意專注」而「意守某處」，那只是「抱元守一」的一個方法。因此，「人身無處不丹田」，只要能夠達到「專注」的狀態，「意守」哪裡都行，只要練習「專注」，就是練習「抱元守一」。

那在「一貫道」裡，要如何「抱元守一」呢？剛開始要「意守玄關竅」，要注意只是靜靜的注視著「玄關竅」，若有似無的「意守玄關竅」，不是用力「意守玄關竅」，最後達到「抱無可抱，守無可守」的狀態，方是「眞抱」，方是「眞守」。若是還有「有可抱、有可守」的念頭，必定是「執著心」，這是「後天用事」，非是「先天」。

簡單地說，「抱元守一」就是把「心念」靜下來，一心一意，心無雜念，心靜如止水。要靜下來的「方法」多如牛毛，但這些都是「抱元守一」的手段，只是爲了「精神專一」這個目的而已。

（四）清靜無爲

「清靜無爲」是「春秋時期」，「道家」的一種「哲學思想」和「治術」。提出「天道自然無爲」，主張「心靈虛寂，堅守清靜，復返自然」。

「清靜無爲」也是「道家」克制欲念，心神寧靜，順應自然的思想。「清靜」是「心性純正恬靜」；「無爲」是「道家主張清靜虛無，順應自然。」

「清靜無爲」的出處，源自於「道家」的《清靜經》和《道德經》。

《清靜經》說：「人能常清靜。天地悉皆歸。」又說：「眞常應物，眞常得性，常應常靜，常清靜矣。」

《道德經》說：「道常無爲而無不爲。」又說：「無爲而無不爲。」

《道德經》中第二章說道：「聖人，處無爲之事，行不言之教，萬物作焉而不爲始。生而不有，爲而不恃，功成而弗居。夫唯弗居，是以不去。」

這裡強調了聖人「所行無爲」的功效，「無爲」可以順從「自然的法則」，如萬物之生長，適度之下，而不自居，便能長久的「不失所行」之意義。

「道家」認爲，「清靜」是「道的根本」，萬物「清靜」，「則道自來居」。所謂「無爲」，就是應該順從「自然發展」而自化，不加以「人爲」的影響和干預。」

「老子」的「無爲」學說，當代的「哲學家」和「政治家」們，大多把「無爲」當作一個「消極的思想」來理解，其實這是錯誤的。

從《道德經》全篇的「哲學理念」可以得知，「無爲」其實就是「無主觀臆斷的作爲」，「無人爲之爲」，是一切遵循「客觀規律」的行爲。

所謂的「無爲」，並不是單純的「一點也不做事情」，不是「無所作爲」，不是「無所事事」。而是不做「無效的工作」，不該做的不能做，該做的必須做。是「有爲的無爲」，該爲時則爲，不該爲時切莫爲，否則就是違背了「道」。

所以說，「無爲」並非「無所作爲」，什麼事情都不做；而是應該按「道」行事，處世立命，必須摒棄「妄自作爲」，遠禍慎行，追求「樸素節儉、清靜寡欲」的境界。

（五）感應

這裡的「感應」，是指「人以精誠感動神明，神明自然會回應人」。「感應」兩個字，源自「宋代」的《太上感應篇》。

《太上感應篇》爲「道教經典」，內容主要是勸人遵守「道德規範」，時時刻刻「止惡修善」和「自利利他」。本書特別強調「行善積德福庇子孫，作惡受罰殃及子孫」。「積善之家，必有餘慶」；「積不善之家，必有餘殃」。

《太上感應篇》是「太上老君（老子）」「勸人作善」之書。「由此動彼」謂之「感」，「由彼答此」謂之「應」，「善惡」感動天地，必有「報應」。

《太上感應篇》被譽爲「古今第一善書」，上至朝廷，下至民間，刊印傳播者衆多，到「明清」時期達到高峰。《太上感應篇》旨在「勸善」，樹立了人在世上的正確形象，托稱「太上老君（老子）」所授，簡稱《感應篇》，作者不詳，最早可知的記錄來自於「南宋」。

《太上感應篇》文句多取自東晉葛洪《抱朴子》「對俗」及「微旨」兩篇，分「總論、善行、惡行」和「結論」四部分，共列舉二十二項「善行」，一百五十五項「惡行」。

《太上感應篇》在傳統社會幾乎無人不曉，在「清代」與《文昌帝君陰騭文》及《關聖帝君覺世眞經》合稱「三聖經」。

（六）「三華五氣」之「三華聚頂」

「三華五氣」是指「三華聚頂」和「五氣朝元」。

「三華聚頂」又稱爲「三花聚頂、三陽聚頂」，是「道教」修行的「內功心法」，也是一個「內丹修習」的術語。

「三華聚頂」卽「神、氣、精」合而爲一，上聚於「玄關一竅」。「三華」是指「玉華、金華、九華」的合稱，實爲「精、氣、神」之代稱。

「華」是「花」的本字，所以「三花」就是「三華」，表示人體「精、氣、神」之榮華。所謂「聚頂」，就是「精、氣、神」融合爲一，而聚集於「玄關一竅」。

「三花聚頂」是一種「內丹功」的上乘狀態，這種狀態的出現，必須經過循序漸進的「煉養過程」。

在「道教」的經典中，對「三花聚頂」的詮釋如下：

(1)《西山群仙會眞記》：「『三花』者，『三陽』也。『腎氣』乃『陰中之陽』；『眞氣』則『眞陽中之陽』也；『心液之氣』，乃『陽中之陽』。」

(2)《鍾呂傳道集》：「陰中之陽，陽中之陽，陰陽中之陽，『三陽』上朝『內院』，『心神』以返『天宮』，是皆『元者』也。」又說：「『金液』練形，則『骨體』金色而體出『金光』，『金花』片片而空中自現，乃『五氣朝元』，『三陽聚頂』，欲超『凡體』之時，而『金丹』大就之日。」

(3)《攝生纂錄．金丹問答》：「『三花聚頂』，『神、氣、精』混而爲一也。『玄關一竅』，乃『神氣精』之聚也。」

(4)《潛確類書》：「以精化氣、以氣化神、以神化虛，名『三華聚頂』。」

(5)蕭廷芝《金丹大成集》說：「問『三花聚頂』。答曰：『神氣精』混而爲一也。『玄關一竅』，乃『神氣精』之穴也。」

「三花」的內在意義是「三陽」，所謂「三陽」也就是「陰中之陽」，「陽中之陽」，「陰陽中之陽」。「三陽」之說來自「五行」與「天乾」的轉換。

在「五行」當中，以「水」代表「北方」，於「天干」爲「壬癸」，在「人體」則與「腎臟」相對應；以「火」代表「南方」，於「天干」爲「丙丁」，在「人體」則與「心臟」相對應；以「金」代表「西方」，於「天干」爲「庚辛」，在「人體」則與「肺臟」相對應。

「腎」主「精」，「心」主「神」，「肺」主「氣」。

「水」在「北方」爲「陰方」，所對應的「天干」的「壬癸」，一陰一陽，「壬爲陽」，「癸爲陰」，所謂「陰中之陽」指的就是代表北方「天干」的「壬」。

「火」在「南方」爲「陽方」，所對應的「天干」的「丙丁」，也是一陰一陽，「丙爲陽」，而「丁爲陰」，所謂「陽中之陽」指的是代表南方「天干」的「丙」。

「金」在「西方」爲「陰方」，所對應的「肺臟」吐故納新，交接內外表裡，故有「陰陽轉換之性」，所謂「陰陽中之陽」指的是代表「西方」和「肺臟」的「天干」的「庚」。

「內丹學」所謂的「煉精化氣」，就是去「腎水」中的「癸」，而升「壬」；「煉氣化神」，就是去「肺金」中的「辛」，而升「庚」；「煉神還虛」，也就是去「心火」中的「丁」，而升「丙」。其「壬、庚、丙」，象徵「精、氣、神」中的「三陽」，經過「進火」而昇華，最後聚於「泥丸宮」，這就叫做「三花聚頂」。

「頂」者，「鼎」也。革故鼎新，脫胎換骨，則成「聖明境界」，到了這樣的境界，則骨體榮華煥發，光芒四射。此時，「精、氣、神」已從「分」的狀態，而回歸於「合」的狀態，恍若「金花」片片自現於空中，這是「內功」的美好結果，所以，「花」也就是「華」。

「道教」以修至「三花聚頂、五氣朝元」爲最高境界，成爲「金仙」。「金仙」爲仙道極品，卽是「無極金仙」，他不生不滅、永不輪迴。

（七）「三華五氣」之「五氣朝元」

「三華五氣」是指「三華聚頂」和「五氣朝元」。

「五氣朝元」的說法不一：

(1)一個指「五臟眞氣」聚於「上丹田（玄關竅）」，指的是通過修行打通「任督二脈」，身體的「五氣」歸集到「腦海」，從而去人間煩惱達成無憂無慮的「神仙」境地；

(2)另一個指聚於「下丹田（黃庭，臍內空處）」，謂煉「內丹者」，「不視、不聽、不言、不聞、不動」，而「五臟之精氣」生剋制化，朝歸于「黃庭（臍內空處）」。

「五氣」指的是「心、肝、腎、肺、脾」這「五臟之氣」。凡俗之人，「五臟之氣」散居

「五行」所屬之位，未能形成統一的「聚合能量」。

在「道教」中，「五色」就是「五行」的代表，也是「五臟」的符號象徵。「五氣朝元」簡述如下：

⑴心藏神：後天爲「識神」，先天爲「禮」，空於「哀」，則「神定」，「南方赤帝之火氣」朝元。

⑵肝藏魂：後天爲「遊魂」，先天爲「仁」，空於「喜」，則「魂定」，「東方青帝之木氣」朝元。

⑶脾藏意：後天爲「妄意」，先天爲「信」，空於「欲」，則「意定」，「中央黃帝之土氣」朝元。

⑷肺藏魄：後天爲「鬼魄」，先天爲「義」，空於「怒」，則「魄定」，「西方白帝之金氣」朝元。

⑸腎藏精：後天爲「濁精」，先天爲「智」，空於「樂」，則「精定」，「北方墨帝之水氣」朝元。

第一個使用「五氣朝元」這個概念的是《鍾呂傳道集》，該書有〈論朝元〉一節，提出了「五臟之氣」隨著「陰陽」的轉換，而有不同「朝元方式」的觀點。

當「一陽始生」的時候，「五臟之氣」乃朝於「中元」，所謂「中元」實際上就是以兩乳之間爲基準，而切入的「中丹田」；

當「一陰始生」的時候，「五臟之液」朝於「下元」，所謂「下元」就是以肚臍以下一寸三分爲基準的「下丹田」。

「內丹家」以「神光」察照，以「水之壬氣、火之丙氣、金之庚氣」爲帥導，三陽（壬、丙、庚）上朝於「天宮（腦門）」內院，於是「心神」也返於「天宮（腦門）」，「五氣」也就朝於「上元」。

關於「五氣朝元」的問題，「唐末五代」以來，「內丹家」作了許多解釋，從宋代的「張伯端」，到金元時期的「丘處機、蕭廷之」等都有論述。

其中，《性命圭旨》總結了前人的諸多論述，比較有系統地闡述了「五氣朝元」的理論，該書還繪制了「五氣朝元圖」，便於人們明了其要領。

《性命圭旨》從「生命發源的問題」入手，首先指出了「凡俗之人」五常（五行）異地，而「五方」異氣的情形，進而說明了「修行之人」合煉「五氣」，使之「朝元」的可能與方法門徑。

《性命圭旨》說，人的「五臟」本來有「青、赤、黃、白、黑」五帝鎮守，「五帝」則以「天乾、五行、數字」及其「相互關係」，來表現其功能。「青帝」受「甲乙木德」之三氣，「赤帝」受「丙丁火德」之二氣，「白帝」受「庚辛金德」之四氣，「黑帝」受「壬癸水德」之一氣，「黃帝」受「戊己土德」之五氣。

「五氣朝元」乃指「五臟（心、肝、脾、肺、腎）」之五氣（火、木、土、金、水），朝「元精、元氣、元神」，「五臟衛氣」調和自然，「濁氣」排出，「眞氣」歸身不散遊走全身，百病皆除、諸疾不侵，漸漸返老還童，延年益壽。這就是所謂的「借假修眞」，「恢復本性」的自然的方法。

《性命圭旨》云：「蓋『身不動』，則『精固』而『水朝元』；『心不動』，則『氣固』而『火朝元』；『眞性』寂，則『魂藏』而『木朝元』；『妄情』忘，則『魄伏』而『金藏元』；『四大』安和，則『意定』而『土朝元』。此謂『五氣朝元』，皆聚於『頂』也。」

另外，《金丹四百字．序》云：「以『眼不視』而『魂在肝』，『耳不聞』而『精在腎』，『舌不聲』而『神在心』，『鼻不香』而『魄在肺』，『四肢不動』而『意在脾』，故名曰『五氣朝元』。」

總之，「五氣朝元」之要，在於「收攝身心，心不外馳，情不逐物」。

（八）五百大戒

「原始道教」便有所謂「道誡」，最早見於《太平經》。

「道教戒律」的種類很多，「律條」有簡有繁，「制約」有鬆有緊，總之而言，有「上品戒、中品戒、下品戒」之分。

「道教」的「戒律」，並非源自「佛教」，而是源自於中國古代的「齋戒」；但是某些內容及條文形式，或許有所模仿於「佛教」。「道教」有正式的「戒條」，是「魏晉南北朝」的「上清道、靈寶道」及「新天師道」等道派所制作，一般都說是「元始天尊」或「太上老君」所下傳。其內容不外是以維護當時社會的「倫理道德」，特叮是「三綱五常」觀念爲主旨。

在《雲笈七籤》卷卅八《說戒》中，還集錄有《太上洞玄靈寶消魔寶眞安志智慧本願大戒》、《思微定志經十戒》、《化胡經十二戒》、《妙林經廿七戒》、《老君說一百八十戒》、《金書仙志戒》、《上清大洞戒》、《靈寶戒》等。

在明《正統道藏》中則集錄更多：《洞眞部・戒律類》有《太上洞眞智慧上品大誡》、《三洞衆誡文》、《太微靈書紫文仙忌眞記上經》、《虛皇天尊初眞十戒文》、《太上九眞妙戒金籙度命拔罪妙經》、《太上十二上品飛天法輪觀戒妙經》、《太極眞人說二十四門戒經》、《太眞玉帝四極明科經》、《赤松子中戒經》、《太微仙君功過格》、《上清五十八願文》、《玄都律文》。

《洞玄部・戒律類》有《太上洞玄靈寶上品戒經》、《太上玄一眞人說三塗五苦勸戒經》、《太上洞玄靈寶三品誡功德重經》、《太上洞玄靈寶智慧罪根上品大戒經》、《上清衆眞教誡德行經》、《洞玄靈寶天尊說十戒經》、《太上洞玄靈寶宣戒首懺衆罪保護經》、《上清骨髓靈文鬼律》、《太上洞玄靈寶法身制論》、《要修科儀戒律鈔》、《齋戒錄》。

《洞神部・戒律類》有《太上老君戒經》、《老君音誦戒律》、《太上老君經律》、《太上戒經》、《三洞法服科戒文》、《正一法文天師教戒科經》、《女青天律》。

《正一部》中還有《道門十規》、《重陽立教十五論》、《三洞修道儀》等，「戒條」之最多者達一千二百條。

（九）歸根覆命

「歸根覆命」是「返回根本，復歸虛寂的道體」的意思，源自於《道德經》第十六章裡的

「歸根曰靜，靜曰復命。」」，意思是說：當我們「寂靜」到剝離了我們的「感覺器官」，以及第六識「意識」的「分析判斷」功能的所有運作，進入了「空性」當中，就能夠回返事物的根本樣貌，那是我們生命的源頭，當我們回到了那裡，所有的一切事物，都無關是非。

●《道德經》第十六章原文：

致虛極，守靜篤，萬物並作，吾以觀復。夫物芸芸，各歸其根。歸根曰靜，靜曰復命。復命曰常，知常曰明，不知常，妄作，兇。知常容，容乃公，公乃王，王乃天，天乃道，道乃久。沒身不殆。

【白話翻譯】

達到虛空的極致，專心守靜到純一的程度，此時萬物都在生發運作，我從中觀察到萬物的根本與生命的循環。這萬般眾多的事物，都各自回歸到自己的生命根源。回歸到根本就稱爲「靜」，「靜」就是返回生命的本來狀態。

返回到生命的本來狀態，是事物的「恒常規律」，知道「恒常規律」就是「通曉明白」，不知道「恒常規律」，就會肆意妄行，則必定會招致兇險。知道「恒常規律」，就會有「包容一切的心胸」，能夠「包容一切」者，就會「公正無私」，能夠「公正無私」者，才可以當「天下之王」。

這樣的「天下之王」，才能夠「與天合德」，「與天合德」才是「大道」，「大道」才能夠長久永存，直到老死了，它還是穩固存在，不會有危險。

根據「老子」的學說，「歸根復命」就是「復歸於道」，意指「宇宙萬物」的創生化育皆源於「道」，等到「萬物」消毀滅亡，又返回於「道」，有如「落葉歸根」一般。

爲什麼說「歸根」就是「靜」呢？爲什麼「靜」又說是「復命」呢？什麼是「歸根」？有一句成語叫做「落葉歸根」，樹上的葉子，經歷了春天的發芽，夏天的茂盛繁榮，當秋天到了，那葉子開始逐漸的變黃，因爲生命鼎盛之後開始走向衰落。當秋末冬初之時，落葉歸根，樹下堆滿厚厚的落葉。

「歸根曰靜」，「歸根」是「藏」，萬物伏藏，但是「藏」並非「死物」，「落葉」看似是生命的結束，實際上是「化作春泥更護花」。「落葉」腐爛變成了「堆肥」，又成爲「樹根」的「養分」。此時的「落葉」雖然「伏藏」，但是「新的生機」，卻是在「萌動生發」。這就是「復命」，回歸到自己的生命根源。

「葉子」一旦枯萎凋落，無不各自復回到「生命的根本」。「生命的根本」原是「虛寂的道體」，所以「安靜」。「萬物」回復到「虛寂的道體」，趨於「寂靜」，可說是完成了「自然造化」賦予的生命。如此「盈虛消長，循環往復」的歷程，正是恆常不變的「自然法則」，所以說「復命曰常」。

我們觀察「萬物」在「四季更替」的現象，悟出一個道理，叫做「歸根復命」。所以，我們靜坐禪修，一旦到達「致虛極，守靜篤」的境界，也就是達到虛空的極致，專心守靜到純一的程度，我們就可以「復命」，就可以見到「自性」，回歸到自己的「生命根源」，也就是「佛家」所謂的「見性成佛」。

四、「佛家」的修持方法

「王覺一」祖師在《理數合解》的〈三易探原〉和〈一貫探原〉裡說：「『三聖』立教之初，『佛家』以『明心見性、萬法歸一』爲標準；以以『慈悲』爲功夫；以『三皈五戒、六度萬行』爲行持；以『亦復如是』爲究竟。」

又說：「欲回『此天（至靜不動天；無極理天）』。無『佛門』之『四相（我相、人相、衆生相、壽者相）』。無『人相、我相、衆生相、壽者相』，此『佛家』之『煅煉（煅煉水火二炁）法』也。

又說：「『煅煉（煅煉水火二炁）』者」、煉去『私慾』，復還（返回）『天理』之謂也。『遣慾、寡慾』，乃『明心見性』之『正法』也。」

所以，「王覺一」祖師把「佛家」的「明心見性、萬法歸一、慈悲、三皈五戒、六度萬行、亦復如是、無四相（人相、我相、衆生相、壽者相）」等核心修持方法，納入爲「一貫道」信徒的「修行準則」。

下面我們就來逐一研究「佛家」的七個「核心修持方法」：

（一）明心見性

「明心見性」，「明心」是發現自己的「眞心（眞實心；心的本性）」；「見性」是見到自己本來的「眞性（不妄不變之眞實本性；吾人本具之心體）」。

「明心見性」是「禪宗」悟道的境界，這個境界是「言語道斷，心行處滅。」按照字面上的意思解釋：言語的道路，延伸到這裏就斷了，心思的行爲和考量，到此處也滅了。就是說：「自性」是不可思考和議論的，「六根」無法接觸到，必須「放下六根」和「對外境的執著」，才可能體會得到。

「禪宗」認爲，「無上妙諦」，意義深奧微妙，無法用「言語」表達；「究竟的眞理」，不是「言語」所能言說，也不是「心思」所能思念。

「修行」先要「明心」，明白這個「念心」，「心卽是道，心卽是佛」。什麼是「心」？「心」就是「覺性」。「心」者，「空」也；這個「念」靈知靈覺是「空性」，但是這個「空」不是「頑空」，「覺性的空」能生出「妙有」。

「見性」是指「徹見自心之佛性」，要能「見性」才能「成佛」。所謂「見性成佛」，卽無須「分析思慮」，而「透徹覺知」自身具有之「佛性」，卽達「佛之境界」。「明心見性」是「破迷啟悟」的關鍵，也是「轉凡入聖」的樞紐。

《黃檗斷際禪師宛陵錄》云：「卽心是佛。上至『諸佛』，下至『蠢動含靈』皆有『佛性』，同一『心體』。所以『達摩』從『西天』來，唯傳一法。『直指一切衆生本來是佛，不假修行。』但如今識取『自心』，見自『本性』，更莫別求。」

「王覺一」祖師強調說：「『遣（消除）慾、寡（少）慾』，乃『明心見性』之『正法』也。」

（二）萬法歸一

「萬法歸一」，「萬法」是指「一切諸法」，是千差萬別種種不同的現象；「一」是指「本體」或是「全體」，是完整的、統一的局面。

「萬法歸一」這句話，源自於「北宋」禪門「雲門宗」的「雪竇禪師」，所撰的《頌古百則》之中的一則「公案」：

僧問趙州：「萬法歸一，一歸何處？」

州云：「我在青州作一領布衫，重七斤。」

【白話翻譯】

有位「禪僧」問「趙州禪師」說：「萬法歸一，一歸何處？」

「趙州禪師」回答說：「我在青州作一領（件）布衫，重七斤。」

這則「公案」的大意是說：有位「禪僧」前來請教「趙州禪師」「一歸何處」的問題，「趙州禪師」看他心存「知見」，想點撥他脫離「知見」的窠臼，便丟給他一句莫明其妙的話：「我在青州作一領布衫，重七斤。」

「知見」是指依自己之「思慮分別」，而成立之見解。「知見」與「般若智慧」有別，「般若智慧」是「無分別智」，爲離「思慮分別」的「心識」。

有人把此「萬法」所「歸依之處」，解釋爲：卽是被我們假名爲「妙明眞心」之物。說物也不對，因爲「此妙明眞心」無名無相，是我們的「本源自體」，空無一物卻又妙用無窮，也就是指「自性、本性」。

「萬法歸一，一歸何處？一歸本性。」這個答案看起來，似乎很正確。但是，按照「禪宗」的規矩，「公案」是「宜參不宜解」的；換句話說，「公案」只宜朝向消除「虛妄分別心」的方向去參究、體悟，不適合用理性去思考，根本就沒有答案。

因此，若有人問古代的禪師「萬法歸一，一歸何處？」，這位禪師若是「德山」，一定給他三十棒；若是「趙州」，他可能會回答「庭前柏樹子」或「麻三斤」。

「參話頭」與「起疑情」是中國「禪宗」的修行方法之一：

⑴參話頭：

這是「修行者」集中精神對「一個字」或「一句話」不斷的思索窮究，以達到開悟的目的。

⑵起疑情：

這是中國「禪宗」的修行方法之一，當禪法的修行者，專心一致在「話頭」或「公案」上，對外境不起分別作用，這種狀況稱爲「疑情」。

什麼是「話頭」呢？「話」就是說話，「頭」就是說話之前，那一念不生不滅的心，「參禪」就是要找到「本心（自性）」。例如：念「阿彌陀佛」當「話頭」，未念之前是「頭」，一念未生的時候，就叫做「不生不滅」。時時刻刻提起這一念，反照這不生不滅」的地方，叫做「參話頭」，更明白的說，就是「觀心」。

「話頭」的種類很多，例如：「萬法歸一，一歸何處？」、「看父母未生前，如何是本來面目？」、「念佛的是誰？」、「聽法的是誰？」等等。目的在「以一念抵萬念」，這實在是祖師們巧立的法門。

「參話頭」之前，先要「起疑情」，「疑情」是「參話頭」的拐杖。例如問「念佛的是誰？」當然是自己在念，但是反問自己一下，是用口念？還是用心念？因此不明白者便在「誰」上發起「疑情」，要隨時隨地，單單照顧這個「疑情」，像流水般不斷地看去，不生二念。

用「唯識學」來解釋「參話頭」與「起疑情」，目的是以「一念」來停止自己第六識「意識」的分析判斷功能，讓第六識「意識」「當機」，無法傳達分析判斷的結果給第七識「末那識」做決定，第七識「末那識」就會停止作用，「自性」自然顯現。

我們來看「北宋」禪門「臨濟宗」的「印肅禪師」和黃龍「牧庵法忠禪師」的另一段對話「公案」：

一日，印肅禪師問牧庵禪師：「萬法歸一，一歸何處？」

牧庵禪師便豎起拂子示之。

印肅禪師一見，恍然有省。

【白話翻譯】

有一天，「印肅禪師」問「牧庵禪師」說：「萬法歸一，一歸何處？」

「牧庵禪師」便豎起「拂子」教導「印肅禪師」。

「印肅禪師」一見，就恍然大悟，明瞭意思，有所領悟。

當「印肅禪師」問「牧庵禪師」說：「萬法歸一，一歸何處？」時，當下一定專心的想聽到答案。沒想到「牧庵禪師」沒說話，只是豎起「拂子」。這時，「印肅禪師」當下愣住，腦袋可能空白了五秒鐘。

因爲豎起「拂子」這個動作，讓他的第六識「意識」的「分析判斷」功能暫時中斷停止，第七識「末那識」也暫時停止作用，「妄想執著」也暫時消失，「自性光」一閃而逝。「印肅禪師」在那電光石火之間，見到自己的「自性光」，當下恍然大悟，明白「萬法歸一，一歸何處？」的意思。

「禪宗」的「公案」，千篇一律都是爲了一個目的：「截斷你的言語思路」，要把第六識「意識」的功能關閉，目的是要讓第七識「末那識」停止作用，這就是禪宗的「機鋒」。

在《憨山老人夢遊集》卷第六中，有教「參話頭」的用功方法：「先要內脫身心，外遣世界，一切放下，絲毫不存。單提一則公案話頭，如趙州狗子還有佛性也無；或萬法歸一，一歸何處；或審實念佛的是誰，隨舉一則橫在胸中。如金剛王寶劍，將一切思慮妄想，一齊斬斷。如斬亂絲，內不容出，外不容入，把斷要津，築塞咽喉，不容吐氣。如此著力，一眼覷著。

這提話頭的畢竟是個什麼？如此下疑，疑來疑去，疑到心如牆壁一般，再不容起第二念，才有妄想潛流，一覷覷見，便又極力提起話頭，再下疑情，又審又疑，將此疑團扼塞之，心念不起，妄想不行時，正是得力處。如此靠定，一切行住坐臥，動靜閒忙中，咬定牙關，決不放舍。

乃至睡夢中，亦不放舍，唯有一念話頭，是當人命根，如有氣死人相似。如此下毒手撕挨，方是個參禪用工之人。用力極處，不計日月，忽然冷灰豆爆，便是大歡喜的時節。」

可見，「一」無法歸何處，它只是一個「話頭」，用來鎖定「參禪者」的所有「念頭」，在「一念不生」之際，自然窺見「一」的眞實相貌。所謂「一念不生全體現。」在一念不生當中，有一個「自性」了了分明地看著，這個能看的「心體」就是「一」，「萬法」都在這個「心體」

當中。

所以，「二」無法歸何處，「言語道斷，心行處滅」，開口卽錯，動念卽乖，無法言說，但卻可以修證。「萬法歸一，一歸何處」在此並不代表任何意思，它只是提醒你，不要有「分別心」而已。

（三）慈悲

「慈悲」，慈愛衆生並給與快樂，稱爲「慈」；同感其苦，憐憫衆生，並拔除其苦，稱爲「悲」；二者合稱爲「慈悲」。「釋迦牟尼佛」之「悲」乃是以衆生苦爲己苦之同心同感狀態，故稱「同體大悲」。

《大智度論》卷二十九，將「慈、悲」統攝於「四無量心（慈無量、悲無量、喜無量、捨無量）」中，而分別稱爲「慈無量」與「悲無量」。

另據《大智度論》卷四十、《北本大般涅槃經》卷十五等記載，「慈悲」有三種：

(1)生緣慈悲：又作「有情緣慈、衆生緣慈」。卽觀一切衆生猶如「赤子」，而與樂拔苦，此乃「凡夫之慈悲」。然三乘（聲聞、緣覺、菩薩）最初之「慈悲」亦屬此種，故亦稱爲「小悲」。

(2)法緣慈悲：指開悟「諸法」乃「無我之眞理」所起之「慈悲」，是「無學（阿羅漢）」之二乘及「初地以上菩薩」之「慈悲」，又稱爲「中悲」。

(3)無緣慈悲：爲遠離「差別之見解」，無「分別心」而起的「平等絕對」之「慈悲」，此是

「佛」獨具之「大悲」，非「凡夫、二乘」等所能起，故特稱爲「大慈大悲、大慈悲」。

以上三種「慈悲」，並稱爲「三緣慈悲、三種緣慈」，或「三慈」。

（四）三皈五戒

在「王覺一」祖師所撰《三教圓通》的〈呂祖韓仙，師徒問答寓言〉裡說道：師（呂洞賓）曰：「既是『持齋（持守戒律不吃葷腥之食）修行』，嚴守『三皈（皈依佛、法、僧三寶）五戒（不殺生、不偷盜、不淫邪、不妄語、不飲酒）』，豈敢（怎麼敢）妄語（隨便亂說）。」

「三皈」卽「三皈依」，又稱爲「三歸依」。「歸依」一詞，含有「救護、趣向」之義。「三歸依」卽「歸投、依靠三寶」，並請求救護，以永解脫一切苦。卽指「歸依佛、歸依法、歸依僧」，是成爲「佛教徒」所必經之儀式。

「六祖惠能」在《六祖壇經》〈懺悔品第六〉裡，所解釋的「三皈依」，是屬於「禪宗」的「三皈依」。

●《六祖壇經》〈懺悔品第六〉原文：

「善知識！今發『四弘願』了，更與善知識授『無相三歸依戒』。

善知識！歸依『覺』，兩足尊。歸依『正』，離欲尊。歸依『淨』，衆中尊。從今日去，『稱覺爲師』，更不歸依『邪魔外道』，以『自性三寶』常自證明，勸善知識歸依『自性三寶』。佛者，覺也。法者，正也。僧者，淨也。

『自心歸依覺』，邪迷不生，少欲知足，能離財色，名『兩足尊』。

『自心歸依正』，念念『無邪見』，以『無邪見』故，卽無人我貢高，貪愛執著，名『離欲尊』。

『自心歸依淨』，一切『塵勞愛欲境界』，『自性』皆不染著，名『衆中尊』。

若修此行，是『自歸依』。『凡夫』不會，從日至夜受『三歸戒』。若言『歸依佛』，佛在何處？若不見佛，憑何所歸，言卻成妄。

善知識！各自觀察，莫錯用心。經文分明言『自歸依佛』，不言『歸依他佛』。自佛不歸，無所依處。今旣自悟，各須歸依『自心三寶』，『內調心性，外敬他人』，是『自歸依』也。」

「五戒」，是指五種「制戒」。爲「在家男」女所受持之五種「制戒」，卽：不殺生、不偷盜、不邪婬、不妄語、不飲酒，又稱作「優婆塞五戒、優婆塞戒」。

「五戒」之中，「前四戒」屬於「性戒（不論當初佛陀是否制戒，原本卽須持守之戒。）」，於「有情之境」發得；「後一戒」屬於「遮戒（遮，制止之意。指對輕罪之禁戒，是佛陀因事、因地所制之戒。）」，於「非情之境」發得。又「前三戒」防身，「第四戒」防口，「第五戒」通防「身、口」，護「前四戒」。

（五）六度萬行

「六度」也稱爲「六波羅蜜」，是指六種「修成功德」的方法；「萬行」是指對「六度」的實踐，「六度萬行」是修行「成佛」的必要途徑。

「六波羅蜜」全稱「六波羅蜜多」，翻譯作「六度、六度無極、六到彼岸」。「波羅蜜」翻譯爲「度」，爲「到彼岸」之意。卽爲「達成理想、完成」之意。

「六度」是「大乘佛教」中，「菩薩」欲成「佛道」，所實踐的六種德目。卽：

⑴布施波羅蜜：又稱作「施波羅蜜、檀那波羅蜜、布施度無極」。「有財施、法施（教以佛法）、無畏施（除去衆生恐怖，使其安心）」三種，能對治「慳貪」，消除貧窮。

⑵持戒波羅蜜：又稱作「戒波羅蜜、尸羅波羅蜜、戒度無極」。持守「戒律」，並常自省，能對治「邪淫」，使身心清涼。

⑶忍辱波羅蜜：又稱作「忍波羅蜜、羼提波羅蜜、忍辱度無極」。忍耐迫害，能對治「瞋恚」，使心安住。

⑷精進波羅蜜：又稱作「進波羅蜜、毘梨耶波羅蜜、精進度無極」。實踐其他「五德」目時，上進不懈，不屈不撓，能對治「懈怠」，生長善法。

⑸禪定波羅蜜：又稱作「禪波羅蜜、禪那波羅蜜、禪度無極」。修習「禪定」，能對治「散亂」，使心安定。

⑹智慧波羅蜜：又稱作「慧波羅蜜、般若波羅蜜、明度無極」。能對治「愚癡」，開眞實之智慧，卽可把握生命之眞諦。

又「法相宗」將「六波羅蜜」之「智慧波羅蜜」分爲「方便善巧、願、力、智」等四波羅蜜，合爲「十波羅蜜」，作爲「菩薩」之勝行，以搭配「菩薩十地」，說明修行「次第」。

凡人的毛病是貪心、吝嗇、自私自利、淫亂、心邪不正、沉迷於酒色財氣、脾氣大、怠惰懶散、不積極、萎靡不振、因循苟且、渙散、紊亂，痴心妄想、痴迷不悟等，這些毛病可歸納爲

「慳貪、邪淫、瞋恚、懈怠、散亂」和「愚痴」等六種。

「六度萬行」的作用就是：「布施」度「慳貪」，「持戒」度「邪淫」，「忍辱」度「瞋恚」，「精進」度「懈怠」，「禪定」度「散亂」，「智慧」度「愚痴」。

（六）亦復如是

「王覺一」祖師說：「『三聖』立教之初，『佛家』以『亦復如是』爲究竟（最高境界）。」「亦復如是」，「復」是「又、再、也是這樣」，意思是「也像是這樣」。若以字面上翻譯，就是：「佛家」以「也像是這樣」爲究竟。

這個解釋看似不通，其實「王覺一」祖師的意思，是在說《般若波羅蜜多心經》裡面的一段經文，是以段經文爲究竟（最高境界）。

● **《般若波羅蜜多心經》原文：**

舍利子。色不異空。空不異色。色卽是空。空卽是色。受想行識。亦復如是。

【白話翻譯】

舍利弗啊！「身體」和一切的物質，都不是眞實的存在，都是「因緣相互依存」的生滅關係。因此「物質」和「空」並無差別，就好像水（物質）和水波（空）的關係，二者既是各別的，也是一體的。所以說物質（色蘊）不能離開（異）空，空不能離開（異）物質（色蘊），物質（色蘊）就是（卽）空，空就是（卽）這個（是）物質（色蘊），感受（受蘊），思想（想蘊），意志（行蘊），意識（識蘊），這四個蘊也是同樣的道理。

經文中的「色不異空，空不異色。」意思是：身體和一切的物質，都不是眞實的存在，都是因緣相互依存的生滅關係。因此物質和空並無差別，就好像水和水波的關係，二者既是各別的，也是一體的。所以說物質（色蘊）不能離開（異）空，空不能離開（異）物質（色蘊）。

這裡的「色」，就是「五蘊」中的「色蘊」，屬於「生理的、物質的」現象。其餘「受蘊、想蘊、行蘊、識蘊」四種，是屬於「心理的、精神的」活動，它們與「空」的關係，和「色蘊」完全一樣。也就是以此類推寫成：「受不異空，空不異受」；「想不異空，空不異想」；「行不異空，空不異行」；「識不異空，空不異識」。

「王覺一」祖師說，「佛家」以「亦復如是」爲究竟，是在說：「五蘊」不異空，空不異「五蘊」，這個道理是「佛家」的究竟（最高境界）。

「亦復如是」是解釋完「色蘊」，接著講另外四種屬於心理上的精神活動，即「受蘊、想蘊、行蘊、識蘊」這四種蘊。這「四蘊」也和「色蘊」一樣，都是「因緣」而起的「生滅變化現象」，都沒有獨立存在的自性，所以都是「空的（非實在的）」。

「受蘊、想蘊、行蘊、識蘊」四蘊屬於心理層面，是觸境所起的幻妄之心，相當於心理學上所說的「感情（受）、觀念（想）、意志（行）和認識（識）」。

在這裡要注意「空」是表示「無實體」的意思，它有一個「否定的」對象，表示「五蘊」的「自性」是不存在的狀態，而不是什麼都沒有的意思，這個「否定的意思」是很重要的。

總結來說，經文的「色不異空……，亦復如是。」也可以合併寫成「五蘊不異空，空不異五蘊；五蘊卽是空，空卽是五蘊」，亦卽「五蘊不離空，空不離五蘊；五蘊就是這個空，空就是這個五蘊」。

也就是說，我們的生命就是「空」，「空」就是我們的生命。「五蘊皆空」是因爲沒有「我」，「我」不在裡面，可是並非「無我」就什麼都沒有了，而是指心裡沒有「執著心」的「我執」，這個道理是「佛家」的究竟（最高境界）。

（七）四相

「王覺一」祖師說：「欲回『此天（至靜不動天；無極理天）』。無『佛門』之『四相（我相、人相、眾生相、壽者相）』。無『人相、我相、眾生相、壽者相』，此『佛家』之『煅煉（煅煉水火二炁）法』也。」

「四相」出自於《金剛經》，原文：須菩提！若『菩薩』有『我相、人相、眾生相、壽者相』，則非『菩薩』。所以者何？須菩提！實無有法，發『阿耨多羅三藐三菩提心』者。

「四相」的意思如下：

(1)我相：凡是以「我」爲立場，爲出發點，所看見、想到和感覺到的各種形形色色的事物，都是「我相」，如自己的姓名、金錢、名譽等都是。而「我相」是一切「煩惱」生起的根本。

(2)人相：我們的「生命體」以「人的形式」出現，稱爲「人相」，如人有黑白、國別、種族等不同。而站在別人的立場去感受和想事情，就是「人相」。

(3)眾生相：「生命」是由「五蘊」假合，依此「因緣」成「生命體」，故稱爲「眾生」。

「眾生」有各種形式，如胎生、濕生等；天道、人道等；男、女；富貴、貧窮等，這些都是「眾生相」。

(4)壽者相：「有情眾生」隨著「業力」所招感，從「生」到「死」之間的壽命，長短不一，因人而異，此即是「壽者相」，也即是時間的種種「因果變化相」。

此「四相」囚禁我們的心，使得我們無法如實知見「實相」，而證得「般若空性」。若能破除「四相」，去除身心的執著，便能得解脫。

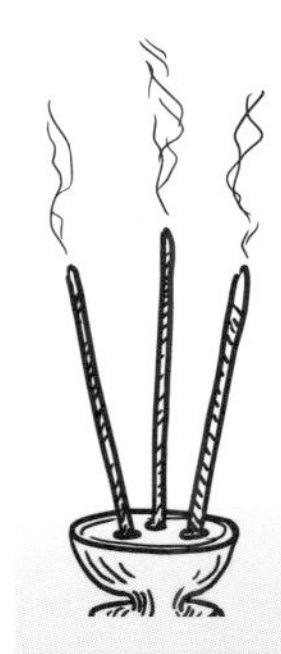

第六單元 「一貫道」的派別

我在和朋友聊起「各大宗教」的時候，發現一件很有趣的事情，許多人會問我一個問題：「爲什麼『一貫道』會分成那麼多組線？」。

我聽完之後，不禁啞然失笑，因爲這很正常啊！所謂「樹大分枝」，任何一個「大宗教團體」，沒有一個不分支派的。可是，居然許多人會提出「爲什麼『一貫道』會分成那麼多組線？」的問題，而不會去思考「儒教、佛教、道教、基督教、伊斯蘭教」也有派別的問題。

這個單元就來探討「各大宗教」的派別問題，首先來探討最多人提問的問題：「爲什麼『一貫道』會分成那麼多組線？」。

話說公元一六四四年，「黃德輝」於「江西」創立「先天道」，以「達摩祖師」爲初祖，視「禪宗」諸大德爲祖，而「黃德輝」本人自稱爲「九祖」，爲「一貫道」的傳承奠立基礎。

「先天道」傳承到十五祖「王覺一」時，教派分裂，公元一八七七年，十五祖「王覺一」創立「東震堂」，倡導「三極一貫」之理，圓熟「一貫道」義理。

公元一八八六年，十六祖「劉清虛」取《論語》〈里仁第四〉中的「吾道一以貫之」之義，而將「東震堂」改爲「一貫道」。之後，經十七祖「路中一」和十八祖「張天然」的傳承。

公元一九四七年，十八祖「張天然」去世，「一貫道」分裂爲三個支派。一派以元配「劉率眞」和兒子「張英譽」爲首，稱爲「明線」、「師兄派」或「正義輔導會」，傳到「台灣」之後改稱爲「天道」。

一派以師母（道內夫人，有名無實。）「孫素眞」爲首，稱爲「暗線」或「師母派」，這兩派在「共產黨」執政之後，先後傳入「台灣」。而又以「師母派」的道務發展最快，當今台灣「一貫道」的各組線，絕大多數是「師母派」發展而來，總計有十八個組線。

另外，「山西一貫道」的領導人「薛洪」自成一派，已經消失不存在。而在台灣又有新生的「彌勒大道派」產生，這是自「師母派」的「點傳師」分裂而出的團體。

我來做個總整理：

⑴一貫道總會：師母派，承認師母「孫素眞」。

⑵天道（非一貫道總會）：師母派，承認師母「孫素眞」，但是不加入「一貫道總會」。又爲了對外區別與「一貫道總會」不同，所以自稱爲「天道」。卻很容易被誤會爲「師兄派」成立的「天道總會」。

⑶天道總會：師兄派，不承認師母「孫素眞」。

要注意的是，這個「天道」和後來由「師兄派」成立的「天道總會」，是不同的派別。「師兄派」成立的「天道總會」，是不承認師母「孫素眞」的，只承認師尊「張天然」。而自稱「天道」的「興毅組」是承認師尊「張天然」和師母「孫素眞」的。

下面詳述「師兄派」、「師母派」、「彌勒大道派」以及其他一些衍生出來的支派細節。

一、一貫道總會

「一貫道」於公元一九四六年，開始由「上海、天津」等地分別傳入「台灣」。「師母派」的寧波「寶光壇」、上海「基礎壇」，已經分別派人渡海進入「台灣」開荒傳道，在「台北」先後建立「佛壇」。

公元一九四七年，師尊「張天然」歸空後，天津「文化壇、同興壇」、上海「金光壇」、哈爾濱「興毅壇」、寧波「明光壇」、安東「教化壇」、天津「浩然壇、天祥壇」等，很多支派紛紛傳入「台灣」，在「台灣」南北各處開荒傳道，可謂遍地開花。

公元一九四九年，師母「孫素眞」移居「香港」。

公元一九四九年，「中國國民黨」的「蔣介石政權」敗據「台灣」，很長時間惶惶不可終日，看到「一貫道」的「聚會活動」頗爲詭祕，以爲是大陸「共產黨」派來的間諜組織。公元一九五〇年，「台灣省保安司令部」查報「一貫道」活動。

公元一九五二年，由「內政部」依據《查禁民間不良習俗辦法》取締「一貫道」，罪名包括「敗壞風俗、妨害治安、干預政治、爲匪利用」等。但是，禁而不止，「一貫道」始終沒有中斷活動，道徒到六〇年代初，已經達到五萬人，而且向社會各階層擴展。

公元一九五三年，「內政部」更頒布禁令，對拒絕配合「國民黨」威權領政的「一貫道」團體，長期採取限制措施甚，而且以「媒體」抹黑打壓。「國民黨」主導的「中國佛教會」等部分「宗教團體」，更長期以「附佛外道」或「邪教」視之，百般排擠，甚至還有「集體裸體膜拜傳教」的不實指控，導致「一貫道」信衆聚會，必須轉爲「祕密結社」形式。

又因爲「一貫道」提倡「蛋奶素」，所以被民間稱爲「鴨蛋教」，許多謠言造成「一貫道」的不白之冤。但是，「一貫道」仍然在「台灣民衆」中，獲得了大批信衆，發展成「台灣」最大的道門。

公元一九五四年，師母「孫素眞」通過中華民國總統府參軍長「劉士毅」的關係，自「香港」前往「台灣」，定居於「台中市」。

此後「一貫道」開始在「台灣」普傳盛行，「一貫道」道場創辦大量學校、醫院、圖書館，積極從事公益事業，救濟貧民。由於短短十數年之間，「一貫道」信仰人口急速攀升，而於「國民政府」遷台的早期，尙在「戒嚴時期」，過多的群衆運動，對於「國民政府」來說是種壓力，所以「一貫道」的任何活動，都被「國民政府」監控。

公元一九六三年和一九七一年，「台灣警備總司令部」又兩次出面重申「取締命令」，報刊推波助瀾，不斷報導查獲「一貫道」組織的消息，實際上信徒卻越打越多。

公元一九七五年，師母「孫素眞」病逝於「台北」。

到了八〇年代初，「一貫道」信徒已經達到了五十萬人以上，連「國民黨」內負責宗教工作的「中央社會工作會」的前主任「蕭天贊」、主管宗教事務的「內政部」部長「吳伯雄」的夫人，以及一些「立法委員」和「社會名流」，都成了「道親」。當局的禁令，實際上已成爲一紙空文。

台灣學者「宋光宇」對此現象解釋說：「其中的原因只有一項，就是『選舉』使『國民黨』

改變了對『一貫道』的態度……。爲了求得『選舉勝利』，『國民黨』不得不放下身段，盡量結合可以運用的任何社會力量。『一貫道』可以破繭而出，與這個局勢有莫大的關系。」

但是，主要由於來自「情治單位」的阻力，「國民黨」當局仍然遲遲未能通過「一貫道」的登記申請。直到公元一九八六年，「民進黨」成立，「民進黨」去拉攏「一貫道」，「國民黨」才不得不解禁「一貫道」。

公元一九八七年，有四十名「國民黨籍」的「立法委員」聯合提出議案，呼吁迅核准「一貫道」的立案合法傳布，以保證「一貫道」成爲擁戴政府的資源。

「蔣經國政權」在「解除戒嚴」的民主化壓力，以及亟欲爭取「一貫道」龐大組織的支持下，於同年二月二十一日，宣布解除對「一貫道」的禁令。從此，「一貫道」改變非法的地位，被「政府」承認爲合法的「宗教信仰團體」。

在這段期間，「一貫道」的各「組線」接受「吳伯雄」等「國民黨組工會」的條件，在選舉中有系統的支持「蕭天讚、林鈺祥」等「國民黨立委」，旋卽被允許以「中華民國一貫道總會」爲名，登記爲「合法宗教團體」。

公元一九八八年三月五日，「一貫道」各組線聯合成立「中華民國一貫道總會」，在台北新店「大香山慈音巖」舉行成立大會，大會中「基礎組」老前人「張培成」當選爲第一屆理事長。

但是，來自中國東北的「何宗好」前人所領導的「一貫道」在台灣最的大系統「興毅組」，則在其主張「信仰應該自由，不應該以信徒的政治認同爲交換」，另一說是其主張「天道是暗傳，不應該成立總會組織」，而拒絕加入「一貫道總會」。

「興毅組」後來在「何宗好」前人去世後，僅有只有四條支線，以「興毅南興」的名義參加「一貫道總會」。其餘沒有加入「一貫道總會」的大多數單位，則各自爲政，有的支線對「一貫道總會」採取相當排斥的態度，爲了和「一貫道總會」有所區別，所以傳道時，自稱是「天道」，不是「一貫道」。

要注意的是，這個「天道」和後來由「師兄派」成立的「天道總會」，是不同的派別。「師兄派」成立的「天道總會」，是不承認師母「孫素眞」的，只承認師尊「張天然」。而自稱「天道」的「興毅組」是承認師尊「張天然」和師母「孫素眞」的。

「一貫道總會」成立之後，各組線依其發展規模，可分爲大中小三類。根據公元一九九四年底的統計，在「一貫道總會」系統下的「大型廟宇」，達到八十五個，信徒九十一萬八千多人，至目前的估計，信徒已經超過兩百萬人。

當時，大型的組線有以「張培成」前人爲首的「基礎先天」、「施慶星」前人爲首的「寶光建德」、「黃世妍」前人爲首的「寶光崇正」、「陳鴻珍」前人爲首的「發一崇德」、「張玉台」前人爲首的「發一天元」、「楊佛兒」前人爲首的「興毅南興」，以及「盧燕清」前人爲首的「文化組」等，都有「家庭佛堂」千堂以上，「信徒」數萬至數十萬人。

公元一九九六年四月，「一貫道總會」理事會改選，連任兩屆理事長的「張培成」按照章程的規定卸任，由台灣籍「施慶星」接任理事長；總會增設「行政指導委員會」，由「基礎先天」的「張培成」前人、「發一崇德」的「陳鴻珍」前人和「安東組」的「高金澄」前人等，三位由「大陸」來「台灣」的「元老」，分任「主任委員」和「副主任委員」，「施慶星」等前人任

「委員」。

當今「一貫道」在海外傳播與發展，主要是透過「台灣的道場」，在公元一九四九年，即開始海外傳播。特別是七〇年代以後，隨著「台灣」經濟飛速發展，台灣「一貫道」各組線更有經濟實力向外傳播，進一步擴大了「一貫道」在海外的影響。在台灣「一貫道」各組線的推動之下，先後在多個國家成立總會。根據不完全統計，「一貫道」現已經在全世界八十多個國家和地區傳播。

公元一九九六年十月，在主導下，成立了「一貫道世界總會」，會址設於「基礎先天」在美國「洛杉磯」的「全眞道院」，由「張培成」前人出任「理事長」。「一貫道世界總會」的成立，意味著台灣「一貫道」在國際上的活動，將進一步有所加強。

台灣的「一貫道總會」，是由「師母派」所組成，「師母派」依傳入「台灣」的「領導前人」的不同，在「台灣」分成「十八個組線」，而其設立的「佛堂堂號」，爲以後各組線之組別稱號。

又因爲同屬於一個組線的一些「前人」，在同一時期，各自在不同的地方「開荒」，創建起作爲自己最初傳道基地的「佛堂」，往往使得同一組線下面，再分出幾條「支線」、十幾條「支線」，甚至更多條「支線」，每條「支線」都各有自己的「領導前人」，各自開展自己的道務。

「組」的名稱在這個時候，已經只是標示其淵源的符號，各「支線」的實際名號則以「組名+領導前人名」或「組名+主要佛堂名」所構成。後來，部分大型支線還進一步按「地域」，劃分相當於「教區」的「次級單位」，由指定的「前人」或「點傳師」負責。

下面就來簡介「一貫道總會」，「十八個組線」的源由：

（一）基礎組

源於中國「上海基礎壇」，於公元一九四六年及一九四七年傳入「台灣」。公元一九三〇年，師尊「張天然」和師母「孫素貞」同領「天命」，爲第十八代祖師。師尊「張天然」先設立「天津道德壇」，由「孫錫堃」道長主持，公元一九三九年，大道傳入「上海」，成立「上海基礎總壇」，由「張葆經、馮悅謙」兩位前人主持，之後即是台灣的「基礎忠恕」道場。「張培成」前人奉李老前人指示，於公元一九四七年渡海來「台灣」，與「袁翥鴻」前人，在台北市南昌街設立「天豐堂」推展道務。

「基礎組」現在分爲三大支派：

(1)旗下支線：忠恕道場
支線領導人：「張培成」前人
傳道中心：桃園市「忠恕道院」、台北市「先天道院」

(2)旗下支線：天基道場
支線領導人：「黃自然」前人
傳道中心：花蓮「天基聖堂」

(3)旗下支線：天賜道場
支線領導人：「蔡進木」前人

傳道中心：竹南「天相堂」

（二）文化組

源於中國「天津文化壇」，公元一九四六年後，陸續由「孫路一、朱傑南、陸安平、李文錦、賈慶仁、趙輔庭」等前人傳入「台灣」，總壇在「台北市」。

「文化組」現在分爲十大支派：

⑴李文錦派：以台北市「普化堂」和龍井「文化道院」爲道務中心。

⑵王樹金派：以「台中」爲道務中心。

⑶孫路一派：以「嘉義」爲道務中心。

⑷周益森派：以三重「大光堂」爲道務中心。

⑸鄭錫復派：以大溪「文化堂」爲道務中心。

⑹鄭連旺派：以桃園市「瑞化堂」爲道務中心。

⑺林鎮山派：以「桃園」爲道務中心。

⑻劉師送派：以「竹東」爲道務中心。

⑼張烈派：以「卓南」爲道務中心。

⑽錢同居派：以「高雄鳳山」爲道務中心。

（三）興毅組

源自中國「天津興毅壇」，公元一九四七年，由來自黑龍江省「牡丹江市」的「何宗好」前人率「孫正陽、王春茂、馬仲齡、張常江」等「人才」，由「天津」至「台灣」，在「台南市」設立「純陽壇」，成爲「興毅組」道場。次年，又有「天才」「葛景濤、孔憲周」及「李鳳英、李鳳君姐妹」，先後來「台灣」協辦。

「興毅組」由「台南市」首開「六甲」，繼開「高雄、嘉義、虎尾」等地，並向「中、北部」拓展，數年間拓及全台。至公元一九五五年，道場分成「台北市、台中、彰化、嘉義、台南縣、台南市、高雄縣、高雄市、屏東、台東」等十單位運作。公元一九五九年，又成立「興毅理事會」，由嘉義「孫順治」、台南市「薛福三」出任正、副主席，襄謀「興毅道場」的決策。

目前「興毅組」已經整合爲五大道場：

(1)忠信道場：由「吳靜宇」前人領導，管轄「興一」等十一個單位，也是「興毅組」的總壇。

(2)由「孫順治」前人領導，管轄數個單位。

(3)南興道場：由「王昆德」領導，管轄一個單位。

(4)義和道場：由「陳春來」前人領導，管轄台南縣「義和聖堂」、桃園縣「育賢佛堂」、高雄市「大坪頂佛堂」、花蓮縣「花蓮分壇」。

(5)由「羅調水」前人領導，管轄十三個單位。

（四）寶光組

源自於中國「上海寶光壇」，公元一九四〇年，天津「邢傑三」到「上海」開荒設立「寶光壇」，此爲「寶光組」的原創前賢。等到「寶光壇」的道務開展後，「邢傑三」同三才「孟憲章」前往「漢口」開道，請「天津」方面派人來接辦「寶光壇」。經商量後，推派「潘華齡」來接辦，並以「韓蘭盈」爲副手，是爲今日「寶光道脈」開展之起源。

「寶光組」於公元一九四五年，由「陳文祥、楊倚文、鮑炳森」傳入「台灣」，是最早來「台灣」傳道的組派，其在「宜蘭礁溪」開辦的「天德堂」，是「一貫道」在「台灣」設立的第一所佛堂。「寶光組」開始由「陳文祥」前人領導道務，公元一九五〇年後，分爲「台北、台中、台南、宜蘭」四個單位。

「寶光組」現在分爲九個支派：

⑴崇正道場：由「陳文祥」前人創辦，現由「黃世妍」前人所領導，以台中市太平區「崇正寶宮」爲中心。

⑵元德道場：由「唐和男」前人所領導，公元一九九六年，從「崇正道場」分出，以桃園市龜山區「元德寶宮」爲中心，開展出桃園縣「元德寶宮」、台東縣「高明寶宮」、彰化縣「天恩寶宮」、高雄縣「天華佛堂」、高雄縣「玄光聖堂」。

⑶建德道場：公元一九四六年，由「楊永江」前人來「台灣」創辦，以台中市石岡區「天皇宮」爲中心。後由「呂樹根、邱德耀、施慶星」等前人接續，現在由「林再錦」前人領導。

(4)紹興道場：公元一九四六年，由「林夢麒、周素玲」前人創辦，以台中「德源堂」爲總堂，「周素玲」前人傳給「柯昆玉」前人領導。
(5)嘉義道場：由「侯伯篪」前人領導，總壇設在「嘉義市」。
(6)玉山道場：由「王壽」前人領導，總壇設在「台南市」。
(7)親德道場：公元一九四八年，由「谷椿年」前人所創辦，以台北市古亭的「親德堂」爲中心。後來分爲數支，大多數人員和佛堂已經併入其他道場。
(8)台中道場：公元一九四六年，由「劉長瑞」前人所創辦，總壇設於台中市大里市。
(9)明本道場：公元一九六二年，由「王名貴」前人領導，在南投成立「明本堂」。

（五）發一組

源自於中國「天津道場」，由「韓恩榮」老前人創建。於公元一九四七年至一九四八年間，先後由「劉振魁、劉全祥、郝金瀛、王連玉、張玉臺、李鈺銘、陳鴻珍、韓雨霖」等前人傳入「台灣」，以南投縣埔里「天元佛院」爲總道務中心。「發一組」在「一貫道」的「十八組線」當中，是比較有系統架構的宗教組織，也是「一貫道」知識分子最多的一組。

「發一組」現在分爲十三個支派：

(1)天恩道場：開創人爲「祁玉鏞」，現在以台北市木柵「天恩宮」爲中心。本支線另有「群英道場」，以中和市「崇恩佛堂」爲中心。
(2)崇德道場：開創人爲「陳鴻珍」，現在以斗六「崇修堂」爲據點，先後建立雲林、彰化、台北、台中、苗栗、高雄、台南七大道場和五個學界道場，本支線「學生信」徒最多，在一百多所「大專院校」建有一貫道「學生伙食團」。現在以草屯「光慧佛院」爲道務中心。

⑶靈隱道場：開創人爲「李鈺銘」，現在以三峽「靈隱寺」爲道務中心。

⑷天元道場：開創人爲「張玉台」，現在以台北縣三芝鄉屏山「天元宮」爲道務中心。

⑸長聖道場：是由「林長圳」點傳師負責，其道務中心由「台北南港」轉移「花蓮縣瑞穗」地區辦理。

⑹光耀道場：開創人爲「王連玉」，現在以桃園縣新屋鄉「光耀佛堂」爲道務中心。

⑺奉天道場：開創人爲「徐燕妹」，現在以新竹市「奉天宮」爲道務中心。

⑻德化道場：開創人爲「林廷材」，現在以嘉義中埔「德化壇靈光禪寺」爲道務中心。

⑼同義道場：開創人爲「劉全祥」，現在以台南縣新化鎮「同義宮」爲道務中心。

⑽慈濟道場：開創人爲「張勤」，現在以佳冬「慈濟堂」爲道務中心。

⑾慧音道場：開創人爲「劉明德」，現在以高雄縣岡山「慧音堂」爲道務中心。

⑿慈法道場：開創人爲「張瑞靑、劉全祥」，現在以屏東市「慈法宮」爲道務中心。

⒀晉德道場：開創人爲「郝金瀛」，以竹山「恩德佛堂」爲道務中心。

（六）安東組

源自中國「安東（今丹東）教化壇」，公元一九五〇年，由「高金澄、柳人漢」傳入「台灣」。

「安東組」最早源於公元一九三四年，師尊「張天然」領命後，前往「天津」渡化「孫錫堃」道長，並安設「道德壇」。

公元一九三七年，「道德壇」的「楊灌楚」老前人，委派「陳慧泉、張武城、郭潤海」三位老前人，前往「東北」一帶闡揚一貫眞理，並以「瀋陽」開闡三個組線的道務。

其中，「陳慧泉」老前人於公元一九四四年，奉師尊「張天然」「到鳳凰山下找因緣」之命，而前往「安東省鳳城」一帶闡道，渡化「談紹武」老前人，並安設「教化壇」，領導「灌水」一帶。

「高金澄」老前人及「柳人漢」老前人，於「灌水所」安設之「敦厚壇」；共同發展「遼南」及「遼東」一帶之道務。

公元一九四九年，「大陸」因政權更迭，道務發展受阻，「陳慧泉」老前人及「談紹武」老前人受師命，委派「高金澄」老前人及「柳人漢」老前人向外開闡道務，而於公元一九五〇年，輾轉「韓國、浙江舟山」抵達「台灣」。

公元一九五一年，立基於「新竹」傳揚「一貫道」之性理心法，以「宏宗聖堂道學院」爲總壇道務中心，向海外傳承道脈慧命，已先後開闡出國內五個「分壇道務中心」；海外近二十個國家設有「道務中心」與「佛堂」，傳承一貫慧命。

「高金澄」老前人於公元二〇〇八年五月一日，傳由「謝德祥」前人繼續領導，目前以新竹「宏宗聖道院」爲總壇道務中心，並且在新竹市香山區建立「安東彌勒山宗教園區」。這是「高金澄」老前人在世時的遺願，期望能集結十方大衆的力量，來興建一座「一貫村」，一個能落實大同世界理想的「彌勒家園」。

（七）天眞組

源於中國「天津天眞總壇」，於公元一九四八年，由「張文運」老前人傳入，總壇設於「台北市古亭區」，後來遷到「新北市樹林區」，並且成立「財團法人台北市光明聖德基金會」及「社團法人中華天眞聖德道協會」。

（八）浩然組

源於中國「天津浩然壇」，於公元一九四八年，由「金寶璋、牛從德、陳耀菊、梁華春」等人先後傳入「台灣」。

現在分爲兩個支派：

(1)浩德道場：由「金寶璋、牛從德」所創，以新竹縣橫山鄉「浩然道院」爲道務中心。

(2)育德道場：由「陳耀菊、梁春華」創辦，以桃園市「育德講堂」爲道務中心。

（九）中庸組

源於中國「四川成都」，於公元一九四八年到一九四九年之間，傳入「台灣」。

現在分爲三個支派：

(1)劉應才派：於公元一九四九年傳入「台灣」，在「台北市」設堂，後在海外發展。

(2)甄中和派：於公元一九五〇年，經「香港」到「台灣」，主要在「桃園、屏東」發展。

(3)周紹賢、李慧君派：先在「新竹、台中」發展，後在「美國」接掌「劉應才」屬下的道場。

(十)明光組

源自中國「浙江寧波明光壇」，公元一九四六年後，由「於宗瑤、俞境長」等人傳入「台灣」，現由「柯枝連、沈綺雲」等前人領導，以台北市大安區「展光堂」和台中大里「和光堂」爲中心。

(十一)常州組

源自中國「江蘇常州博德壇」，於公元一九四六年到一九四七年之間，由「匡佩華、徐昌大、顧愛珩」等人傳入「台灣」。總堂設在「台南市」，現在由「顧愛珩」前人領導。

(十二)闡德組

源自中國「雲南昆明道基壇」，於公元一九四八年由「楊其昌」創辦，後在「緬甸」發展，成立「闡德道場」。公元一九八二年，「闡德道場」的歸國華僑「楊世昌」傳入「台灣」，現在台北市通化街有「天德堂」、高雄市左營有「天明堂」以及台東「闡德宮」。

（十三）法聖組

源於中國「南京韓順祥的忠恕壇」，於公元一九四八年由「孫德椿」傳入「台灣」，先在「台北市」設壇，後來成立北部「中一佛堂」和南部「明孝佛堂」。近年於台中成立「興如佛堂」，嘉義成立「廣信佛堂」。

（十四）浦光組

源於「寶光玉山道場」，後改隸「香港汪友德的浦光組」，總堂爲嘉義水上「明德聖堂」，現由「林振隆」前人領導。

（十五）慧光組

源於中國「安徽六合慧光壇」，於公元一九四七年由「張繼勤」傳入「台灣」，在「台北」設堂。

（十六）金光組

源於中國「上海金光壇」，於公元一九五〇年由「莊祥欽、李孚生」傳入「台灣」，總堂設在「台北市」。現在總壇在「新北市永和區」，主要道場在「新北市」。

（十七）天祥組

源於中國「天津天祥壇」，於公元一九五〇年由「李星五、劉懋忠、姜厚成」等人傳入「台灣」，在「台北市」設壇，

目前分為兩個支派：

⑴「王富貴、林繁複」派：以台北「明德佛堂」為中心。

⑵「蔡桔來、許春香」派：以台北「吉雲佛堂」為中心。

（十八）乾一組

源於中國「天津乾一壇」，於公元一九四七年傳入「台灣」，由「聞道弘」於「台北市」成立佛堂。

二、非一貫道總會

在「一貫道總會」的系統之外，還有不少派別、支線分散在「台灣」各地，其中有的尚屬於「正統」的範圍，有的則被視為「旁門」。這些出自「一貫道」教派或者與「一貫道」有關聯的宗教團體，都不被「一貫道總會」所承認，這些教派如下：

（一）興毅組

傳自「哈爾濱」，由長春籍「何宗好」老前人領導的「興毅組」，與「一貫道總會」各組線師出同門，這個組線有三十一條支線，信徒據稱達六十萬，是台灣「一貫道」最大的一個組線。

但是，公元一九八八年，「何宗好」老前人去世之後卻分崩離析，只有四條支線以「興毅南興」的名義參加「一貫道總會」，其餘各自爲政，甚至有的對「一貫道總會」採取相當排斥的態度。

（二）中華聖教

從「基礎組」分裂出去自立門戶的「中華聖教」一派，首領爲大陸籍軍人出身的「馬永常」，自稱爲「第十九代祖師」，總堂設在「高雄旗山」，服飾禮儀與一般不同，而且試圖與「一貫道總會」分庭抗禮，「一貫道總會」也不承認他們的地位。

（三）彌勒大道派

師母「孫素眞」於公元一九七五年逝世後，「師母派」出現分裂，負責師母「孫素眞」對外事務的點傳師「王好德」領受師母「孫素眞」的道盤天命，但是不被其他組線的領導人認同。

公元一九八七年，「王好德」前人於「新竹市」，在臨近「新竹科學園區」的地方創立「財團法人天恩彌勒佛院」。同時在「新竹縣」峨眉鄉湖光村購買土地，計畫建造「天恩彌勒佛院」。公元二〇〇一年，「彌勒大道」成爲立案的一個新興宗教團體，主祀神爲「彌勒佛」，其主殿上方的圓形屋頂有「無極老母」的圖案。

同屬於「師母派」的「王好德」前人及其「天恩彌勒佛院系統」，則不被「一貫道總會」承認爲「正統」單位，這涉及到雙方「天命」的眞假之爭。

「王好德」前人於公元一九九五年，在「周福成」的推薦之下，去照顧師母「孫素眞」，前後共達二十一年，是師母「孫素眞」晚年臥病在床的得力助手，也造成與其他支派間的衝突與對立。

公元一九七五年，師母「孫素眞」辭世之後，「王好德」以「先天大道」之名自行傳道，其發展形態逐漸不同於「一貫道」，並於公元二〇〇〇年，正式登記爲「財團法人彌勒大道總會基金會」，自認爲是新興宗教的一支。

其實，「王好德」前人的「先天大道」，還是屬於「一貫道」的一支，只是在某些「理念」上有不同的發展而已。

「王好德」前人除了自身的「天一組」之外，還整合了「周昺森」的「文化組」與「邱玉祥」的「寶光組」。

「文化組」的「周昺森」於公元一九七五年與「王好德」前人的「先天大道」結合，現在由「張進財」掌理，其下又分成七個單位。

「寶光組」的「寶光天寶」的「邱玉祥」與「王吉助」，於公元一九八五年與「王好德」前人結合。

這三個組線，在全台灣共設有十二個分院：台北市「道心佛堂」、台北縣「大光佛堂」、桃園縣「聖化佛堂」、新竹縣「天浩佛堂」、卓蘭「慧明佛堂」、台中縣「天慈佛堂」、豐原市「天寶佛堂」、彰化「天良佛堂」、南投「天德佛堂」、高雄「慈化佛堂」、屏東「明心佛堂」、花蓮「濟德佛堂」等。

（四）天眞亥子道

由「鸞堂」稱接衍承認「一貫道祖師」的「天眞亥子道」，自稱乃秉「皇天之明命」，荷擔「新天道收圓之重任」，始於公元一九八四年，由創道之始祖：天眞師祖「玄智明師」、天眞師母「玄慧師母」，及創教之教主，天眞總掌「無上執法」，正式獲「內政部」核准籌備，及創立於台灣之「台北市」。

後來，「無上執法」遵奉「天父陛下」旨意，升格爲。到了公元二〇一六年二月十六日，「天父陛下」旨派聖天子「無上聖皇」，正式接任「新天公」。

「亥子道」供奉的主神是「天父－玄天聖祖」，而法船創建者爲「總掌舵」，肉身的靈性是「無上聖皇」，是「天父之大皇兒」倒裝凡塵，俗名「林吉雄」，道號「玄和」，其職責是「輔天佐地」、佐「日月明師」辦理收圓，期間數年著作甚多經典，以供世人知曉什麼是務實現代化宗教。

「亥子道」同時成立「中華民國天眞亥子道總會」、「中華世界和平宗教交流協會」、「財團法人聖皇新天公教育基金會」，「林吉雄」爲創會理事長，信仰者皆尊稱他爲「無上聖皇」，或「聖皇新天公」。

以上這些「新興宗教」，都是自「一貫道」分離而來的衍生宗教，這些衍生宗教，都不被「一貫道總會」所承認。

三、天道總會

所謂「師兄派」，是指不承認師母「孫素貞」領導地位，而只追隨師尊「張天然」嫡長子「張英譽」的組線。他們認爲師尊「張天然」所著之《暫定佛規》中稱「余」領天命，由此推論只有一人領天命。

故「師兄派」使用之「龍天表文」仍然依照「禮節」中寫的「欽加保恩張光璧」；而「師母派」使用之「龍天表文」則寫「欽加頂航孫慧明（卽孫素貞）」。「師兄派」認爲「孫素貞」不是掌「道盤」，而是掌「考盤」，眞正十八代祖師只有師尊「張天然」一人。

「正義輔導委員會」又稱爲「正義組」，是師尊「張天然」歸空之後，不服從師母「孫素貞」領導，而擁立師尊「張天然」的元配「劉率眞」和他的兒子「張英譽」的組線，由「孫錫堃、徐衡甫、董玉泉、李育坤」等人，在「杭州」成立。

公元一九四六年，由「吳信學、鄭德祥、張德福、葉遜眉、鄧明坤」等人傳至「台灣」，但是發展較慢，直到公元一九四九年，才設立「高雄總壇」。又因爲「一貫道」的名稱，已經被「師母派」註冊，所以於公元一九九〇年成立「中華民國天道總會」，並於公元二〇〇六年正式提出申請，並核准爲「天道」這個名稱。

其實，雖然「一貫道」分裂爲兩派，但是一些禮儀規範，供奉神明，甚至社團宗旨，基本上仍然差異不大。

在「台灣」雖然以「師母派」大爲流行，但是「正義輔導會（師兄派）」也有相當的勢力。

目前「天道總會（師兄派）」在「台灣」有六條支線：

(1)張德福派：以高雄市鳳山區「天輔堂」爲道務中心。

(2)謝含隱派：以台北市「天誠堂」爲道務中心。

(3)林玉蘭派：以嘉義「天同總堂」爲道務中心。

(4)鄧明坤派：現由「周詩章」領導，以台中市「天道三佛院」爲道務中心。

(5)陳自強派：以台南市「文武廟」爲總堂。

(6)文以質派：「總壇」設在嘉義縣大林鎮。

「天道總會（師兄派）」在「台灣」各地的道場如下：

(1)高雄天浩總壇：位於高雄市中華三路。公元一九四六年傳入「台灣」，公元一九四九年，首先設立「總壇」，爲「天道」在「台灣」的發祥地。

(2)台中天上公共佛壇：位於台中市台中港路，爲「四季大典」或重要祭典活動，及全省道親集會之處所。

(3)台北天昭公共佛壇：位於台北市景中街，爲「北部地區」及「天道總會」集會活動之處所。

(4)台北天園公共佛壇：位於新北市樹林市福德街，爲「北部地區」活動、集會所在，以及全

國道場教育「天道學院」之院址。

(5)宜蘭天宜公共佛壇：位於宜蘭縣冬山鄉永安路，為「宜蘭地區」集會活動處所。

(6)台南天圓公共佛壇：位於台南市勝利路，為「台南縣市地區」集會活動場所。

(7)台南天興公共佛壇：位於台南縣西港鄉金砂村，為「台南縣市」集會活動之場所。

(8)台東天愷公共佛壇：位於台東市仁五街，為「台東地區」集會活動之場所。

(9)天道學院：位於新北市樹林市。

(10)至善大道院：位於新北市新店區。

四、探討「師尊」和「師母」的關係

前面提過，所謂「師兄派」，是指不承認師母「孫素貞」領導地位，而擁立師尊「張天然」的元配「劉率眞」和他的兒子「張英譽」的組線。

看到這一段的描述，許多人會覺得很奇怪，所謂「師母」不就是「師尊」的妻子嗎？怎麼會有個元配「劉率眞」呢？

因為一般來說，我們習慣稱呼學校「男老師」的「妻子」為「師母」，所以很自然會以為「師母」就是「師尊」的妻子。實際的情況是，師尊「張天然」的元配是「劉率眞」，還有一個兒子「張英譽」。

而師母「孫素貞」是上天的旨意，命令「孫素貞」要做師尊「張天然」「有名無實」的「道中夫妻」，所以「孫素貞」才被稱為「師母」，而不是師尊「張天然」的元配「劉率貞」。

「讀者們」看到這裡，心裡一定會嚇一大跳：「怎麼會有這種事情？」」，我第一次閱讀到這段過程，心裡很震驚。就連當時在場，第一次聽到仙佛臨壇宣布此事的各領袖的後學，也都哄傳說：「自古那有修道修成夫婦之名？」

但是，這就是事實，雖然當時的「信徒」都無法接受此事，師尊「張天然」的元配「劉率貞」和他的兒子「張英譽」，更是反對此事，但是都沒有用，因為這是「天意」。

因此，當師尊「張天然」歸空，對此事心存不滿的一部分「領袖」和「信徒」，不願意承認師母「孫素貞」，於是就擁戴師尊「張天然」的兒子「張英譽」為接班人，從道中分裂出去，另外成立一個只尊奉師尊「張天然」，而不承認師母「孫素貞」的支派，並且自稱為「師兄派」，以便和師母「孫素貞」的「師母派」有所區別，「師兄派」就是現在「天道總會」的淵源。

我實在無法理解，為什麼「上天」會有這種讓世人無法接受的「旨意」？若「上天」屬意要師母「孫素貞」接續領導道務，直接「仙佛臨壇」做出指示就好了，「眾領袖」和「信徒們」一定都會遵守旨意，何必要強迫師尊「張天然」和師母「孫素貞」做道中「有名無實」的夫妻呢？導致後來「一貫道」的分裂。

我們來回顧一下，當年這件「道中夫妻」的事件。

在《師尊師母略傳》裡寫道：民國十四年二月初二日「祖師」歸天後，各位「大領袖」修道多年有八位，「師尊」年歲最小，各「大領袖」依功高德重，請「老祖師」臨壇，問：以後大道如何辦理？

老祖師說：「待等三個月百日後，自有消息對爾聞。」又過了一段日期，有幾位「大領袖」請「老母」臨壇，又問「老母」。

老母一怒之下云：「各有天命。」各「大領袖」遂各自前辦，惟獨「師尊」不敢多事，等到百日後「老母」到壇，有命讓「祖師老妹妹」代理「天命」十二年。

各「領袖」各辦各事，並不交「老姑奶奶（路中一祖師的妹妹）」，惟有「師尊」遵「老母」及「祖師」之命照辦。

至民國十九年各處「仙佛臨壇」云：『天時緊急老母有命普渡三曹，人鬼仙一齊普渡，上天不留一佛子，西天不留一菩薩，都臨凡打幫助道。』因天時緊急，以陰陽合曆計算，十二年改為六年。

民國十九年「師尊」與「師母」同領「天命」，共同擔荷「普渡三曹」之重任，辦理「末後一著」收圓大事。二人領「天命」才能大開佛門，男女平等，皆可得道。

吾們「師尊」「師母」必須有「夫婦之名分」，各處均有「仙佛臨壇」指示，各「領袖」的「後學」一聽，大家哄傳說：『自古那有修道修成夫婦之名！』

吾們「師尊」「師母」真是痛心疾首，無地自容。可是「祖師」作主，「老母」有命，重新另立「道盤」，各找有緣人，各處「大仙借竅」，證明此事，各處「求道者」紛紛不絕。

「師尊」「師母」同領「天命」後，到處開荒下種，歷經艱辛苦勞，飽受雨雪風霜，師母也從不視為畏途。

「師尊」「師母」領命後，「祖師臨壇」指示「師母」到某處某處，到時「師尊也」是奉

「祖師」之命到某處某處，相見之下互相驚異。「各大仙」顯靈或借竅到壇批訓，想「求道者」各處絡繹不絕。

當時其他「各領袖」也有歸天者，也有辦不開者，可是「大家全譭謗」，惟有跟隨吾「師尊」「師母」之「後學」知此底細，並非人心人力所能爲，確實是「天意安排」。

此後也有反回頭拜吾們「師尊」「師母」爲一代祖師的，從此慢慢開展道務，由於「濟寧」一帶受此「大考」，不能立足，遂轉到「濟南」，有幾位「後學」開闡道務日漸鴻展。…………。

「師尊」自民國十九年與「師母」同領「天命」，乃爲「天作之合」，「有夫婦名分而無夫婦之實」，足以證明「白陽三期」要渡回「先天原靈九六皇胎原子」，謂之「道降火宅」，陰陽（乾坤）齊渡，父子夫婦兄弟同修，在家出家，不分士農工商，半聖半凡，性命雙修，不必拋家捨業，人人皆可得道成道，弟子普遍世界，爲亙古未有之奇緣。

「師尊」「師母」二位老人家，爲了救渡三曹「人鬼仙之靈性」，不戀先天極樂聖位，共同領受「老母之天命」，倒裝臨凡降世。

於「娑婆苦海」之中，共駕慈舟，犧牲一切，各處尋找「皇胎原人」，歷經一切滄桑之辛酸，受盡各種魔難。

我在網路上有搜尋到兩則有關這段事件的後續發展。

(1)第一則：師尊師母同領天命、普渡三曹的因緣

民國十九年「老母」有訓：因天時緊急，劫難來臨，「老姑奶奶（路中一祖師的妹妹）」

代理「天命」十二年，以陰陽合曆，改爲六年。「師尊」「師母」二人領普渡三曹，在家出家，並指我們「師尊」與「孫師母」必須有「夫婦之名」，此訓一出大家嘩然！罵我們「師尊」，「十七代弟子」們和在「濟寧」一帶的「道親」也毀謗。

「老祖師」有命：一定要去我們「老師」家中，不去不行。「師母」隨之到我們「老師」家中，「老師」家中的「劉師母」破口大罵，「師母」在「老師」家過了一夜，哭了一夜。

隔天就同「師尊」與各位信眾去「濟南」住下，慢慢發展道務，「濟寧」不能住，「十七代祖師弟子」也毀謗「老師」，可是隨從我們「師尊」「師母」這些人，也是「十七代祖師之弟子」，因知道這一切之事是上天安排，不是大家說毀言謗語，所以返回又拜我們「老師」「師母」。

還有「劉師母」不承認這事，她「兩手倒背身後不能轉動」，有一個月的時間。是「胡道長」勸說：「你承認吧！這是上天主使你受考。」「劉師母」叩頭求「老母」慈悲，我承認，她的手不藥而癒，就可以轉過來了。

看到這裡，我可以體會到師尊「張天然」的元配「劉率眞」的委屈，可是天命難違，這是沒有辦法的事情。

⑵第二則：

民國十四年「路中一祖師」賓天百日後，「衆領袖」請示「道統」由誰接掌，上天「老⊙」答言：「你們各有天命。」語帶玄機，衆人未悟，遂各辦各事；又百日之後，上天「老⊙」命「老姑奶奶（路中祖師的妹妹）」暫代十二年。期間，「師尊」「師母」偕同至「濟南」開荒，開展道務，民國十五年，在東門里租得一處宅院，成立總壇「忠恕壇」。

民國十九年，「師尊」「師母」回「濟寧」「老姑奶奶（路中一祖師的妹妹）」的「觀音壇」，農曆六月十五日，「老☉」降壇，諭示因天時緊急，將陰陽合曆，十二年以六年計算而期滿，在衆道親與主要弟子面前，命「師尊」接掌「天命」。

同年於「單縣東關」的王氏壇「八卦爐」中，臨時找來的一位「放牛小孩」，洗手洗腳後上壇，「彌勒祖師」隨卽降壇指示：「日月合璧，乃天作之合。天眞收圓，共辦末後一著，普傳大道。」

「師尊」「師母」百般不願，「師尊」已有妻室，「師母」則是淸身未瑕，乃跪求上天赦免，然而上天不准，頓時昏天黑地，「旱天雷」從天而降，隆隆價響，繞著「佛堂」震打不去，當場所有弟子都驚嚇不已。

「師尊」「師母」幾經懇求，都是一陣「旱天雷」打將下來，「師尊」「師母」被逼，在「皇☉」有命，「祖師」作主下，不得違背抗命，自此定下「師尊師母有名無實的夫婦名分」，應了「天眞收圓掛聖號」之預示，並爲「師母」於「師尊」賓天後續掌「天命」，做了巧妙的安排。

然而，一開始就對「師尊」接掌「天命」有所不服的「路中一祖師弟子」，更是藉「天作之合」來誣陷、詆毀「師尊」「師母」，逼得「師尊」「師母」無法立足於「濟寧」，遂又到「濟南」。並將「忠恕壇」改名「崇華堂」爲道務總樞紐，「濟南」道務遂漸次弘展，於城內四方設立「中心佛堂」：東爲「敦仁壇」，西爲「金剛壇」，南爲「禮化壇、天一壇」；竟此，「濟南」道務有了一番基礎。

大家一定很好奇，爲什麼會有「道中夫妻」這件事情的發生？「仙佛臨壇」時，並沒有說明。倒是「一貫道」在簡介「月慧菩薩」的來歷時，給了一個答案。

⑴師母：

「師母姓「孫」名「素貞」，字「明善」，號「慧明」，聖號「中華聖母」，與師尊「張天然」同爲一貫道第十八代祖師。光緒二十一年（公元一八九五年）農曆八月廿八日，出生於「山東單縣」西關外。自幼慈心仁善，貞嫻穎悟，但因家境清寒，年幼卽過爲「童養媳」，該君爲生計而從軍，再無消息，「師母」變成未完婚的「望門寡」，對人生無常別有所感。

民國四年（公元一九一五年）求道後，心宏願大，持事敬謹，井條不紊，深受「路中一祖師」與「老姑奶奶（路中一祖師的妹妹）」讚譽，遂領命爲「代表師」，是「路中一祖師」的十三大「領袖」之一。「師母」在道場上，被視爲是「月慧菩薩」的分靈倒裝降世。

⑵月慧菩薩：

「師母」乃「月慧菩薩」降世，卽「佛經」中所說之末法世降世之「月光菩薩」。

「月慧菩薩」也曾經在「宋朝」降世，在當時與「濟公活佛」有「指腹爲婚」的因緣，長大後作詩嘆訴：「寄寓客家，牢守寒窗空寂寞。」，「濟公活佛」到此地對以：「遠避迷途，退還蓮逕返逍遙。」她受「濟公活佛」指點渡化而得成就。

「月慧菩薩」在「宋朝」降世，在當時與「濟公活佛」有「指腹爲婚」的因緣，這一段取自《濟公全傳》的故事情節。

●《濟公全傳》第一五一回

這話不提，單說「王安士」要給「李修緣（濟公活佛）」還俗，然後好娶親。擇了一個好日子，先叫人給「國清寺」的「方丈」送信。

「李修緣」本是當初「國清寺」許的跳牆的和尚，這天「老員外」同「王全」送「李修緣」上「國清寺」去跳牆，「老員外」叫家人備上三匹馬，把「李修緣」原就那身破僧衣帶上，衆家人也都騎馬跟隨，剛一走出「永寧村」門口，「和尚」一施展驗法，他這匹馬就先跑了。

「和尚」來到一座樹林子，翻身下馬，把「文生公子」的衣裳都脫了去，仍舊把自己僧衣穿好，用手一指，把馬拴在樹上，用「影身法」，把馬影起來。

「和尚」剛要往前走，只見那邊來了五六個「窮和尚」，說：「咱們快些走，晚了可就趕不上了。今天『董員外』的『外甥女』，『劉百萬』的女兒『劉素素』，齋僧布道，每人給二百錢，每人給一個饅頭。這位姑娘原本許配『李節度』之子『李修緣』，哪知『李修緣』由十八歲走了，不知去向，姑娘就住在『舅舅』家。

『董員外』要給『姑娘』另找『婆家』，『姑娘』說：『忠臣不侍二主，烈女不嫁二夫，至死不二。』這位『姑娘』大才，咱們『天台縣』的『紳補富戶』，都惦記說這位姑娘，『董員外』也逼著，叫『姑娘』不必等『李修緣』，另給找『婆家』。『姑娘』沒法了，出了一個『對子』，說誰要對上，就把『姑娘』給誰。『姑娘』這是難人，所以咱們『台州府』的『舉監生員』都對不上，碰釘子碰多了。『姑娘』最好行善，咱們去領饅頭錢去。」

「濟公」聽見這片言語，知道這是「未過門的妻子」，「濟公」便趕過去說：「辛苦辛苦，咱們一同走。」

「衆和尚」一看，說：「你也是去領饅頭，上董家莊麼？」

「濟公」說：「可不是嘛！」說著話，眼前不遠，出了這樹林子，就是「董家莊」。

一進村口，路北大門，門口高搭席棚，「衆僧人」來到「門首」一看，有「管家」放錢放饅頭。

「濟公」說：「我們一共七個和尚，給七個饅頭，一吊四百錢，都交給我罷！我再分給他們。」借家就拿了七個饅頭，都有一斤重一個，一吊四百錢，交給「濟公」。

「濟公」拿著說：「饅頭你們自己拿著，錢到那邊慢慢分去。」說著話，一瞧門內擺著一張桌子，上面有筆墨硯，押著一條對於，是十一個字，都有「寶蓋」。寫的是：「寄寓客家，牢守寒窗空寂寞。」

「和尚」就問。「這條對於是干什麼的？」

「管家」說：「這是我們『姑娘』出的，我們『員外』說了，要有『老頭』給對『上下聯』，認一門『乾親』。要有『僧道』給對上，我們『員外』給修廟，要是『文生公子』給對上，只要年歲相當，情願把『姑娘』許配他。這個『對子』把我們本地『念書人』難住多了。」

「濟公」說：「我給你對個『下聯』行不行？」

「管家」說：「你能有這個才學，能配上『下聯』，我們『員外』給你准修一座廟。」

「和尚」拿起筆來就寫，寫完了，「管家」拿進去，叫「婆子」交給「姑娘」。

「姑娘」一看，連聲贊美，眞乃奇文妙文絕文。

本來這條「對子」是不好對，他這「上聯」十一字都用「寶蓋」，再說「姑娘」這條「對子」就說有「終身之事」。父母雙亡，在「舅舅」家住著，就算「寄寓客家」一般，「牢守寒窗空寂寞」，說的是自己孤身一人，獨坐香閨心中寂寞，何時是出頭之日。要得「下聯」，還得意思對。十一字，字也得一個樣。或是全是亂絞絲，或是三點水，或是口字旁，或是單力人，雙力人，或用言字旁，全得言字。

「濟公」對的「下聯」，全是「走之」寫的，是：「遠避迷途，退還蓮遷返逍遙。」

這十一個字的意思是說：這位「劉素素」姑娘自落身以來，就是「腦裡素」，一點葷腥都不吃。他本是一位「蓮花羅漢」一轉，惜投了「女服」。

今天「濟公」來對這對子，是暗渡他「未過門的妻子」。「遠避迷途」，言是人生在世上，如同大夢一場，彷彿在「迷途」之內，「遠避迷途」，卽是要躲開「迷途」之意。「退還蓮徑返逍遙」，是不如「出家」倒逍遙自在。

「姑娘」一看，連聲稱讚說：「快把這個人叫進來，我要見見。」

「家人」說：「是一個『窮和尚』。」

「姑娘」說：「無論是僧是道，我要看。」家人到外面找和尚，蹤跡不見。

「和尚」拿著一用四百錢，施展「驗法」走了。

《濟公全傳》，是「清代」文人「郭小亭」所作的一部長篇神魔小說。主要講述「濟公和尚」遊走天下，遇到種種不平之事，一路懲惡揚善、扶危濟困的故事，其中以「飛來峰、鬥蟋蟀、八魔煉濟顛」等故事較爲著名。

《濟公全傳》是一部長篇神魔小說，所以，把宋朝「劉素素」姑娘與「濟公活佛」的故事，拿來作爲今日師母「孫素貞」和師尊「張天然」的「道中夫妻」一事的「前世未了因緣」，實在是太勉強了。

儘管上天的「聖意」不可測，不過，不管如何，至少我相信師尊「張天然」和師母「孫素貞」，的確是道中「有名無實」的夫妻，否則早就沒有今日蓬勃發展的「一貫道」。

五、各大宗教的派別

我在前面說過，許多人會問我一個問題：「爲什麼『一貫道』會分成那麼多組線？」。我聽完之後，不禁啞然失笑，因爲這很正常啊！所謂「樹大分枝」，任何一個「大宗教團體」，沒有一個不分支派的。可是，居然許多人會提出「爲什麼『一貫道』會分成那麼多組線？」的問題，而不會去思考「儒教、佛教、道教、基督教、伊斯蘭教」也有派別的問題。下面就來探討「各大宗教」的派別問題，包括「儒教、佛教、道教、基督教、伊斯蘭教」。

(一)「儒教」的派別

「儒教」一詞首先出現於《史記》，其《遊俠列傳》道：「魯人皆以儒教，而朱家用俠聞」。

「儒教」的體系在開創之後，表示遵循「堯舜之道」，效法「周文王、周武王」之制。所以，追朔後的起源，會比「孔子」的時代還早。

「儒教」的體制源於「夏、商、周」的「五教」和「祭禮」，「夏禮」已經不可考，「周公」根據「殷禮」製立「禮樂制度」，至「西周」時逐漸瓦解。「孔子」基於「王道復古」的理想，爲復興「禮樂」而創立「儒家」，「西漢」時再次成爲官方信仰，以古代神職「儒」稱謂「儒教」，常與「佛教、道教」並稱「儒釋道」三教。

「儒教」以「昊（ㄏㄠˋ）天上帝」爲「至上神」，以「天子」爲宗教領袖，以「周公、孔子」爲先聖先師，以《易經》中的「神道」設教，「昊天上帝」給人類指派了君和師，讓他們來教化、治理上帝的子民。「儒教」自「漢代」以來，被奉爲「官學」，其後各主要朝代或歷史時期，都是官方指導思想。「五經」成爲國家法典以及中華法系的法理基礎，以《春秋》來判決「獄訟」。

「漢代」末年，「儒教」廣泛傳播，「清代」中後期，出現過「太谷學派」一類半祕密的組織，由中下層「儒生」發起，實行賑災救濟，把「理學思想」改造爲「口訣」，將「儒家儀式」宗教化，以吸引百姓遵行。「清代」「儒家」宗教化形成的「孔教」，也屬於「儒教」的分支，到今日仍在港、澳、新、馬、台及海外華人社會具有重要宗教地位。

「儒家八派」是「東周戰國」時期的「儒家學說」，內部分化出的八個學派。這種說法第一次是在《韓非子．顯學》提到的，「自孔子之死也，有子張之儒，有子思之儒，有顏氏之儒，有孟氏之儒，有漆雕氏之儒，有中梁氏之儒，有孫氏之儒，有樂正氏之儒。」

⑴子張之儒：

「子張」姓「顓孫」，名「師」，字「子」張，「春秋」末期「陳國」陽城（今河南淮陽）人，是「孔子」晚年的弟子，曾經追隨「孔子」週遊列國。「子張」勤學好問，經常與「孔子」討論各種問題，《論語》記其向「孔子」問學達二十次之多。「子張」秉性略有偏激，但爲人博愛容眾。

他終身未仕，「孔子」死後，於「陳國」收徒講學，主張「士見危致命，見得思義，祭思敬，喪思哀」（參見《論語．子張》）。傳下的弟子形成「子張之儒」，爲「戰國」時期「儒家八派」之首。

⑵子思之儒：

「子思」是指「孔子」的孫子「孔伋」，曾受業於「孔子」的弟子「曾參」。按大多數「宋儒」的觀點，「子思之儒」發揮「孔子」的「中庸思想」，把「儒愛」的道德範疇「誠」，這個「精神實體」提高到「世界本原」的地位，對「儒家」心性之學有重大貢獻。但是，近代有不少「學者」懷疑「宋儒」之說。

⑶顏氏之儒：

綜合《論語》、《史記》等文獻資料的記載，在「孔子」的弟子中，「姓顏的」有「顏無繇、顏回、顏幸、顏高、顏祖、顏之仆、顏噲、顏何」等八人。「顏氏之儒」究竟是其中何人之學所傳，今天已難確斷，學術界一般認爲是以「顏回」爲代表的。

「顏回」是「孔子」最得意的弟子之一，《論語》中出現有三十二次，他的思想「論清齋，講坐忘」，有「清淨歸隱」的傾向，類似於「道家」。其學派的最主要特點就是「安貧樂道」，重在下功夫實踐「孔子」的「仁德思想」。此外，在《莊子》一書中，也提到過「顏回之學」的「坐忘、心齋」等修養理論。

⑷孟氏之儒：

「學術界」一般認爲，「孟氏之儒」應是指「孟子」一脈。「孟子」是「戰國」中期「儒家」的代表性人物，主張「人性本善」，及「仁政」、「王道」的政治理想和「民貴君輕」的民本思想。曾受業於「子思」門人，因此「孟氏之儒」與「子思之儒」有著密切關係。

⑸漆雕氏之儒：

綜合《論語》、《史記．仲尼弟子列傳》等文獻資料的記載，在「孔子」弟子中，姓「漆雕」的有「漆雕開、漆雕哆、漆雕徒父」三人，「學術界」一般認爲「漆雕氏之儒」，應該以「漆雕開」爲代表。

「漆雕開」，「春秋」末期「魯國」人，是「孔子」弟子，「孔子」曾讓他去做官，他說對「做官」沒有信心，「孔子」聽了表示很讚賞（參見《論語．公治長》）。「漆雕開」主張「人性有善有惡」，提倡「養勇任俠」。現代學者研究認爲「宓子賤、公孫尼子、世碩」等都是這一派的主要成員。

⑹仲梁氏之儒：

「仲梁」應該是指「孔子」的弟子「梁鱣（ㄓㄢ）」及其子「梁𧶘」二人。八派之中「仲梁氏之儒」包含「梁鱣、曾參、子夏」等「孔子」門人，他們主張「以農爲本、禮樂社祭、忠孝修身齊家」，晉而治國之道。

「齊景公」五十一年（公元前四九七年），「梁鱣」從學「孔子」周遊列國。從游聖門長久，「叔魚」後遷居「魯國曲阜」。「孔子」晚年時（公元前四八二年），在「梁鱣」的支持下，與師兄弟及其弟子共同修編代表「孔子」儒學思想體系的著作《論語》。還繕寫《春秋》、《孔子家語》；修訂《禮》、《樂》、《御》、《數》等。「叔魚」年三十而無子，欲出其妻，「商瞿」戒其無憂，恐晚生，二年後果得子「贖」。「梁贖」師從「曾參」，又兼「子夏」之學，自成一派。

(7)孫氏之儒：

「學術界」一般認爲「孫氏之儒」，就是以「荀子」爲代表的一派。「荀子」是「戰國」晚期「儒家」的代表性人物，他繼承了「孔子」的「治學傳統」，是「儒家經學」的主要傳播者之一。在「政治思想」上，他發展了「孔子」的「禮學」，倡言「禮法兼治」；「哲學」上主張「天人相分」，「制天命而用之」。「荀子」主張「禮法兼治」、「天人相分」、「制天命而用之」；認爲「人之性惡，其善者僞也」，因而強調「後天學習」的重要性。

在「孫氏之儒」中，除了那些傳承「荀子經學」的弟子之外，有名者是「韓非」和「李斯」，但他們兩人已經突破了其老師「荀子」的「儒家學派」的界限，而成爲「法家」中的代表人物。

(8)樂正氏之儒：

這一派已經不可考。根據「郭沫若」推測，「樂正氏之儒」或即「孟子」弟子「樂正克」，因此當屬「孟氏之儒」一系。根據「陳奇猷」推測，「樂正氏之儒」或爲「曾子」弟子「樂正子春」，因此當傳「曾子之學」。

總之，「儒家」在「戰國時期」，內部分裂成八派，各派別對「孔子思想」的闡述卻不盡相同，但是都自認爲是代表了「孔子」的「正統儒家思想」。不過，從歷史與文化的發展來看，以「孟子」和「孫氏（荀子）」兩派，對後世的影響最大。

（二）「佛教」的派別

「佛教」經過兩千多年的傳播與發展，由於後人對「佛法」在「理解上、闡釋上」的不同，以及「佛教」爲了適應新的環境，而在「教理、教義、教規」上作出的調整。因此，信奉不同思想的「佛教徒」自然地逐漸形成了各種不同的派別。

「佛教」有三個主要的分支，分別是「上座部佛教」、「大乘佛教」，以及「密乘佛教」。這三大分支之下，又分成衆多的各種宗派。

這三個主要分支，存在對「教理」的不同理解和「修行方式」的不同，又形成有「上座部佛教」與「大乘佛教」、「顯教」與「密教」的劃分，另外又有「南傳佛教」與「北傳佛教」，以及「漢傳佛教」與「藏傳佛教」的劃分。

(1)「上座部佛教（小乘佛教）」與「大乘佛教」：

「上座部佛教（小乘佛教）」與「大乘佛教」，並列爲現存「佛教」最基本的兩大派別。被貶低爲「小乘佛教」的傳統「上座部佛教（部派佛教）」與「大乘佛教」劃分，主要是「歷史時期」的劃分，儘管這「歷史時期」的劃分，起源於「教理」和「修行方式」的不同。

「上座部佛教」與「大乘佛教」則是「教理」的區別。「地理位置」上劃分的「南傳佛教」是「上座部佛教」，而「漢傳佛教」與「藏傳佛教」爲「大乘佛教」。

①上座部佛教：

是「部派佛教」的一派。根據「北傳佛典」所記載，「釋迦牟尼佛」入滅百餘年後，「大天」等「進步派」之比丘倡導「五條教義」，「保守派」起而反對之，教團因此分裂爲「上座部、大衆部」二部。

「釋迦牟尼佛」入滅三百年初，自保守之「上座部」又分出「說一切有部」，「根本上座部」受到「說一切有部」的勢力壓迫，遂遷至「雪山」，稱爲「雪山部」。

其後，自「說一切有部」又分出「八部」，「上座部」總計有十一部（說一切有部、本上座部、犢子部、法上部、賢胄部、正量部、密林山部、化地部、法藏部、飲光部、經量部）。可是，根據「南傳佛典」所記載，最初的分裂是因爲對有關「戒律十事」的見解不同而引起的，故「上座部」總計有十二部。

在「上座部」系統中，「說一切有部」的勢力最大，可謂爲「上座部」理論的代表。此一部派，於公元前三世紀，由「印度」傳入「錫蘭」等地，後世稱爲「南傳上座部」。現今流行於「斯里蘭卡、緬甸、泰國、柬埔寨、寮國、越南高棉族、寮國族」及「中國傣族聚居地」等地，還有一些「古印度」的傳承，殘存在「孟加拉吉大港山區、尼泊爾連同印度米佐拉姆邦、阿魯納恰爾邦、雲南傣族聚居區」。

另外，「南傳上座部」又稱爲「小乘佛教」。「小乘」又稱作「聲聞乘」，是「大乘佛教」的對稱，意譯爲「狹小之車乘」，指運載「狹劣之根機」以達「小果」之教法。

「小佛教乘」之名，原是「大乘佛教徒」對「原始佛教」與「部派佛教」之貶稱，其後學術界沿用之，並無褒貶意。其教義主要以「自求解脫」爲目標，爲聲聞、緣覺之道，而異於「大乘佛教」自利利他，二者兼顧之「菩薩道」。

由於「小佛教乘」在「巴利語、梵語」的原意有貶義，在學者及佛教徒間，長期存有爭議，現代「南傳佛教」不接受「小乘」的稱呼。公元一九五〇年，召開的「世界佛教徒聯誼會」達成明確共識，無論在西方或東方，對「南傳佛教」的正確稱呼，應當一律使用「上座部佛教」而不是「小乘」佛教。

②大乘佛教：

爲「小乘佛教」的相反詞。「乘」即「交通工具」之意，事指能將衆生從「煩惱之此岸」載至「覺悟之彼岸」之教法而言。

「大乘、小乘」之語，是「釋迦牟尼佛」入滅後一段時期，「大乘佛教」興起後，由於「大乘、小乘」對立而起之名詞。一般而言，是「大乘佛教徒」對「原始佛教」與「部派佛教」的貶稱，若由「部派佛教」的立場來看，「大乘佛教」並非「佛教」。

「印度」的「大乘佛教」，有「中觀、瑜伽」二個系統，以及後期的「密教」；在「中國」，根據「大乘諸經論」所創立的多數教派，如「三論宗、涅槃宗、地論宗、淨土宗、禪宗、攝論宗、天台宗、華嚴宗、法相宗、眞言宗」等；其他如香港、澳門、台灣、日本、朝鮮半島、新加坡、馬來西亞、越南、西藏、蒙古和俄羅斯部分地區等地所行之教，也是屬於「大乘系統」。

⑵「顯教」與「密教」：

「大乘佛教」發展到後期，吸收了「印度」傳統的「婆羅門教」的一些理論和方法，發展出「密乘」，也稱爲「金剛乘」。這一派認爲其他教法都是「如來」的「方便」說法，而本派的教法是「如來」所宣的「眞實密意」，不可輕易示人，必須「祕密傳授」，因此稱本派爲「密教」，而所有其他宗派，包括「大乘、部派佛教」和「上座部佛教」，則被「藏傳佛教」稱爲「顯教」；或者稱爲「密宗」與「顯宗」。

⑶「南傳佛教」與「北傳佛教」：

「佛教」自十二世紀後，在「印度本土」滅絕，現有「佛教」按「地理位置」上的最早劃分爲「南傳」與「北傳」之劃分，現在普遍用「南傳佛教」、「漢傳佛教」和「藏傳佛教」來作劃分。

①北傳佛教：

主要由「北方」，經「絲綢之路」向「中亞、中國、朝鮮半島」以及「日本」等國傳播的佛教，稱爲「北傳佛教」，其「經典」多爲「梵文」、各種「中亞文字」和「中文」。另位，「北傳佛教」又分爲「漢傳佛教」和「藏傳佛教」。

②南傳佛教：

由「古印度」向「南方」傳播到「斯里蘭卡、東南亞」以及「中國雲南傣族地區」等地，以

「上座部佛教」為主的流傳，稱為「南傳佛教」，其「經典」多為「巴利語」所寫成，現在流行於「斯里蘭卡、緬甸、泰國、柬埔寨、寮國」等地。

(4)「漢傳佛教」與「藏傳佛教」：

①漢傳佛教：

「漢傳佛教」由「古印度」經「西域」傳入「中國」，爾後傳入「朝鮮半島、越南、日本」等處。在實質上，「漢傳佛教」可以說是形塑「大乘佛教」面貌的主要力量之一，但有別於「藏傳佛教」之「顯密並重」，「漢傳佛教」的宗派以「顯宗」為多。

②藏傳佛教：

「藏傳佛教」始於「松贊干布時期」，由「毗俱底公主」自「尼泊爾」和「唐朝」的「文成公主」自「中國」傳入。在「赤松德贊時期」，「古印度佛教」僧侶「寂護」將「印度佛教」傳入「西藏」，以及隨「瑜伽行自續派」的「蓮花生大師」來到「西藏」，制服本地原始「苯教」的同時，也接受了部分「苯教」的內容，逐漸建立了「密教」的基礎。

此後，經過「朗達瑪滅佛」的波折，「佛教」經過「滅佛運動」的破壞後重新振興，並且逐漸形成了「寧瑪、噶舉、噶當、薩迦、格魯、覺囊」等各派的傳承。

在「宗喀巴大師」創意「格魯派」，成為「藏傳佛教」的主流後，在「西藏」出現了「政．教合一」的特殊局面。從十三世紀，「藏傳佛教」開始流傳於「蒙古地區」。至今，「蒙古」等民族，仍然多信奉「藏傳佛教」。「藏傳佛教」屬於「大乘佛教」，「顯密雙修」。近代，「藏傳佛教」逐漸流傳到世界各地。

「部派佛教、大乘佛教、漢傳佛教」和「藏傳佛教」的宗派，本身又各自有分支派別，簡介如下：

(1)「部派佛教」的宗派：分爲「上座部」與「大衆部」。

①「上座部」分爲十一部：雪山部、說一切有部、犢子部、法上部、賢胄部、正量部、密林山部、化地部、法藏部、飲光部、經量部。

②「大衆部」分爲九部：大衆部、一說部、雞胤部、多聞部、說假部、制多部、東山部、西山部、說大空部。

(2)「大乘佛教」的宗派：分爲「中觀學派、瑜伽行唯識學派、如來藏學派、密宗」。

(3)「漢傳佛教」的宗派：分爲「大乘攝論宗、小乘俱舍宗、十地宗、三論宗、法華宗、涅槃宗、天台宗、法相宗（唯識宗、慈恩宗）、華嚴宗、淨土宗、律宗、密宗、禪宗」等。

(4)「藏傳佛教」的宗派：分爲「格魯派（黃教）、薩迦派（花教）、寧瑪派（紅教）、噶舉派（白教）」等。

（三）「道教」的派別

「道教」是我國固有的一種宗教，距今已有一千多年的歷史。「道教」與「中國傳統文化」緊密相連，深深紮根於「華夏文明」的沃土之中，具有鮮明的「中國特色」，並對「中華文化」的各個層面產生了深遠的影響。

上古時期的「黃帝信仰」，和東周時期「道家」的「老子哲學」，雖然有濃厚的宗教色彩，但是尚未正式形成爲「道教」。故只能說是「道教的前身」，也不能說是「道教」的道派。

繼「黃老道」之後，到了「東漢」，興起的是「張角」的「太平道」及「張道陵」的「五斗米道」。「太平道」在歷史上只是曇花一現，「漢末」便已消失；「五斗米道」形成了以「宗教」爲聯繫紐帶的「教團組織」，以後便成爲「正統道教」。

所以，「道教」都以「東漢」末年「五斗米道」的創教人「張道陵」爲中國「道教」的創立者，稱他爲「張天師」。在「南北朝」時期，經過當時的「葛洪、寇謙之、陸修靜、陶洪景」等人的努力和改革，使得「道教」成爲與「佛教」並列的「中國正統宗教」之一。

「五斗米道」之後，雖然有丹鼎派、符籙派，以及「符咒派」的「茅山派、龍虎山派、合皂山派」，合稱爲「三山符籙」等派系之分，但這都只是從事「道術、道法」，並沒有「道教」的「教團組織」。所以，這也都不算是道教的分立宗派。

根據歷史記載，「道教」分立宗派，實際上開始於「宋、元」之間。「符籙派」是「南方道教」的主流派，它繼承了「道教」創始人「張陵」傳道的精髓。

要劃分「道教」的宗派分支，有許多種方式的劃分法：

⑴按「學理」劃分：

有積善派、經典派、符籙派/符咒派、丹鼎派/丹道派（金丹派）、占驗派（數術派/術數派）等，五大主要類別。

⑵按「地區」劃分：

有青城派、茅山派、龍門派、嶗山派、隨山派、遇山派、華山派、嵛山派、老華山派、鶴山派、霍山派、武當派等。

⑶按「人物」劃分：

有文始派（關尹）、沖虛派（列子）、少陽派（王玄甫）、正陽派（鍾離權）、純陽派（呂洞賓）、老華山派（陳摶老祖）、海蟾派（劉操）、三丰派（張三丰）、薩祖派（薩守堅）、紫陽派（張伯端）、伍柳派（伍沖虛、柳華陽）、重陽派（王重陽）、金山派（孫玄清）、閻祖派（閻希言）等。另外，還有「道家老學五派」：楊朱一派、鬼谷一派、莊列一派、宋尹一派、申韓一派

⑷按「門派」劃分：

有太平教（張角）、崑崙派（元始天尊）、混元派（太上老君）、南無派（譚處瑞）、清靜派（孫不二）、金輝派（齊本守）、正乙派（張虛靜）、清微派（馬丹陽）、天仙派（呂純陽）、玄武派（眞武大帝）、淨明派（許旌陽）、雲陽派（張果老）、虛無派（李鐵枴）、雲鶴派（何仙姑）、金丹派（曹國舅）、玉線派（樵陽眞人）、靈寶派（周祖）、太一教（蕭抱珍）、全眞教（王重陽）、正一教（張宗演）、眞空派（鼓祖）、鐵冠派（周祖）、日新派、自然派（張三丰）、先天派、清隱派、廣慧派等。

歷史上還有正一宗（張道陵）、南宗（呂純陽）、北宗（王重陽）、眞大宗（張清志）、太一宗（黃洞一）等「五大宗派」之分法和天師道、全眞道、靈寶道、清微道「四大派」的分法。還有道德派、先天派、靈寶派、正一派、清微派、淨明派、天心派、玉堂派、等「八派」的說法。

明朝以來，「道教」分爲「全眞」與「正一」兩大道派，其他一切支派皆歸納於這兩派之中。「全眞派」支派較多，其主要的是：五祖派、北七眞派、南五祖紫陽派；「正一道」支派也很多，主要有：淸微派、正一派、淨明派、眞武玄武派、老華山派。

到了現代，許多教派式微，尚存的著名教派有北方的「全眞教」、南方的「正一教」、茅山教、嶗山教、武當教、閭山教」及香港、台灣的民間道教派別。

今日，在「台灣」有兩大「道教」派系：「太一宗」和「正一宗」。「太一宗」爲「私人宮廟」，以「道士壇」爲主，以「太上老君」爲祖師，至今已有四十八代傳承；而「正一宗」則奉祀祖師爲「張道陵」天師，傳承有六十五代。

另外，「台灣道教」的小派別有：「法主公派、普庵派、閭山派、徐甲派、三奶派」。還有專門「誦經」的小派別：「淸微派、禪和派、全眞派，靈寶派」。而「中國全眞道」亦於近幾年「大陸」宗教改革開放後，才傳入「台灣」。

（四）「基督教」的派別

「基督教」主要分爲「天主教會」、「東正教會」與「新教會」三大派系。其中，較晚形成的「新教會」包含衆多獨立的教派。除了這三大派系外，亦有許多古老與新興的教派。

較少人信仰的「東方正統教會」和「東方亞述教會」與「正教會」一併稱爲「東方基督教」，對於自認有獨特教義的「聖公宗」和「五旬節運動」與「靈恩運動」，都歸入「新教」，而「新教」和「天主教」又被一併稱爲「西方基督教」，每一個教派下面又有衆多分支。

在「早期教會」，被認爲是「異端」的一些運動，今日已不復存在，它們通常並不被當作是「基督教派」，例如「諾斯替主義」、「以便尼主義」以及「亞流主義」。

今日「基督教世界」，最大的分別在於「東正教」、「天主教」、以及宗教改革後產生的種種不同的教派，統稱爲「新教」。在「東正教」和「新教」之間也存在不同程度的合一與分裂。

(1)天主教

「天主教」不同種類的「禮儀派別」如下：

①「拉丁禮」天主教會

「拉丁教會」由「教宗」和他直接任命的「教區主教」統治，「教宗」在「拉丁教會」中直接行使「宗主教」的權力。「拉丁教會」被認爲是「西方基督教」的起源，影響了「歐洲」和「西北非」的信仰和習俗，也影響了許多「新教」教派。

②「東儀」天主教會

「東儀天主教會」是指完全承認「羅馬教廷」地位的一派「天主教」分支，流行於「俄羅斯、烏克蘭、白俄羅斯」等，前東歐「共產主義國家」。在「蘇聯時代」，曾經被迫併入「東正教會」。他們保存了與「羅馬教廷」互相聯繫的「東方天主教會」的「禮儀」，「神學基礎」與「祭獻的傳統」，但是仍然與「東正教會」、「東方正統教會」及「東方亞述教會」存有分歧。

「東儀天主教會」共有二十三個採行「東方教會禮儀」的「教會」，與「聖座」(「教宗」的教務職權)」共融。「東儀天主教」分別由其「教會」的「宗主教」、「都主教」或是「大總主教」擔任領袖。並以「東儀天主教法典」以及其各自所設立的「教會法」作爲規章，並且各自保有「自身的悠久傳統」。

(2)東正教

「東正教」主要分佈在「巴爾幹半島」和「東歐」，是由一些稱爲「自主教會」或「自治教會」的「地方教會」所組成。「自主教會」是「東正教」最高級別的「獨立教會」，所有「自主教會」都不受其他「教會」的管轄，可被視爲「獨立的教廷」。

「東正教」最早的四個「自主教會」，位於「羅馬帝國」的四個重要的東方城市，即「君士坦丁堡、亞歷山大、耶路撒冷」和「安提阿」。後來，「俄羅斯正教會」也取得了與它們同等的地位。

比「自主教會」低一級的是「東正教自治教會」，它們是由某一個「自主教會」的領袖管轄。現在「東正教」共有十六個「自主教會」。這些「教會」完全承認「君士坦丁堡東正教會」的「君士坦丁堡牧首」，爲「普世牧首」的地位。可是，在「大公會議」中，「普世大牧首」除了充當「主席」，以及整個「東正教會」的「發言人」之外，權力並不高過在場其他「牧首」，與其保持完全的共融。

「東正教」的各個「教會」，彼此在管理上獨立，但是都有「共同的信仰」，並且在「聖禮」上，完全共融。再者，「東正教會」認爲「聖靈」領導著整個「東正教會」主導的「大公會議」的論點走向，也在「信道的人」之間，形成「上帝」在塵世的代表，所以不需要有一個「教宗」。

「自主教會」的權力相同，目前「東正教會」有十六個自主的「教會」如下：

①「君士坦丁堡」及「普世」正統基督教會
②「亞歷山大」及「全非洲地區」正統基督教會
③「安提阿」及「全中東地區」正統基督教會
④「耶路撒冷」及「全巴勒斯坦地區」正統基督教會
⑤「俄羅斯」正教會
⑥「喬治亞」正教會
⑦「塞爾維亞」正教會
⑧「羅馬尼亞」正教會
⑨「保加利亞」正教會
⑩「賽普勒斯」正教會
⑪「希臘」正教會
⑫「阿爾巴尼亞」正教會
⑬「波蘭」正教會
⑭「捷克」和「斯洛伐克」正教會
⑮「美洲」正教會
⑯「烏克蘭」正教會

(3)新教

「基督新教」簡稱「新教」，「新教」一詞，主要是區別於「宗教改革」之前的「舊教」，即天主教。「新教」是「基督教」西方教會中，除了「天主教會」以外的宗派的統稱，分裂自「天主教會」，與「天主教」和「東正教」並列爲基督教三大分支。在華人世界，普遍直接稱呼「新教」爲「基督教」，直接稱呼「天主教會」爲「天主教」。

當今在「基督新教」中，會衆人數較多的宗派如下：

①聖公宗
②信義宗（又稱路德宗）
③歸正宗（又稱喀爾文宗，包含長老宗）
④浸信宗
⑤循道宗（又稱衛理宗）
⑥重浸宗（又稱重洗派，包含阿米希人、胡特爾派及門諾會）
⑦五旬宗（又稱五旬節派，包括神召會、五旬節會、四方福音會等）
⑧復臨宗
⑨普利茅斯弟兄會
⑩摩拉維亞弟兄會
⑪貴格會
⑫宣道會

「台灣」各「基督宗教派」簡介如下：

(1)台灣天主教

「天主教」開始在台灣經營，是起始於十九世紀中期。公元一八五八年，於對外戰爭失利的「大清帝國」與「西方列強」簽訂「天津條約」，「台灣」成爲可以自由經商傳教的地區之一。翌年，「西班牙道明會」依照「羅馬教廷」的要求，從「菲律賓」派神父兩名抵台傳教，並在中國「福建省」教友的幫助下，首先於公元一八六二年，在「打狗（今高雄）」建立第一座教堂，是爲「聖母堂」，之後再於公元一九二八年改建爲今日的「前金天主堂」。

日治時代，「天主教會」逐漸擴展至全台灣，到公元一九一三年七月十九日，「羅馬教廷」成立「台灣監牧區」，使「台灣」擁有獨立的「教會管區」，當時「教徒」達到萬人，但是仍由「羅馬教廷」敕封「道明會士」作爲「地方教長」。

公元一九四一年，「太平洋戰爭」爆發後，「台灣總督府」迫使西方「傳教士」離台，改由「日本人」主持教務。二戰後，「台灣」進入「中華民國時期」，恢復由西班牙籍「道明會神父」主持教務。公元一九五二年八月七日，「羅馬教廷」正式在「台灣」設置「教區」，而本國籍「神父」也逐漸接手教務。

今日「台灣」的「天主教會」，共分成八個「教區」、一個「宗座署理區」、「主教」十七位，其中包括「單國璽樞機」的這些「主教」，都由「教宗」所敕封。八個「教區」分別爲：台北總教區、新竹教區、台中教區、嘉義教區、台南教區、高雄教區、花蓮教區和金門、馬祖宗座署理區。

另外，「台灣天主教會」轄下還有「神父」和「修女」共兩千位，分別在八百個教堂及社會事業，包括大學（輔大、靜宜、文藻）、醫院、地方診所、安老院、啟智中心等處所服務。「台灣天主教信徒」雖僅占台灣人口約百分之一，但是其「社會服務事業」卻極爲有名。

⑵台灣東正教

「台灣東正教會」於公元二〇〇三年，向政府正式註冊，現在由「東正教會普世宗主教聖統香港及東南亞都主教教區」管理教務。

「台灣東正教會」目前在「台灣」是比較小的「基督宗教團體」，而目前「台灣」主要的「東正教教會」，有屬於「君士坦丁堡普世牧首座」的「台灣基督東正教會」，以及宣稱未來要隸屬於「莫斯科及全俄羅斯牧首座」的「台灣基督東正教會」。

公元一八九四年發生「中日甲午戰爭」，「大清帝國」大敗。公元一八九五年，「大清帝國」將「台灣」割讓給日本之後，就有部分「日本」的「俄羅斯東正教會信徒」來到「台灣」。在公元一九〇一年，管理「日本」教務的「俄羅斯東正教會總主教」「聖尼古拉」，在「台灣」建立了「台北基督救世主東正教堂」，並派遣首位堂區神父「西蒙」。

但是，隨著「尼可拉斯」總主教，於公元一九一二年辭世，「教會」活動就有所停歇而趨向荒廢，僅剩下零星「信徒」於家中自行祈禱。而「日本」對「台灣」的統治在公元一九四五年也結束。在「中華民國」政府遷台後，「俄羅斯東正教會」仍與「中國國民黨」有所接觸。

公元二〇〇一年，來自「希臘」的「李亮神父」，在「台灣」建立「台灣東正教會」團體，並在公元二〇〇三年登記爲「宗教法人團體」。「君士坦丁堡牧首」於公元一九九七年，已經在「香港」成立「香港及東南亞都主教區」，「台灣基督東正教會」的教務，歸屬於「都主教」統轄權內。

(3)台灣新教

公元一六二七年，「歸正宗」的傳教士「喬治．坎迪迪烏斯（Georgius Candidius）」把「基督新教」傳入「台灣」，那時候的「台灣」，正值「荷蘭」殖民統治時期。當時的「傳教工作」屬於「殖民政策」的一部分，「傳教士」都隸屬於「荷蘭東印度公司」，由「荷蘭東印度公司」支薪，不像現代由「教會奉獻」支薪，「傳教」的政治目的，是對「原住民」進行「文化改造」。

此時期的「傳教工作」，隨著「鄭成功入台」以及「屠殺西拉雅族」之後，宣告結束。在明朝「鄭成功殖民時期」，實施「禁教政策」，信仰「基督教」的「原住民」被迫選擇放棄信仰或逃到深山。「鄭成功」的諮議參軍「陳永華」，爲了革除「荷蘭人」所留下的「基督教信仰」，就實施「儒家思想漢化政策」，積極興建設「孔廟、玄天上帝廟、關聖帝廟」等，來打擊「基督教信仰」基督教。

公元一六八三年六月，清朝的福建水師提督「施琅」攻陷「台灣」，之後「施琅」向「康熙」上奏爭取經營「台灣」，並建議把「台灣」民間信仰的媽祖「天妃」，賜號晉升爲「天后」，透過「宗教」傳播方式，讓「台灣」居民認同接受「大清政權」。公元一六八四年，「清廷」准奏，此後「台灣」的「主流信仰」改爲「祭拜媽祖」。此後，又因爲「乾隆、嘉慶」的「禁教政策」，使得「台灣」很長一段時間沒再出現「傳教士」。

公元一八六五年六月十六日，「英國長老會」的「馬雅各醫生」抵達「台灣」，公元一八七二年三月七日，「加拿大長老會」的「馬偕牧師」抵達「台灣」。此時期的「傳教工作」

常受到「漢人」暴力反抗，不時發生破壞「教堂」以及殺害「教徒」的事件。

一直到公元一八六五年，「大清帝國」和「英國」之間，因爲「樟腦」問題而引發發生「樟腦戰爭」，「英國」派兵攻陷「安平（今台南）」後，「傳教士」才有相對安全的環境，「傳教語言」主要使用「閩南話」，信仰核心爲「加爾文主義」，以「教育」和「醫療」作爲「傳教工作」的基礎建設，現存的有「新樓醫院、馬偕醫院、淡江中學、眞理大學」等。

「台灣」到了「日治時期」，「基督教」延續「馬雅各」與「馬偕」的「長老會」傳教工作。雖然「日本政府」對「基督教」抱持警戒態度，但是由於「長老會」對於當局的政策大多配合，因此「基督教」不像過去因爲「政權變遷」而被消滅。

「台灣」現有「基督新教」的教派，簡介如下：

①台灣基督長老教會

②基督復臨安息日會

③台灣信義會

④靈糧堂

⑤眞耶穌教會

⑥台灣門諾會

⑦浸信會

⑧台灣聖公會

⑨行道會

⑩衛理公會
⑪召會
⑫神召會

以上列出十二個「台灣」常見的「基督新教」的教派，其他教派還有：「拿撒勒人會」、「台灣救世軍」、「貴格會」、「錫安堂」、「台灣聖潔教會」、「台灣基督教協同會」、「台福教會」、「基督教宣道會」、「國語禮拜堂」、「基督教中國佈道會」、「基督教喜信會」、「耶穌基督後期聖徒教會」、「台灣聖教會」、「浸禮聖經會」、「改革宗長老會」、「純福音教會」、「新生命小組教會」等。

（五）「伊斯蘭教」的派別

「伊斯蘭教派」是從「伊斯蘭教」分出來的各種不同的派系。在「穆罕默德」最初建立「伊斯蘭教」時，原意是以「伊斯蘭思想」爲中心，統一「阿拉伯半島」，他曾經說過要統一，不要分裂，《古蘭經》上說：「你們當全體堅持眞主的繩索，不要分裂。」。

「穆罕默德」死後，由於沒有「指定的繼承人」，結果不同的「政治勢力」都想爭做「哈里發（領導人）」。再加上，不同「穆斯林」的群體，對「伊斯蘭教義」的理解有分歧，導致後來在發展期間，一直分裂出不同的教派。

在「伊斯蘭教派」中，比較主流的兩大教派是「遜尼派」與「什葉派」。其他有「蘇非派」、「阿赫邁底亞派」、「哈瓦利吉派」、「伊巴德派」、「唯經派」、「馬赫達維耶派」和

「無教派穆斯林」等。

「遜尼派」和「什葉派」的主要分別，在於他們認爲誰才有「繼承權」，繼任先知「穆罕默德」的領導權。

所有「穆斯林」的「信仰宣言」都包括：「除了眞主（安拉）之外，再無其它的主，而穆罕默德是安拉的使者。」可是，「什葉派」在這句話後邊加添一短句：「阿里是上帝的朋友。」

「阿里」是「伊斯蘭教」創始人「穆罕默德」的堂弟及女婿，是第四任的「哈里發」。

「遜尼派」的「穆斯林」，視「阿里」爲第四位，也是最後一位的「正統哈里發」；「什葉派」的「穆斯林」則視「阿里」爲第一代的「伊瑪目（領袖「哈里發」）」，又視「阿里」及其後裔爲「穆罕默德」的正統繼承者。

「阿里」及其「後裔」，都是「穆罕默德」祖系聖裔的成員。「穆斯林」社會，因爲對「阿里」繼承人身分的問題發生分歧，因而分成「遜尼」及「什葉」兩個派別，而且引起「伊斯蘭世界」中，很多的爭鬥和分裂。

「穆罕默德」的女婿「阿里」，是在他親近的「跟隨者」之中，最熟悉他的教導的人。可是，當「穆罕默德」去世之後，他的「跟隨者」繞過「什葉派」所認爲是「穆罕默德」繼承人的「阿里」，而推選「穆罕默德」的「岳父」「巴克爾」，做爲「伊斯蘭教」歷史上的第一任「哈里發」。

「巴克爾」在位的時間很短，他去世後，「穆罕默德」的另一位「岳父」「歐瑪爾」被指定爲第二任「哈里發」繼承人。

而第三個「哈里發」繼承人「奧斯曼」，是「穆罕默德」的女婿。在第三任「哈里發」「歐瑪爾」遇刺身亡之後，「奧斯曼」被推舉爲第三代「哈里發」。「遜尼派」認爲他是四位「正統哈里發」中的一位；而「什葉派」則認爲他與前兩位「哈里發」一樣，是「篡權者」。

「奧斯曼」去世之後，「阿里」被「穆罕默德」的同行者推選爲「哈里發」。他在任內，遇到反抗及內戰。公元六六一年，他在「庫法」的「清眞寺」進行禮拜時被襲擊，數天後逝世。

「阿里」逝世後他的長子「哈桑」，也是「穆罕默德」的「外長孫」，接受「伊拉克」「庫法」地區的「穆斯林」的擁戴，就任第五任「哈里發」，他也是「什葉派」所尊崇的第二位「伊瑪目（領袖「哈里發」）」。

但是不久，「哈桑」就在和「敍利亞」總督「穆阿維亞」，也是「倭馬亞王朝」的建立者和談之後，放棄了對「伊拉克地區」，爲期七個月的統治，同時也放棄「哈里發」稱號，引退到「麥地那」，最終被毒死。

「哈桑」死後，「什葉派」轉而支持「阿里」的次子，「哈桑」的弟弟「海珊」繼承「伊瑪目（領袖「哈里發」）」之位。

公元六六一年，「倭瑪亞家族」的「敍利亞」總督「穆阿維亞」即位「哈里發」，以「大馬士革」爲首都，建立了「倭瑪亞王朝」。

公元六七九年，「穆阿維亞」宣布其子「葉齊德」爲「哈里發」繼承人，從而破壞了「哈里發」的選舉制度。「阿拉伯帝國」從此成爲一個由「世襲王朝」統治的軍事帝國，「遜尼派」就是從「倭瑪亞王朝」而來。

在公元六八〇年，「海珊」率領自己的支持者，在「巴格達」西南的「卡爾巴拉」，對抗前來鎮壓的「倭馬亞王朝」「葉齊德」的大軍，史稱「卡爾巴拉戰役」。最終海珊」全軍覆沒，「阿里」之子「海珊」陣亡，「哈里發時代」到此結束。

對於「伊斯蘭教」的信仰，「什葉派」和「遜尼派」都接受「伊斯蘭教五大支柱」，又稱爲「五功」，指信仰「伊斯蘭」的所需遵守的五項基本原則，即：「念証、禮拜、齋戒、天課和朝覲」。

「遜尼派」的「穆斯林」，每日進行社區祈禱，並相信他們能與神有直接的關係；而「什葉派」的「穆斯林」有強烈的「殉道願望」，並認爲「受苦」是淨化心靈之道。

在「祈禱」方面，「遜尼派」的「穆斯林」，每天祈禱禮拜五次（黎明、中午、下午、日落和最後的晚禱）；而「什葉派」的「穆斯林」每天只祈禱三次（早晨，中午和日落）。

簡單區分「什葉派」和「遜尼派」如下：

(1)「什葉派」：

①「什葉派」占全世界「伊斯蘭教徒」大約百分之十五。

②「什葉派」相信「穆罕默德」的傳人，是「阿里」的「追隨者」。「阿里」是「穆罕默德」的「堂弟」及「女婿」

③「什葉派」覺得自己是「伊斯蘭教」裡，血統純正的菁英。

(2)「遜尼派」：

①「遜尼派」占全世界「伊斯蘭教徒」大約百分之八十五。

②「遜尼派」相信「穆罕默德」的傳人是「巴克爾」，「巴克爾」是「穆罕默德」的岳父。

③「遜尼派」覺得自己是「伊斯蘭教」的正統派。

「什葉派」占「伊朗」人口的百分之八十九；在「葉門」和「阿塞拜疆巴林」，「什葉派」的「穆斯林」也占大多數；「伊拉克」人口的百分之六十，也都是「什葉派」；沿「沙特阿拉伯」的東海岸和在「黎巴嫩」，也有相當數量的「什葉派」社區。

迫使「以色列」在公元二〇〇〇年撤出「黎巴嫩」南部的著名游擊隊組織「真主黨」，也是「什葉派」。全球而言，「什葉派」占整體「穆斯林」人口的百分之十五，但是他們構成大多數「伊斯蘭」激進、暴力的因素。

近代所謂的「極端伊斯蘭恐怖主義」，動機多是以《古蘭經》的「經文」或源自《聖訓》的教誨爲名目。「伊斯蘭恐怖主義分子」借用《古蘭經》的經文和《聖訓》，把「政治性質」的「暴力行爲」合理化。

在「伊斯蘭恐怖主義」的團體中，比較著名的團體有「賓拉登」的「蓋達組織」及「巴格達迪」的「伊斯蘭國」，他們都屬於「遜尼派」。其他還有「塔利班」、「哈馬斯」和「索馬利亞青年黨」；而屬於「什葉派」的著名「伊斯蘭恐怖主義」團體，就是「黎巴嫩」的「真主黨」和「葉門」的「胡塞運動」。

在「台灣」也有「伊斯蘭教」的團體，是「台灣」的少數宗教。「伊斯蘭教」在「台灣」又稱爲「回教」，「台灣穆斯林」大約有六萬人左右，大部分分布於「台北、桃園、台中、高雄」四處。其中大多數是公元一九四九年前後，「國共內戰」時，來「台灣」避禍的軍、公、教人員。另外，在「台灣」的「印尼穆斯林」超過二十萬人，大多是「外籍勞工」。

「回教」的名稱，源自於公元七五五年到七六三年間，「唐朝」的「安史之亂」。當時西北方的「回紇族」興起，援助「唐朝」，「回紇族」信仰的「伊斯蘭教」，便藉由此途徑，傳入「中國」。因此，「唐朝」便以「回教」來稱呼「伊斯蘭教」。

「伊斯蘭教」的專有名詞，在「台灣」，稱呼「伊斯蘭教」的「眞主」爲「阿拉」或「安拉」；稱呼「麥斯智德」爲「清眞寺」；稱呼「以瑪目」爲「教長」；稱呼「阿訇（ㄏㄨㄥ）」爲「宣教師」；把「來買丹」稱爲「齋戒月」；而「哈智」，則稱爲「朝覲者」。

「伊斯蘭教」於「台灣」眞正大有進展，是在公元一九四九年，「國共內戰」之後，隨著當時「國民政府」的「國防部」部長「白崇禧」與軍事將領「馬步芳」等，知名的「伊斯蘭教徒」人士來「台灣」定居的二萬名「穆斯林」教衆，主要來自「雲南、寧夏、新疆、甘肅」等，「穆斯林」分布的省分。這些大都是軍人、公務員、教員的「穆斯林」，主要居住地點分爲「台北市」與「高雄市」。

另外，公元一九五四年也有一批自「滇緬邊區游擊部隊」撤退來「台灣」或自行移民的「雲南穆斯林」，聚居在「台北市」的「中和、永和」及「中壢」的「龍岡」等地，以「眷村型態」維持本身信仰。現在建有「台北清眞寺」和「龍岡清眞寺」。

公元一九五八年，「中國回教協會」在「台灣」復會，總理「國際穆斯林」事務。並於同年，由「中華民國伊斯蘭教協會」，選定在「台北市新生南路」現址，建仿造「伊斯蘭」建築式樣的「禮拜堂」。

公元一九八二年，成立「中國回教教育文化基金會」，宣揚「伊斯蘭文化和教義」的活動，爲貧困學生提供獎學金，贊助「伊斯蘭」經文的翻譯、提升「全球穆斯林」的通信與合作。

公元一九九〇年代之後，信奉「伊斯蘭教」的的數萬名「印尼穆斯林」，以「外籍配偶」或「外籍勞工」身分，陸續進入「台灣」。他們並沒有改變其信仰，但是因爲受到「台灣環境」的影響，大多數未能參加傳統「伊斯蘭教」禮拜。目前「台灣」既有及新建的「清眞寺」，以提供「印尼」爲主的「外籍穆斯林」禮拜爲主。

目前在「台灣」建立的「清眞寺」有：

①台北清眞寺（台北市大安區）
②台北文化清眞寺（台北市中正區）
③龍岡清眞寺（桃園市中壢區）
④大園清眞寺（桃園市大園區）
⑤台中清眞寺（台中市南屯區）
⑥台南清眞寺（台南市東區）
⑦高雄清眞寺（高雄市苓雅區）
⑧東港清眞寺（屏東縣東港鎮）
⑨花蓮清眞寺（花蓮縣花蓮市）

第七單元　「一貫道」的價值

一、實踐「釋迦牟尼佛」的遺旨

一般人只要談到「佛的淨土」，幾乎都會不假思索的說，就是「阿彌陀佛」的「西方極樂世界」。

這是因為，「釋迦牟尼佛」推崇「阿彌陀佛」的「西方極樂世界」，是諸佛淨土」中，排名第一的「淨土」；再加上歷代「淨土宗」的大力推廣，聲稱不用看「佛經」，只要一心念「南無阿彌陀佛」，往生後就可以去「西方極樂世界」。

有這麼簡單的方法，歷代的民間百姓都趨之若鶩，家家戶戶幾乎都供奉「西方三聖的佛像（『阿彌陀佛』和他的左脅侍『觀世音菩薩』、右脅侍『大勢至菩薩』。）」，人人幾乎都稱念「南無阿彌陀佛」。

「釋迦牟尼佛」宣說《佛說阿彌陀經》，把「阿彌陀佛」的「西方極樂世界」介紹給眾生認識。但是，這部《佛說阿彌陀經》有一個特點，就是這部經典是「釋迦牟尼佛」「不問自說」的經典，所以經題特別冠上「佛說」。

《佛說阿彌陀經》一開始就是「爾時佛告長老舍利弗」，沒有人發問啟請。而大多數的經典，都是有「弟子」或「菩薩」向「釋迦牟尼佛」請法，「釋迦牟尼佛」才會開示說法的。可見

「釋迦牟尼佛」對「阿彌陀佛」的「西方極樂世界」十分推崇，盛讚「西方極樂淨土」的殊勝之處。

●《佛說阿彌陀經》原文：

爾時「佛」告長老「舍利弗」。從「是西方過十萬億佛土」。有世界名曰「極樂」。其土有佛號「阿彌陀」。今現在說法。「舍利弗」。彼土何故名爲「極樂」。「其國衆生」無有「衆苦」。但受「諸樂」故名「極樂」。

值得注意的是，「釋迦牟尼佛」說，往生「阿彌陀佛淨土」的「衆生」，大多是「阿鞞跋致（是菩薩階位之名）」和「一生補處」，以及「阿羅漢」，一般「凡人」是不容易來「阿彌陀佛淨土」的。

●《佛說阿彌陀經》原文：

又「舍利弗」。「極樂國土衆生」生者皆是「阿鞞跋致」。其中多有「一生補處」。其數甚多。非是算數所能知之。」

●《佛說阿彌陀經》原文：

彼佛有無量無邊「聲聞弟子」。皆「阿羅漢」。非是算數之所能知。「諸菩薩」亦復如是。

「阿鞞跋（ㄆㄧˊㄅㄚˊ）致」是梵語，譯曰「不退轉」，不退轉成佛進路之義。卽修行「佛法」之過程中得悟，不退墮於「三乘、凡夫、惡趣」等，也不退失所証得之「果位、觀念、行法」。是「菩薩階位」之名。經「一大阿僧祇劫」之修行，則至此位。

「一生補處」是梵語，原爲「最後之輪迴者」之義。謂經過此生，來生定可在世間成佛。

略稱「補處」。卽指「菩薩」之最高位「等覺菩薩」。一般皆稱「彌勒菩薩」爲「一生補處之菩薩」。根據《佛說觀彌勒菩薩上生兜率天經》等記載，「彌勒菩薩」現居於「兜率天」，待此生盡，則下生於人間，以補「釋迦牟尼佛」之佛位。

想想看，若能夠往生「阿彌陀佛淨土」，能夠和無數的「阿鞞跋致」、「一生補處」，以及「阿羅漢」等，這些「大善知識」做鄰居，一定獲益良多，會得到許多「修道的建議」。所以，「釋迦牟尼佛」鼓勵「衆生」往生到「阿彌陀佛淨土」。

●《佛說阿彌陀經》原文：

「舍利弗」。「衆生」聞者。應當「發願願生彼國」。所以者何。得與如是「諸上善人」俱會一處。」

但是，一般「凡人」是不容易來「阿彌陀佛淨土」的。爲什麼呢？

因爲，要去「阿彌陀佛」的「西方極樂世界」的條件，看似容易，實際要做很難。我們先來看看「條件」是什麼？

●《佛說阿彌陀經》原文：

「舍利弗」。不可以「少善根福德因緣」得生彼國。「舍利弗」。若有「善男子善女人」。聞說「阿彌陀佛」。執持名號。「若一日。若二日。若三日。若四日。若五日。若六日。若七日」。「一心不亂」。其人「臨命終時」。「阿彌陀佛」與「諸聖衆」。現在其前。是人「終時心不顚倒」。卽得往生「阿彌陀佛極樂國土」。」

我們來分析一下經文，要去「阿彌陀佛淨土」的條件有三個：

⑴不可以「少善根福德因緣」，得生彼國。

「善根」又稱作「善本、德本」。即「產生諸善法之根本」。「無貪、無瞋、無」癡三者為「善根之根本」，合稱為「三善根」。

「少善根」謂「薄少之善根」，即指「念佛以外之各種雜善」。依據《佛說阿彌陀經》的意思，「一日乃至七日執持彌陀名號而能一心不亂者」，稱為「多善根」，其他諸善，則稱為「少善根」。

「福德」是指「過去世」及「現在世」所行之「一切善行」，及由於「一切善行」所得之「福利」。

第一個條件是「善根福德」不夠的人，尤其是無法做到「一日乃至七日執持彌陀名號而能一心不亂」這一點，是沒有資格去「阿彌陀佛淨土」的。

⑵聞說阿彌陀佛，執持名號，「若一日、若二日、若三日、若四日、若五日、若六日、若七日，一心不亂」。

這是要去「阿彌陀佛淨土」的必要條件，要持續念「阿彌陀佛」的佛號，「有慧根的人」一念「一日」，「遲鈍的人」念「七日」，「佛號」要念到「一心不亂」才符合條件。這個方法看似簡單，實際上卻是很困難。要不斷的念「阿彌陀佛」的佛號，念到「一心不亂」，這個方法不是一般大衆能夠做的到的。

⑶是人終時，心不顛倒。想要往生去「西方極樂世界」的人，「臨終」的時候，必須「心不顛倒」。什麼是「心不顛倒」？就是「內心清淨，沒有煩惱和執著。」這個條件，一般人

是不可能做到的。因爲一般人「臨終」的時候，內心「恐懼慌亂」，捨不得離開自己的身體、家人、親人、朋友、財產、名譽和地位。

《心經》裡說：「『菩提薩埵』。依『般若波羅蜜多』故。心無『罣礙』。無『罣礙』故。遠離『顛倒夢想』。究竟『涅槃』。」所以，只有平時修行到一個程度的人，才有機會在平時，就讓自己的心境保持在「心無罣礙」的狀態。等到「臨終」時，才有可能「心不顛倒」。

所以，我們知道要去「阿彌陀佛淨土」的人，必須要「親自」做到這三個條件，才能符合往生到「阿彌陀佛淨土」：

(1)生前要有「善根福德」；

(2)生前要持續念「阿彌陀佛」的佛號，「有慧根的人」念「一日」，「遲鈍的人」念「七日」，而且佛號要念到「一心不亂」的境界；

(3)臨終時，要有「心不顛倒」的境界。

那也就是說，請廟裡面的「和尚、尼姑」，這些師父們，到「往生者」的靈堂前誦念《佛說阿彌陀經》，是沒有用的，根本不能讓「往生者」去「阿彌陀佛」的「西方極樂世界」。

因爲，要想去「西方極樂世界」，需要「往生者」在臨終前「親自」念阿彌陀佛的佛號，念到「一心不亂」的境界；臨終時，要「心不顛倒」；而且，在生前，還必須要有「善根福德」才可以。

就是因爲要往生「西方極樂世界」，是一件很不容易的事情，所以大慈大悲的「釋迦牟尼佛」，才會特別指定派遣「彌勒佛」，在「釋迦牟尼佛」歸空之後，接替他來救度眾生，作爲

「後世衆生」的「大歸依處」。

●《佛說觀彌勒菩薩上生兜率天經》原文：

「佛」告「優波離」。汝今諦聽。是「彌勒菩薩」於「未來世」當爲「衆生」作「大歸依處」。

因此，「釋迦牟尼佛」推薦排名第一的「阿彌陀佛」的「西方極樂世界」，給有「善根福德的衆生」。「一般的衆生」，就「強烈建議」去「彌勒佛」的「兜率天淨土」，因爲條件容易太多了。

我們先來看看，要往生「彌勒佛」的「兜率天淨土」的條件。

●《佛說觀彌勒菩薩上生兜率天經》原文：

「佛」告「優波離」。「佛」滅度後「四部弟子」「天龍鬼神」。若有欲生「兜率陀天」者。當作是觀「繫念思惟」。念「兜率陀天」持「佛禁戒」。「一日至七日。思念十善行十善道」。以此「功德」迴向願生「彌勒」前者。當作是觀。作是觀者。若見「一天人」見「一蓮花」。若「一念頃」稱「彌勒名」。此人除卻「千二百劫生死之罪」。但聞「彌勒名」『』合掌恭敬。此人除卻「五十劫生死之罪」。若有「敬禮彌勒者」。除卻「百億劫生死之罪」。設「不生天」未來世中「龍花菩提樹」下亦得值遇。發「無上心」。

所以，要去「彌勒淨土」的條件是「繫念思惟（常常想著）」三件事情：

(1)念兜率陀天：心中常念「彌勒佛」，念念不忘「兜率陀天淨土」。

(2)持「佛禁戒」一日至七日：平時要「諸惡莫做，衆善奉行。」

⑶思念「十善」，行「十善道」。

所謂「十善道」就是「身、口、意」三清（三個清淨項目）：

⑴身清：不殺生、不偷盜、不邪婬；

⑵意清：不貪欲、不瞋恚、不愚癡；

⑶口清：不惡口、不綺語、不妄語、不兩舌。

要往生「兜率天淨土」的條件，眞的要比往生「西方極樂世界」的條件，容易太多了，所以非常適合處於末法時期的現代人，這也是「釋迦牟尼佛」的慈悲和苦心安排。

「釋迦牟尼佛」在《觀彌勒菩薩上生兜率天經》、《彌勒下生經》和《彌勒大成佛經》中，詳細介紹「彌勒菩薩」給「衆生」認識。

其實，在「佛教史」上，「彌勒菩薩」的記載起源很早，很可能在「佛教」第一次結集「佛經」時，就已經出現。在《中阿含經．王相應品．說本經》中記載：「佛告『諸比丘』。未來久遠『人壽八萬歲』時。當有佛。名『彌勒如來』。」這是各個「佛教部派」都認可的基本共識。

「彌勒菩薩」，意譯爲「慈氏」，是「釋迦牟尼佛」親口交代，「彌勒菩薩」未來將在「娑婆世界」降生成佛，成爲「娑婆世界」的下一尊佛。

「彌勒菩薩」的「兜率陀天淨土」，是在「釋迦牟尼佛」演說《佛說觀彌勒菩薩上生兜率天經》之後，過了十二年後命終，往生「兜率陀天」上，由五百萬億天子幫忙建造而成。所以，「彌勒淨土」是在距今兩千五百年前建立的。

●《佛說觀彌勒菩薩上生兜率天經》原文：

爾時會中有一菩薩名曰「彌勒」。聞佛所說。應時卽得「百萬億陀羅尼門」。卽從座起整衣服。叉手合掌住立佛前。爾時「優波離」亦從座起。頭面作禮而白佛言。「世尊」。「世尊」往昔於「毘尼」中及「諸經藏」說「阿逸多（彌勒菩薩之字）」次當作佛。此「阿逸多」具「凡夫身」未斷諸漏。此人命終當生何處。其人今者雖復出家。「不修禪定不斷煩惱」。佛記此人成佛無疑。此人命終生何國土。

「佛」告「優波離」。諦聽諦聽善思念之。如來應正遍知。今於此衆說「彌勒菩薩摩訶薩」阿耨多羅三藐三菩提記。此人「從今十二年後命終」。必得往生「兜率陀天」上。爾時「兜率陀天」上。有「五百萬億天子」。一一天子皆修甚深「檀波羅蜜」。爲供養「一生補處菩薩」故。以「天福力」造作「宮殿」。

甚至，在《地藏菩薩本願經》裡，在「釋迦牟尼佛」和「地藏王菩薩」的對話中，也提到「阿逸多（彌勒菩薩之字）」成佛的事情。

●《地藏菩薩本願經》原文：

汝當憶念吾在「忉利天宮」，殷勤付囑。令「娑婆世界」，至「彌勒」出世已來衆生，悉使解脫，永離諸苦，遇佛授記。」

●《地藏菩薩本願經》原文：

爾時，「地藏菩薩摩訶薩」白「佛」言：「世尊！我承『佛如來』威神力故，遍百千萬億世界，分是身形，救拔一切業報衆生。若非如來大慈力故，卽不能作如是變化。我今又蒙佛付囑，至『阿逸多』成佛已來，六道衆生，遺令度脫。唯然，世尊，願不有慮。」

「釋迦牟尼佛」交代遺旨，「佛滅度後」我「諸弟子」，應當「繫念念佛形像稱彌勒名」。往生「兜率陀天」。於「蓮華上結加趺坐」。

●《佛說觀彌勒菩薩上生兜率天經》原文：

「佛滅度後」我「諸弟子」。若有精勤修「諸功德威儀」不缺掃塔塗地。以「衆名香妙花」供養行「衆三昧」深入正受讀誦經典。如是等人應當至心。雖不斷結如得「六通」。應當「繫念念佛形像稱彌勒名」。

如是等輩若「一念頃」受「八戒齋」。修「諸淨業」發弘誓願。「命終之後」譬如「壯士屈申臂頃」。卽得往生「兜率陀天」。於「蓮華上結加趺坐」。「百千天子」作「天伎樂」。持「天曼陀羅花」摩訶曼陀羅華。以散其上讚言。善哉善哉「善男子」。汝於「閻浮提」廣修「福業」來生此處。此處名「兜率陀天」。

今此「天主」名曰「彌勒」。汝當歸依。應聲卽禮禮已。諦觀「眉間白毫相光」。卽得超越「九十億劫生死之罪」。是時「菩薩」隨其宿緣爲說妙法。令其堅固不退轉於「無上道心」。

「釋迦牟尼佛」是不打誑語的，可是他交代的遺旨，卻遲遲未兌現。目前大家都說要往生到「阿彌陀佛」的「西方極樂世界」，很少聽說要往生到「彌勒佛」的「兜率天淨土」。

直到我研究「一貫道」的歷史和內涵之後，我才恍然大悟，原來「一貫道」的「信徒」往生之後，是要歸依「彌勒佛」，到「兜率天淨土」去的，完全遵照「釋迦牟尼佛」的遺旨。

所以，單憑這一點，就可以肯定「一貫道」的價值。

二、第二寶「無字眞經（口訣）」是「方便法門」

我很驚訝一件事情，就是「釋迦牟尼佛」的遺旨，似乎沒有在今日的「佛教界」實現。

在《佛說觀彌勒菩薩上生兜率天經》中，「釋迦牟尼佛」鼓勵「衆生」去「彌勒佛」的「兜率陀天淨土」。「釋迦牟尼佛」更在多部經典中強調，「彌勒佛」是「娑婆世界」的「未來佛」，是接替他的下一尊佛。

在《佛說彌勒下生經》中，「釋迦牟尼佛」提到「龍華三會」交代說：「是時『彌勒』。申右手指示『迦葉』告諸人民。過去久遠『釋迦文佛弟子』。名曰『迦葉』。今日現在『頭陀苦行』最爲第一。是時諸人見是事已歎未曾有。無數百千衆生。諸塵垢盡得『法眼淨』。或復有衆生見『迦葉身』已。此名爲『最初之會』。九十六億人皆得『阿羅漢』。斯等之人『皆是我弟子』。……………。『彌勒佛第二會』時。有九十四億人。皆是『阿羅漢』。亦復是『我遺教弟子』。……………。又『彌勒第三之會』。九十二億人。皆是『阿羅漢』。亦復『是我遺教弟子』。爾時『比丘』姓號皆名『慈氏弟子』。如我今日諸聲聞皆稱『釋迦弟子』。」

「釋迦牟尼佛」的遺旨，淸楚的交代在「龍華三會」中：

(1)此名爲「最初之會」。「九十六億人」皆得「阿羅漢」。「斯等之人皆是我弟子」。

(2)「彌勒佛第二會」時。有「九十四億人」。皆是「阿羅漢」。「亦復是我遺教弟子」。

爾時比丘姓號皆名『慈氏弟子』。如我今日諸聲聞皆稱『釋迦弟子』。

也就是說，「釋迦牟尼佛的弟子」，最後都成爲「彌勒佛的弟子」。

基本上，「釋迦牟尼佛」曾經在「佛經」中，建議「衆生」去的「淨土」有兩個，一個是「阿彌陀佛」的「西方極樂世界」；另一個是位於「兜率陀天」的「彌勒淨土」。

但不同的是，「彌勒佛」是「釋迦牟尼佛」指定的「未來佛」，是他的「接班佛」，是被「釋迦牟尼佛」指定來救度「末法衆生」的佛。

結果，在今日的「佛教界」，幾乎一面倒都是「阿彌陀佛」的信仰，「彌勒佛」的信仰極少數，只有已故的「常照法師」，創立「大慈山彌勒道場」，弘揚「彌勒法門」。

「常照法師」曾經請教「印順導師」許多有關「彌勒法門」的問題，「印順導師」一一慈悲開示，並且鼓勵「常照法師」堅定信念，弘揚「彌勒法門」，以利益「末法衆生」。自此以後，「常照法師」即以弘揚「彌勒法門」爲其終生之志業。

令人遺憾的是，「常照法師」是今日所謂「正統佛教」的「異類」，因爲大概只有他奉行「釋迦牟尼佛」的遺囑，弘揚「彌勒法門」。也因爲「常照法師」不是提倡去「阿彌陀佛」的「西方極樂世界」，所以有常被所謂的「正統佛教徒」批評。

不過，令我感到震驚的是，在今日謹遵「釋迦牟尼佛」遺旨的「宗教團體」，除了「常照法師」創立的「大慈山彌勒道場」之外，居然還有「一貫道」。

要如何修行，才能夠去「彌勒淨土」呢？

「釋迦牟尼佛」在《佛說觀彌勒菩薩上生兜率天經》中說：「『佛』告『優波離』：『佛』滅度後，『四部弟子』、天、龍、鬼神，若有欲生『兜率陀天』者，當作是觀『繫念思惟』。『念兜率陀天』，持『佛禁戒』一日至七日，思念『十善』，行『十善道』，以『此功德』迴向，願生『彌勒前』者，當作是觀。」

所以，要去「彌勒淨土」的條件是「繫念思惟（常常想著）」三件事情：

⑴念兜率陀天：心中常念「彌勒佛」，念念不忘「兜率陀天淨土」。

⑵持佛禁戒一日至七日：平時要「諸惡莫做，衆善奉行」。

⑶思念「十善」，行「十善道」。

所謂「十善道」就是「身、口、意」三淸（三個淸淨項目）：

⑴身淸：不殺生、不偸盜、不邪婬；

⑵意淸：不貪欲、不瞋恚、不愚癡；

⑶口淸：不惡口、不綺語、不妄語、不兩舌。

「釋迦牟尼佛」所說的這三個條件，在今日的「一貫道」，完全被實踐。尤其是「不殺生」這一戒，多少「一貫道」的信徒立下「淸口愿」，「淸口茹素」的人數之多，是「佛教界」的「佛教徒」無法想像的。

而第三寶「無字眞經（口訣）」，更是用來時常繫念思惟「彌勒佛」的「方便法門」。

所謂「方便法門」，「方」爲「方法」，「便」爲「便用」，本義爲「方法、辦法、教導法」，又稱爲「善巧方便、善權方便」等，是「佛教術語」，意爲「佛菩薩」應「衆生」之根機，用各種「權宜辦法」，引導「衆生」進入於「佛道」。卽而用種種方法施予化益。

我對於「無字眞經」的這五個音，非常讚嘆。因爲，這五個音是個「方便法門」，可以用來時常繫念思惟「彌勒佛」。

我觀察周遭認識的一些「一貫道」信徒，尤其是「年長的信徒」，嘴裡常念「彌勒老祖師」或簡稱「老祖師」，常說自己往生後，一定要去「彌勒老祖師」那裡。這種情況，完全符合「繫念思惟彌勒佛」的條件。

另外，「一貫道信徒」有一句口頭禪是：「回理天，見老⊙（母）。」，其實原句是「回無極理天，見無極老⊙（母）。」這個名詞是十五代祖「王覺一」取自「宋明理學」的理論。

「無極理天」等同是「老子」所說的「道」，等同是「釋迦牟尼佛」所說的「涅槃境界」；「無極老⊙（母）」的概念，是從「太極圖」演變而來，等同是「釋迦牟尼佛」所說的「自性、本性」，因此「無極老⊙（母）」又稱爲「自性老⊙（母）」，見「無極老⊙（母）」就是「見自性」。

因此，「回理天，見老⊙（母）」，就等同於「釋迦牟尼佛」所說的「見性成佛」的意思。

也就是說，「一貫道」把「無字眞經」的這五個音，用來時常繫念思惟「彌勒佛」；用一句口頭禪：「回理天，見老⊙（母）。」來表示「見性成佛」的最終極目標。

這兩個「方便法門」，設計的實在太善巧了，只要「夠誠心」，保證往生後，一定可以上升到「兜率陀天」的「彌勒淨土」，去面見「彌勒老祖師」。

我突然間明白，原來在今日要大力實踐「釋迦牟尼佛」的遺旨，「末法衆生」要往生「兜率陀天」的「彌勒淨土」，只有依靠「一貫道」去大力弘揚「彌勒法門」。

三、學習「三教經典」

「儒教、佛教、道教」三教概念的發展，「魏晉南北朝」是一個階段，「唐、宋」是一個階段，「元、明、清」又是一個階段。在最初，雖然有「三教」連稱，不過彼此是完全獨立的，之後相互影響，互相融合，最後形成了「三教合一」的中國文化宗教。

「一貫道」提倡「三教合一」，所以平常在學習時，很自然的就會接觸到「三教經典」，學習「三教」的修行精華，可以說是一種「博學」的學習方式。

有關「佛教」的修行精華，請參閱拙作《看懂心經》、《看懂禪機》和《看懂證道歌》；有關「道教」的修行精華，請參閱拙作《看懂道家》和《看懂道教》。

至於有關「儒教」的修行精華，請參閱拙作《看懂道家》的最後一個單元；「莊子」著書《莊子》。因爲，「孔子」的「修行心法」，不記載在《論語》裡面，是記載在《莊子．人間世》裡。

在《莊子．人間世》的第一部分，「孔子」在弟子「顏回」打算出仕「衛國」時，教導「顏回」，「儒家」的修行心法「心齋」。「心齋」就是「孔子」的修行心法，居然出現在道佳的經典《莊子》裡面，而不在「儒教」的任何一部經典裡，這是一件很奇特的事情。

下面我就摘錄其中的重點，來和讀者分享。

●**《莊子．內篇．人間世第四》原文：**

顏回曰：「吾無以進矣，敢問其方。」

仲尼曰：「齋，吾將語若！有而爲之，其易邪？易之者，皞天不宜。」

顏回曰：「回之家貧，唯不飲酒、不茹葷者數月矣。若此，則可以爲齋乎？」曰：「是祭祀之齋，非心齋也。」回曰：「敢問心齋。」

仲尼曰：「若一志，無聽之以耳而聽之以心，無聽之以心而聽之以氣。聽止於耳，心止於符。氣也者，虛而待物者也。唯道集虛。虛者，心齋也。」

顏回曰：「回之未始得使，實自回也；得使之也，未始有回也。可謂虛乎？」

夫子曰：「盡矣。吾語若！若能入遊其樊而無感其名，入則鳴，不入則止。無門無毒，一宅而寓於不得已，則幾矣。絕跡易，無行地難。爲人使，易以僞；爲天使，難以僞。聞以有翼飛者矣，未聞以無翼飛者也；聞以有知知者矣，未聞以無知知者也。瞻彼闋者，虛室生白，吉祥止止。夫且不止，是之謂坐馳。夫徇耳目內通而外於心知，鬼神將來舍，而況人乎！是萬物之化也，禹、舜之所紐也，伏戲、几蘧之所行終，而況散焉者乎！」

【白話翻譯】

「顏回」問道：「我沒有更好的辦法了，冒昧地向『老師』求教方法。」

「孔子」回答道：「『齋戒』清心，我將告訴你！如果懷著積極『用世（爲世所用）之心』去做，難道是容易的嗎？如果這樣做也很容易的話，『蒼天』也會認爲是不適宜的。」

「顏回」問道：「我『顏回』家境貧窮，不飲酒、不吃葷食，已經好幾個月了，像這樣，可以說是『齋戒』了吧？」

「孔子」回答道：「這是『祭祀』前的所謂『齋戒』，並不是『心齋』。」

「顏回」問道：「請教什麼是『心齋』？」

「孔子」回答道：「你必須『意念專一』，停止『遊思浮想』。然後『關閉聽覺器官』，不用『耳聽』，僅用『心聽』，用『心聽』就是用『意識』去知覺外界的存在。然後『斷絕意識活動』，不用『心聽』，僅用『氣聽（指虛以待物的心境）』。『凝寂虛無』的心境，才是『虛弱柔順』而能應待『宇宙萬物』的，只有『大道』才能匯集於『凝寂虛無』的心境。『虛無空明』的心境就叫做『心齋』。」

「顏回」問道：「我稟受了『心齋』的教誨，我要是不做『心齋』功夫，就實實在在有個『顏回』，而要是做了『心齋』，就似乎沒有我『顏回』的存在了。進入這個狀態，也就是達到『虛空』的境界了吧？」

「孔子」回答道：「對極了！你對於『心齋』的理解，說得十分深透詳盡。

我再告訴你，這個時候，你就能夠既完全按照對方的意思行事，同時又不會爲『名利地位』所心動。他採納你的進諫，你就說，他不採納，你就不說；既不建議他做什麼，也不勸他不做什麼，完全隨順事情的自然發展。你只要把你的『心思』高度集中，『心靈』安於凝聚專一，全無雜念。能做到了這一步，就接近於『大道』，符合『心齋』的要求了。

就如同『行走』，就會留下『足跡』，『足跡』容易滅除，而做了事情，很難不留下痕跡。人行事，若是爲『人的欲望』所驅使，就很容易『作假』，若是出於『自然本性』，就絕對不會造假。所以，只聽說過，『有翅膀的動物』會飛行，沒聽說過『沒有翅膀的動物』也會飛行；只聽說過，有『認知能力』的人會了解，沒有聽說過，沒有『認知能力』的人，也會了解。

要是看到某人處於『心靈空虛』的狀態，在他『空靈（道家的哲學境界，是指人或思想靈活而不可捉摸，空靜而帶有靈活的氣息。）』的精神世界裡，會生出什麼也不存在的『虛無』的心理狀態，有吉祥（吉利祥瑞）之感，停留於『空明虛靜』的心境，而且這種感覺不會停止，所以內心不能寧靜，可稱爲『坐馳（身不動而雜念不息）』。

使『耳朵、眼睛』等感官，向內通達，而排除『心智』向外追求，這樣鬼神都將來依附，何況是人呢！這樣『萬物』就都可以被感化，這是明君『禹、舜』處世，據以獲得人心的關鍵，也是古代聖君『伏羲氏』和『幾蘧（ㄑㄩˊ）』始終遵循的行爲準則，更何況是普通的人呢！」

我再節錄重點中的精華經文，和「讀者們」分享。

什麼是「心齋」呢？

●《莊子・內篇・人間世第四》原文：

回曰：「敢問心齋。」

仲尼曰：「若一志，無聽之以耳而聽之以心，無聽之以心而聽之以氣。聽止於耳，心止於符。氣也者，虛而待物者也。唯道集虛。虛者，心齋也。」

【白話翻譯】

「顏回」問說：「請教什麼是『心齋』？」

「孔子」回答說：「你必須『意念專一』，停止『遊思浮想』。然後『關閉聽覺器官』，不用『耳聽』，僅用『心聽』，用『心聽』就是用『意識』去知覺外界的存在。然後『斷絕意識活動』，不用『心聽』，僅用『氣聽（指虛以待物的心境）』。『凝寂虛無』的心境，才是『虛弱柔順』而能應待『宇宙萬物』的，只有『大道』才能匯集於『凝寂虛無』的心境。『虛無空明』的心境就叫做『心齋』。」

這就是學習「三教經典」的好處，「儒教」的信徒，絕對意想不到，「儒教」的修行心法「心齋」，居然會出現在「道家」的經典《莊子》裡面。

四、尊重五大教派

在「中國」有三大宗教團體，簡稱「三教」。「三教」指的是「儒教、釋（佛）教、道教」三家。這「三教」概念的發展，可以分成三個階段，「魏晉南北朝（梁武帝）」是第一個階段，「唐、宋」是第二個階段，「元、明、清」是第三個階段。

在第一個階段，雖然有「三教」的合稱，不過彼此是獨立的，但是相互間都有影響，儒、佛、道三者之所以相提並論，是偏重於它們在「社會功能」上的互補。

在第二個階段，是一個「過渡時期」的階段，主要在於彼此「內在意識」上的流通融合，但是彼此依然各樹一幟。

到了第三個階段，才出現眞正宗教形態上的「三教合一」。其中，第二個階段是在繼續第一階段三教功能互補的基礎上更添新內容，第三個階段亦是在前二個階段的底子上，再演化出來「三教合一」的新成分，這也反映了「三教合流」的趨勢越來越明顯。

後來，「基督教」和「伊斯蘭教」陸續傳入「中國」，這兩個教派是外來的宗教團體。

「基督教」傳入「中國」，最早的記載是唐太宗貞觀九年（公元六三五年），來自「波斯」的「大秦國」，有大德「阿羅本」帶來經書到「長安」，由當時的名相「房玄齡」迎接，獲得唐太宗「李世民」的接見。此時進入中國的「基督教」是「聶斯托留派」，來「中國」後被稱爲「景教」。

一直到「清代」嘉慶十二年（公元一八〇七年二，第一位「新教傳教士」，「新教英國倫敦會」的「馬禮遜」來華傳教，並任職於「廣州英國東印度公司」。七年之後，第一個中國新教徒「蔡高」受洗。

在公元七世紀，已經有「阿拉伯伊斯蘭教」的「穆斯林」僑居「中國」，所以「伊斯蘭教」出現在「中國」已經有一千三百多年的歷史。

因爲在「中國歷史」上，信奉「伊斯蘭教」的民族是「回族」，因此「伊斯蘭教」也被稱爲「回教」。

「伊斯蘭教」在「中國」的傳播，開始於「元代」，在「明代」開始本土化。雖然「清代」有不少士人開始研究「伊斯蘭教」，翻譯《古蘭經》。但是，當時「清代」政府對於「伊斯蘭教」，採取較爲壓制的態度。

公元一八六二年至一八七七年間，「陝西、甘肅、青海」等地，發生大規模「回族穆斯林」的武裝反叛，和對漢民等「非穆斯林族群」的屠殺，「清廷」擔憂「回民」反叛勢力顛覆其統治，於是進行強力鎮壓，最終平定了西北一帶的「回民」叛亂，招安了「回民反叛勢力」。

清末，「清代」西北一帶的「陝西省」和「甘肅省」發生了「同治陝甘回變」，共導致了至少兩千萬平民喪生。同時，「清代」西北一帶的「回疆」也發生叛亂，「清廷」恐怕「沙俄」會趁機將勢力滲入「中國回疆」，派「左宗棠」平亂，最終正式建立「新疆省」。

後來，「基督教」和「伊斯蘭教」在「中國」發展傳教，再加上原來的「儒教、釋（佛）教、道教」三教，於是在「中國」形成五大宗教團體，簡稱「五教」。

在「一貫道」佛堂的每日禮拜中，有「五教聖人」的禮拜，而不是「三教聖人」。這個禮拜「五教聖人」的來源，源自於十五祖「王覺一」的提倡。

在十五祖「王覺一」所撰的《三教圓通．論心》裡，十五祖「王覺一」有詳細的闡述，他對「五教合一」的理念。

●《三教圓通．論心》原文：

現今「五教（儒、釋、道、耶、回）」並重，萬國通商（指與外國互相貿易）。吾等學人（從事學術研究的人），各宜（應該）仰體上意（謂體察上情），「合五教爲一教」，連中外爲一家，化「乖氣（戾氣）」爲「和氣」，化「戰爭」爲「揖讓（作揖謙讓。爲古代賓主相見的禮節。）」，上慰天心（天帝的意志），下順人意（人的意願），豈非一大快事！

化（教化）之之法，「五教」各有「經典」，各國俱有遺文（古人或死者留下的詩文）；經典遺文（古人或死者留下的詩文），皆「上世聖賢」化民（教化人民）成俗（固有的習慣、風俗），代天宣化（施布教化）之言。雖文有萬殊（各不相同），而「理」無二致（不一致）。「學者」當先明（使通曉）天人（天和人）一貫（連貫），理氣（理天和氣天）原因（事態的起因）；眞知（眞正的知曉）眞見（無見之見），躬行（親自實踐）實得（眞正得到），而後自然心若懸鑑（高掛的鏡子），見其文則會（瞭解、領悟）其志（記錄事物的書，指經典）。

無論「釋教（佛教）、道教、回教、耶教」，皆可以「升其堂入其室（比喻學識或技能由淺入深，循序漸進，逐步達到很高的成就。）」，徹（貫通、通透）其底蘊（事情的具體內容），得其「心法命脈（比喻影響生存、發展的最根本因素）」。道（道家）者、使之成仙。釋（佛教）者、使之成佛。回（回教）者、耶（基督教）者、使之靈魂出苦，同回「天主之國」。

默移潛化（人的思想、性格或習慣，受到環境或別人的影響，於不知不覺中起了變化。），使之皆大歡喜，已入我「賢關（賢人之境界）」、「聖域（聖人之境界）」，而不自知也！此「因時，因事，因地，因人」，通權達變（不墨守常規，而根據實際情況，作適當的處置。），隨方設教（因地而異，教化衆生。）之大略（遠大的謀略）也。

「王覺一」祖師說，現今「五教（儒、釋、道、耶、回）」並重，萬國通商。吾等學人，各宜仰體上意，「合五教爲一教」，連中外爲一家。

教化之法，「五教」各有「經典」，經典遺文，皆「上世聖賢」化民成俗，代天宣化之言。雖文有萬殊，而「理」無二致。「學者」當先使人通曉「天和人」一貫，「理天」和「氣天」的起因。

「道家」者，使之「成仙」。「佛教」者，使之「成佛」。回（回教）者、耶（基督教）者，使之靈魂出苦，同回「天主之國」。

此「因時，因事，因地，因人」，通權達變（不墨守常規，而根據實際情況，作適當的處置。），隨方設教（因地而異，教化衆生。）之大略（遠大的謀略）。

後來，「一貫道」根據「王覺一」祖師的理念，整理出「五教的教法」：

⑴儒教：存心養性、執中貫一，講忠恕。

⑵道教：修心鍊性、抱元守一，講善良。

⑶佛教：明心見性、萬法歸一，講慈悲。

⑷耶教：洗心移性、默禱親一，講博愛。

⑸回教：堅心定性、清眞返一，講惻隱。

「一貫道」提出「五教合一」，認爲「五教」盡歸「一貫道」的理念，常被其它教派批評是「抑人揚己」的說法，非常排斥反對。

其實，「五教合一」的解釋，應該是「五教同源」。「所謂「合一、同源」的意思，「一」就是「道、眞理」，「五教」同源於「道」，也就是「宇宙能量」。各個宗教都追本溯源，奉行當初各宗教「教主」創教以「道」爲眞諦來奉行，大家互相尊敬、包容、團結、合作，共同爲引導世人邁向光明而努力，這才是「宗教家」應有的風範。

所以，「宗教家」的目的是要「世界和平」，「道」的內涵，是以「忠恕、善良、慈悲、博愛、惻隱」爲出發點，以「淨化人心、造福人群、勸人爲善、安定社會、闡明其理、互相尊重、包容」爲教義，共同爲建立「人間淨土」，爲「世界大同」而努力。

依我的看法，「五教合一」共同創造「世界和平」，這是個崇高的理想，實際上無法達到。因爲，「儒教、釋（佛）教、道教」三家和「基督教、伊斯蘭教」的教義，南轅北轍，相差太大。

「王覺一」祖師想要仿效「三教合一」，擴大提倡「五教合一」。但是，立意雖好，實際上不可行。

因爲「三教合一」，在中國彼此鬥爭了幾百年，才慢慢有「合一」的可能。最重要的關鍵是，「儒家、佛家、道家」，這三家的道義，確實有相似之處，所以才有「三教合一」的可能性。

可是，「基督教」和「回教」同出於「猶太教」，它的道義和「儒家、佛家、道家」，可說是「天差地別」。而且，「基督教」和「回教」的「上帝」殺人無數，殺人不眨眼，對於違背「上帝」心意的人，都死的很淒慘。我所說的話，都是依照《舊約聖經》的記載，不是惡意批評「基督教」和「回教」。

所以，「王覺一」祖師要提倡「五教合一」，他的出發點非常好，目的是要「世界大同」，值得肯定。只可惜，「王覺一」祖師應該沒有讀過《舊約聖經》。否則，當他知道上帝「耶和華」是有形象的，會和「亞伯拉罕」面對面說話，還會吃「牛肉」。相信「王覺一」祖師就不會把「基督教」和「回教」納入「宗教合一」的對象了。

● **《舊約聖經》創世記：**

18:1 「耶和華」在「幔利橡樹」那裡、向「亞伯拉罕」顯現出來．那時正熱、「亞伯拉罕」坐在帳棚門口。

18:2 舉目觀看、見有「三個人」在對面站著．他一見、就從帳棚門口跑去迎接他們、俯伏在地、

18:3 說、「我主」、我若在你眼前蒙恩、求你不要離開「僕人」往前去。
18:4 容我拿點水來、你們洗洗腳、在樹下歇息歇息·
18:5 我再拿一點餅來、你們可以加添心力、然後往前去、你們既到「僕人」這裡來、理當如
此。他們說、就照你說的行罷。
18:6 「亞伯拉罕」急忙進「帳棚」見「撒拉」說、你速速拿三「細亞細麵」調和作餅。
18:7 「亞伯拉罕」又跑到「牛群」裡、牽了一隻又嫩又好的「牛犢」來、交給「僕人」、
「僕人」急忙預備好了。
18:8 「亞伯拉罕」又取了「奶油」和「奶」、並預備好的「牛犢」來、擺在他們面前、自己
在樹下站在旁邊、「他們就喫了」。

雖然，「基督教」與「伊斯蘭教」的教義，和「儒教、釋（佛）教、道教」三家的教義差很多。但是，「王覺一」祖師尊重「基督教」和「伊斯蘭教」，有容納外來「異教」的雅量，是值得肯定的。

所以，「一貫道」尊重「五大教派」，並且禮拜「五教聖人」的這種做法，是「一貫道」的價值之一。而這「五大教派」，都認爲只有自己最好，唯我獨尊，大多排斥其他的教派。

第八單元 「一貫道」的釋疑

一、爲什麼要求道？

⑴道脈的傳承

「一貫道」的「求道儀式」，源自於「禪宗」有一個很特殊的傳法儀式，稱爲「以僧伽黎圍之」。這個的傳法儀式，「佛經」記載有發生過二次，第一次發生在「釋迦牟尼佛」傳法給「印度禪宗」第一代祖師「摩訶迦葉尊者」的時候；第二次發生在「印度禪宗」的第二十八祖師菩提達摩把禪法傳到中國之後，「中國禪宗」的五祖「弘忍」傳法給第六代祖師六祖「惠能」的時候。

●**《指月錄》卷之一原文：**

世尊在靈山會上拈花示衆。是時衆皆默然。唯迦葉尊者破顏微笑。世尊曰。吾有正法眼藏涅槃妙心。實相無相微妙法門。不立文字教外別傳。付囑摩訶迦葉。世尊至多子塔前。命摩訶迦葉分座令坐。「以僧伽黎圍之」。遂告曰。吾以正法眼藏。密付於汝。汝當護持。并敕阿難副貳傳化。無令斷絕。

「釋迦牟尼佛」的「以僧伽黎圍之」的傳法儀式，第二次發生在「中國禪宗」的五祖「弘忍」傳法給六祖「惠能」的時候。

●《六祖法寶壇經》原文：

次日，祖潛至碓坊，見能腰石舂米，語曰：「求道之人。為法忘軀。當如是乎。」乃問曰：「米熟也未？」惠能曰：「米熟久矣，猶欠篩在。」祖以杖擊碓三下而去。惠能卽會祖意，三鼓入室；「祖以袈裟遮圍」，不令人見，為說金剛經。至應無所住而生其心，惠能言下大悟，一切萬法，不離自性。

「釋迦牟尼佛」的「以僧伽黎圍之」這個舉動，在「印度禪宗」的二十八代祖師傳承中，所有的經典都沒有再提起過。直到「中國禪宗」的五祖「弘忍」傳法給六祖「惠能」的時候，才又出現一次，《六祖壇經》記載著「祖以袈裟遮圍，不令人見，為說金剛經」。

五祖「弘忍」以「袈裟遮圍」六祖「惠能」，不讓別人難見，為六祖「惠能」演說《金剛經》。演說《金剛經》，還要用「袈裟遮圍」，這不是多此一舉，很奇怪嗎？

在「禪宗經典」的記載，釋迦牟尼佛的「以僧伽黎圍之」，以及五祖弘忍的「以袈裟遮圍」，這兩個舉動，絕對不是「偶然」事件，而是歷代「禪宗傳承」時的「必然」儀式。只是，這是個「祕密儀式」，所以「禪宗」的經典都不見有記載。

「以袈裟遮圍」到底要做什麼呢？只能說「佛意難測」，身在「末法時代」的我們，究竟不曉得「釋迦牟尼佛」的葫蘆裡，賣的是什麼藥？

倒是在「一貫道」的「求道儀式」中，「以僧伽黎圍之」和「以袈裟遮圍」的舉動，被納入「求道儀式」裡。

「一貫道」以點「佛燈」之後，奉請「諸天仙佛護法壇」，來代替「以袈裟遮圍」和「以袈裟遮圍」的動作。這個「求道儀式」，就是代表「道脈的傳承」，以前是「單傳」，只夠一人傳一人，因爲現在是「末法時期」，天時緊急，所以上天開放「多傳」，以救助有緣的衆生。

⑵見性成佛

「一貫道」有一句口頭禪，就是「回理天，見老⊙（母）。」其實原句是「回無極理天，見無極老⊙（母）」。這個名詞是十五代祖「王覺一」取自「宋明理學」的理論。

「無極理天」等同是「老子」所說的「道」，等同是「釋迦牟尼佛」所說的「涅槃境界」；「無極老⊙（母）」的概念，是從「太極圖」演變而來，等同是「釋迦牟尼佛」所說的「自性、本性」，因此「無極老⊙（母）」又稱爲「自性老⊙（老）」，見「無極老⊙（母）」就是「見自性」。

因此，「回理天，見老⊙（母）」，就等同於「釋迦牟尼佛」所說的「見性成佛」的意思。

⑶成爲「彌勒佛」的弟子

求道時，所得到的第三寶「無字真經（口訣）」，就是成爲「彌勒佛」的弟子的「方便法門」。

在《佛說觀彌勒菩薩上生兜率天經》中，「釋迦牟尼佛」鼓勵「衆生」去「彌勒佛」的「兜率陀天淨土」。「釋迦牟尼佛」更在多部經典中強調，「彌勒佛」是「娑婆世界」的「未來佛」，是接替他的下一尊佛。

在《佛說彌勒下生經》中，「釋迦牟尼佛」的遺旨，清楚的交代在「龍華三會」中，「釋迦牟尼佛」的弟子，最後都成爲「彌勒佛」的弟子。

「彌勒佛」是「釋迦牟尼佛」指定的「未來佛」，是他的「接班佛」，是被「釋迦牟尼佛」指定來救度「末法衆生」的佛。

那要如何修行，才能夠去「彌勒淨土」呢？

「釋迦牟尼佛」在《佛說觀彌勒菩薩上生兜率天經》中說：「佛告優波離：佛滅度後，四部弟子、天、龍、鬼神，若有欲生兜率陀天者，當作是觀繫念思惟。念兜率陀天，持佛禁戒一日至七日，思念十善，行十善道，以此功德迴向，願生彌勒前者，當作是觀。」

所以，要去「彌勒淨土」的條件是「繫念思惟（常常想著）」三件事情：

①念兜率陀天：心中常念「彌勒佛」，念念不忘「兜率陀天淨土」。

②持佛禁戒一日至七日：平時要「諸惡莫做，衆善奉行。」

③思念「十善」，行「十善道」。

所謂「十善道」就是「身、口、意」三清（三個清淨項目）：

①身清：不殺生、不偷盜、不邪婬；

②意清：不貪欲、不瞋恚、不愚癡；

③口清：不惡口、不綺語、不妄語、不兩舌。

「釋迦牟尼佛」所說的這三個條件，在「一貫道」理，完全被實踐。尤其是「不殺生」這一戒，多少「一貫道」的信徒立下「清口愿」，「清口茹素」的人數之多，是「佛教界」的「佛教徒」無法想像的。

另外，「一貫道」還有一句口頭禪，就是「天榜掛號，地府除名」。很多人都懷疑，或者不相信。

其實，這是眞的事情，因爲「一貫道的信徒」往生後，一旦上升到「彌勒淨土」，當然就不會去「地獄」見「閻羅王」了。就像「淨土宗」的信徒，假如往生後，有資格上升到「阿彌陀佛」的「西方極樂世界」，那他不也是「天榜掛號，地府除名」嗎？

(4) 指出修道的心法「末後一著」

求道時，所得到的第二寶「玄關竅（玄關）」，稱爲「末後一著」，就是「修道的心法」。

在「求道儀式」中，「求道人」會聽到「點傳師」說：「末後一著昔未言，明人在此訴一番；愚夫識得還鄉道，生來死去見當前。」

「末後」者，是「最後」的意思，即指本元會「天定十佛掌教，業已過了九佛！現在只剩下第十佛彌勒佛之龍華收圓」了。現在天地之氣數，已至「午未」交替，午會氣數將盡，而收束收圓之時節，已經迫在眼前。故上天敕令「諸天神聖」倒裝下凡，各處奔忙、各顯神通，挽救「原人佛子」，齊登法船，待機開往「龍華會」，見「彌勒佛」聞法證果。

「末後一著」可以說是「一貫道」的核心，「一貫道」的修道心法，由十五祖「王覺一」所提出。那什麼是「末後一著」呢？

在十五祖「王覺一」的著作《北海老人全書》裡的《三教圓通》內，第二單元「呂祖韓仙，師徒問答寓言」，對「末後一著」有詳細的解說。

● **《三教圓通》（二）呂祖韓仙，師徒問答寓言：**

師曰：「尚有『末後（最後）一著（顯露）』」

湘曰：「請問其詳？」

師曰：「『交宮（交接）換位』，卽『末後一著』也。」

湘曰：「何爲『交宮換位』，卽『末後一著』也。」

師曰：「『初佛』交宮（交接；原是古天文學術語。謂太陽運行與黃道十二宮相交的位置），『二佛』收圓。是時（此時、這時候）人主昏迷，奸臣弄權；忠臣投入異國，良將奔走外邦；此是『初佛交宮』，『二佛收圓』的報應。

『二佛交宮』，『三佛收圓』。是時（此時、這時候）海水枯竭，樹木焦悴地裂山崩；年年旱澇（久未降雨和雨水過多兩種天災），歲歲饑荒；山東山西，天震地動；湖南湖北，蟲蝗刀兵水火，四方齊動，此乃『二佛交宮（交接）』，『三佛收圓』的報應。『報者』報其事，『應者』應其事，卽『末後一著』。」

在十五祖「王覺一」的著作《北海老人全書》裡的《三教圓通》內，第四單元「末後一著」，就有提到十五祖「王覺一」傳授「末後一著」。

●《三教圓通》末後一著：

或（有人）曰：「先生（王覺一祖師）」所傳「一著（受）」，神通廣大，證之：點開「智慧通天眼」，露出「金剛不壞身」。與「末後大道眞經」，明心見性，超生了死，出苦還原，成其正果，端坐上青天之說，反復思維，似乎不錯。

所謂「末後大道眞經」，已經佚失，但是有一部第十八代祖師「張天然」所撰的《古佛天眞考證龍華寶經》，延續「王覺一」祖師「末後一著」之說，成爲現代「一貫道」重要的理論基礎。

《古佛天眞考證龍華寶經》，「古佛」卽「燃燈古佛」；「天眞」是道教神名，卽「天皇眞人」；「龍華」是指「龍華三會」，「佛經」上說，「彌勒」在「龍華樹」下打坐，得道成佛時，樹枝成「龍頭狀」，吐「百寶花」。後來，「彌勒佛」又在「龍華樹」下召開三次法會，普度衆生，稱爲「龍華三會」。

● **《古佛天眞考證龍華寶經》云：**

⑴末後一著。萬法一門。無二無三。本是一乘。

⑵古佛法門。末後一著。千門萬戶。盡皈佛門。

⑶末後一著龍華會。諸佛萬祖總歸根。

⑷這天機從今日祖才洩漏。傳與你原來人莫要看輕。祖慈悲末後著點開眼目。老祖家皇胎兒都把眼睜。若睜開這慧眼皈家認祖。久以後赴龍華相伴天眞。

⑸無生老母傳說修行。五眼共六通。三身四智不離一根。末後一著。修煉圓明。點開眼目早拜天眞。

⑹末後一著。同赴龍華三會。

⑺末後一著。赴龍華。諸佛萬祖來搭查。個個考修行。諸佛手拈花。千門萬戶做一家。

其實，「末後一著」之說，不是「一貫道」的專利，而是中國民間主張「三教合一」教門的術語，源於「三期末劫」之說。「劫」本是「佛教」用語，本意是指「宇宙成壞的過程」，後來逐漸被「民間教門」借用，並賦予新的含義。

「民間教門」將「宇宙」分為「青陽、紅陽、白陽」三個時期，每期的期末，都會有「劫難」降臨，稱為「三劫」。「白陽劫期」又稱為「白陽劫」，為最後一個劫期。最後一劫最厲害，要將所有的「妖魔鬼怪」都掃除乾淨，同時解救經由前兩個劫期收圓後，仍然失散在人間的「皇胎兒女（原人）」，將其帶回「天宮（眞空家鄉）」與「無生老母」團聚。稱為「末後一著」，卽最後一期收圓，「總收圓」的意思。

歷史上，「三期末劫」之說和「末後一著論」合併運用，常被「民間教門」用來預識當世，吸引信衆。

「末後一著」又稱作「末後著」，「著（ㄓㄠˊ）」是表示「狀態的持續」或「已有了結果」，原本是「圍棋術語」，卽「最後一手、一子」，決定勝負之最後「關鍵棋」。「禪師」借用來意指「究極佛法」之句偈，轉指「禪僧示寂時」所唱之「最後一句」，卽「遺偈」。

我舉「禪宗」的《虛堂和尚語錄》和《大慧普覺禪師語錄》做例子，大家就可以知道「末後一著」幾乎是「禪師們」的口頭禪。

● **《虛堂和尚語錄》卷第一原文：**

「王常侍」訪「臨濟」。

問云：「者一堂僧還看經否？」

際云：「不看經。」

又問：「還習禪否？」

際云：「不習禪。」

侍云：「經不看禪不習。作箇甚麼？」

際云：「總教伊成佛作祖去。」

侍云：「金屑雖貴。落眼成翳。」

師（虛堂和尚）云：「好一局棊（ㄑㄧˊ，同『棋』）。黑白已分。只是『末後一著』。無人知得落處。」

●《大慧普覺禪師語錄》卷四原文：

上堂舉。「睦州」問「秀才」：「先輩治甚經？」

才云：「治易。」

州云：「易中道。百姓日用而不知。不知個甚麼？」

才云：「不知其道。」

州云：「作麼生是道？」

才無語。

州雲：「果然不知。」

師（大慧普覺禪師）云：「『秀才』雖然無語。默契『睦州』。只是少『末後一著』。」

「徑山」當時若見「睦州」道果然不知。但撫掌呵呵大笑。

「一貫道」的「末後一著」，就是在「求道儀式」中，「點傳師」會在「求道人」的眉間，用手指點一下，就稱爲「一著」。眉間這個位置，「道家」稱爲「玄關竅」或「上丹田」，而把「意念」守在「玄關竅」上，就稱爲「意守玄關」，簡稱爲「守玄」，是「一貫道」信徒的修道心法。

二、「一貫道」是「邪教」又盜用「佛教經典」？

網路上，有許多網民在攻擊汙衊「一貫道」是「邪教」。奇怪的是，他們口中的「邪教」，中華民國政府居然核准同意「一貫道」成立宗教法人組織。既然政府承認「一貫道」是「合法的宗教團體」，「一貫道」怎麼會是「邪教」呢？

「一貫道」主張「三教合一」，所以「三教」的經典，都是「一貫道信徒」學習的書籍。許多「佛教徒」指控「一貫道」盜用「佛教經典」，這是很荒謬的事情。難道「佛教經典」只有「佛教徒」可以看嗎？「佛教經典」又沒有申請「智慧財產權」，沒有「版權」的問題，何來「盜用之說」？眞是造口業。

再說，假如「一貫道」眞的是「邪教」，又盜用「佛教經典」，那「佛教徒」應該大力推荐「一貫道」學習「佛教經典」，並且鼓勵「一貫道」講經說法，來共同弘揚佛法。

我爲什麼這樣說呢？在《大寶積經》中，有這樣一則公案，「魔王波旬」變化作「釋迦牟尼佛」的樣子，坐到「釋迦牟尼佛」的座位上演說比較深的佛法，結果在場有「五百菩薩」，當下得到「無生法忍」，還有「八百比丘」悉斷諸漏，得「無漏心」。「舍利弗尊者」見此情景，也不免發出一番感嘆：未之有也！

●《大寶積經》卷第二十七：

「魔王波旬」作「佛身相」。坐「師子座」。是時「一切大衆」見知是「魔波旬」。「文殊師利」復言。「波旬」。汝今得「諸如來道」耶。成「佛色身」坐「師子座」。

以「文殊師利」力所持故。「魔波旬」言。「文殊師利」。「世尊」尚不得於「菩提」。況我得也。所以者何。

「菩提」者是「報恩相」。非「離欲得」。非「解向得」。又「菩提者」得「無爲相」。彼得「無爲相」故。覺知「空相」是名「菩提」。「非空」覺知「空」故。覺知「無相相」是名「菩提」。非以「無相」覺知「無相相」故。

覺知「無願相」。是名「菩提」。非「無願相」覺知「無願相」故。覺知「法界之體性」者。是名「菩提」。非以「體性」覺知「體性」故。

覺知於如「無分別相」。是名「菩提」。「非如」覺知「如」故。覺知「住於如實始」故。是名「菩提」。非「住如實」始覺知「住於如實始」故。覺「無我」「無有衆生」「無命」「無人丈夫體性」。是名「菩提」。「無覺知者」故。

「文殊師利」。若有「菩薩」聞說如是「菩提之相」。聞已能於諸法體性「無所分別」。卽名爲「佛」。

「魔」以「佛」辯說是法時。「五百菩薩」得「無生法忍」。

●《大寶積經》卷第二十七：

爾時「文殊師利童子」語大德「舍利弗」。汝可與「魔波旬」共說。猶如如來共「如來」說。

爾時大德「舍利弗」。如是問言。「波旬」。夫「菩提者」何等「體性」。「波旬」答言。覺知「一切諸法平等」。是「菩提體性」。覺知「二法是菩提體性」。「一切智觀」是「菩提體性」。非不「體性」。非行非不行。永斷「一切諸行」非行非道非不道。是名「諸佛世尊菩提」。

「波旬」問言。大德「舍利弗」。「諸佛如來」住於何處。「舍利弗」言。住「生死中平等」。住「涅槃不動」。住「一切諸見如實之性」。住於「一切衆生結使」。亦住「一切諸法根本」。住於「有爲無爲二法」。「諸住不住」無有住故。「波旬」。「諸佛如來」如是住也。

時「舍利弗」問「波旬」言。「菩提者」當何處求。「波旬」答言。大德「舍利弗」。從「身見根本」。求於「菩提」。「無明有愛」求於「菩提」。「顚倒起結」求於「菩提」。「障礙覆蓋」求於「菩提」。

「舍利弗」言。「波旬」。何因緣故如是說也。「波旬」答言。大德「舍利弗」。「如實覺知如是諸法」。是名「菩提」。說是法時。「八百比丘」。悉「斷諸漏」得「無漏心」。

《大寶積經》的這兩段經文告訴我們一件事情：「正人」修「邪法」，「邪法」也是「正法」；「邪人」修「正法」，「正法」也是「邪法」。「趙州從諗」禪師就說過這麼一首詩，收錄在《五燈會元》裡。

● **《五燈會元》卷第四：**

趙州從諗禪師：正人說邪法。邪法悉皆正。邪人說正法。正法悉皆邪。

大家都以爲「佛教」的「法師」講經說法，都一定是「正法」嗎？那可不一定。例如，在網路上，有一派「法師」提出「大乘佛法不是佛所說」的論點，這就是一種錯誤的論點，就是一種「邪說」。

一般人的想法，「釋迦牟尼佛」說的「佛法」，才是「佛說」，否則卽使合於「佛法」，也是「佛法」而不是「佛說」。一般人會這樣想，不能說他是不對的。但是，在「佛教」中，「佛說」的定義，與「世俗的看法」，是不大相同的。「是佛說」與「非佛說」的爭論，在「原始佛教時代」早就存在了。

「龍樹菩薩」出生於佛滅後約五百多年，這位被中國「大乘佛教」追尊爲「共祖」的大菩薩是如何解答這個「大乘是否佛說」的難題呢？

「龍樹菩薩」在《大智度論》中揭示了「佛法非但佛口說者是」以及「入佛法相故，名爲佛法」的意義。

●《大智度論》第三（卷第二）：

問曰：若「諸佛一切智人」，自然無師，不隨他教，不受他法，不用他道，不從他聞而說法，何以言「如是我聞」？

答曰：如汝所言，「佛一切智人」，自然無師，不應從他聞法而說。「佛法」非但佛口說者是，一切世間眞實善語、微妙好語，皆出「佛法」中。如「佛毘尼」中說：「何者是佛法？佛法有五種人說：一者、佛自口說，二者、佛弟子說，三者、仙人說，四者、諸天說，五者、化人說。」

復次，如《釋提桓因得道經》，佛告憍尸迦：「世間眞實善語、微妙好語，皆出我法中。」………。

復次，「如是我聞」，是阿難等佛大弟子輩說，入佛法相故，名爲「佛法」。

經文中說：「何者是佛法？佛法有五種人說：一者、佛自口說，二者、佛弟子說，三者、仙人說，四者、諸天說，五者、化人說。」

爲什麼「佛弟子說、仙人說、諸天說、化人（以神佛之通力化作人形者）說」等，都是「佛法」呢？

因爲，「釋迦牟尼佛」的說法，是「因材施教」，針對不同根基的弟子或衆生，說法的內容是不同的。「釋迦牟尼佛」說給「佛弟子、仙人、諸天」和「化人」聽，他們再把「釋迦牟尼佛」所說的「佛法」，轉述給其他「衆生」聽，他們所轉述的「佛法」，當然也是「釋迦牟尼佛」所說的「佛法」。

佛經的第一次結集，稱爲「五百結集」，也通稱爲「王舍城結集」，是「釋迦牟尼佛」涅槃荼毘後，「大迦葉尊者」率「五百阿羅漢」至「王舍城」坐「雨安居」，於「阿闍世王」，在「王舍城」「毘婆羅山」側「七葉窟」前興建的講堂，「僧團」舉行了第一次結集活動，爲「佛教經律」的起源。

在「僧團」中，由「大迦葉尊者」先提問，「阿難尊者」回答問題誦出「佛陀」所說諸經，「五百阿羅漢尊者」共同認證正確無誤，由此合誦形成了「經藏」，經文之首皆冠以「如是我聞」，即指「阿難尊者」所聞。

這「五百阿羅漢尊者」都是修習「釋迦牟尼佛」所教導的「小乘法」，所以第一次結集的「佛經」，都屬於「小乘經典」。

但是，「釋迦牟尼佛」的弟子，除了「阿羅漢」之外，還有諸多「菩薩」，而「釋迦牟尼佛」對「菩薩」們，講的是「大乘佛法」，這個內容「阿羅漢」們是聽不到的，而且也不可以聽。

爲什麼「阿羅漢」們不可以聽「大乘佛法」呢？因爲會生起「增上慢心」。在《妙法蓮華經》裡，就發生在「法會」中，有比丘、比丘尼、優婆塞、優婆夷等五千人，退出「法會」的事件。

●《妙法蓮華經》方便品第二：

爾時，世尊從三昧安詳而起，告舍利弗：「諸佛智慧，甚深無量，其智慧門，難解難入，一切聲聞、辟支佛、所不能知。……。

爾時大衆中，有諸聲聞漏盡阿羅漢阿若憍陳如、等，千二百人，及發聲聞辟支佛心、比丘、比丘尼、優婆塞、優婆夷，各作是念：「今者、世尊何故殷勤稱歎方便、而作是言，佛所得法，甚深難解，有所言說，意趣難知，一切聲聞、辟支佛、所不能及。佛說一解脫義，我等亦得此法，到於涅槃，而今不知是義所趣。」……。

佛復止舍利弗：「若說是事，一切世間天、人、阿修羅、皆當驚疑，增上慢比丘、將墜於大坑。」……。

爾時世尊告舍利弗：「汝已殷勤三請，豈得不說。汝今諦聽，善思念之，吾當爲汝分別解說。」說此語時，會中有比丘、比丘尼、優婆塞、優婆夷、五千人等，卽從座起，禮佛而退。所以者何。此輩罪根深重，及增上慢，未得謂得，未證謂證，有如此失，是以不住。世尊默然而不制止。

爾時佛告舍利弗：「我今此衆，無復枝葉，純有貞實。舍利弗，如是增上慢人，退亦佳矣。汝今善聽，當爲汝說。舍利弗言，唯、然，世尊，願樂欲聞。」

「世尊」被「舍利弗」的屢次懇請所感動，故說：「汝已殷勤三請，豈得不說。」那麼你們要專心一志、洗耳恭聽，我現在將爲你們詳細解說「一佛乘」的大事因緣的時候。當時，「法華會」上，卻有「比丘、比丘尼、優婆塞、優婆夷」五千人等，突然從座席站起來，禮佛後，離開法座而去，此稱爲「五千起去」。

爲什麼他們要退出「釋迦牟尼佛」說法的「法會」呢？因爲他們沒有聽聞「大乘佛法」的善根，福薄慧淺，故不想留在「法會」中聆聽這個「無上妙法」。

此等人的毛病，就是「增上慢」，自己未證得「眞實智慧」，卻自言已證得，誇讚自己的「小智小果」，不懂憬「佛智佛果」，是不具「求道心之輩」，所以這一類人無緣聽「大乘佛法」的《法華經》。

所以，「小乘佛教」只承認當時「釋迦牟尼佛」演說給「阿羅漢」們聽的「小乘經典」，不承認「大乘經典」。

到了今日，不知道這個原因的「佛教法師」，在網路上宣導「大乘非佛說論」，不知道誤導多少「衆生」的學習，斷了多少「衆生」的慧命。

所以說，「正人說邪法。邪法悉皆正。邪人說正法。正法悉皆邪。」

三、「無極老⊙（母）」是什麼神明？

「無極老⊙（母）」的「⊙（母）」字，是代表「無極」當中的「至高無上神」。

「無極老⊙（母）」的全名叫做「明明上帝無量清虛至尊至聖三界十方萬靈眞宰」，又稱作「無生老母、無極天母、無極聖祖、瑤池金母育化聖母、維皇上帝、明明上帝」等，有時在經文裡簡稱作「老母」或「皇母」，是明、清以來許多民間宗教，包括羅教、西大乘教、雞足山大乘教、齋教、聞香教、天理教、一貫道及天道等最主要的神。

「無極老⊙（母）」這個專有名詞的起源，一般認爲是從明代「羅教（無爲教，也俗稱齋教）」的始祖羅祖「羅清」，在他所著的《五部六冊》裡創造出來的。「羅清」從中國民間信仰和中國神話中，創造了一個「至高無上神」：「無生父母」。從無性別的「無生父母」，後來衍生出女性化的「無生老母」。

「無生老母」在「雞足山大乘教」裡，被稱爲「無極聖祖」，在「一貫道」及「天道」裡，則被稱爲「無極老⊙（母）」。「一貫道」的《古佛天眞考證龍華寶經》說：「家鄉聖景龍華會。諸佛朝見老無生。」又說：「無生老母生祖根。」

「明代中期」以後，各種新興的「民間宗教」都崇奉「無生老母」，各教派都一致認爲，

「無生老母」爲「創世主」和「人類靈性的祖先」，是一位無生無滅、不增不減、不垢不淨、至仁極慈的「女上帝」，其地位高於「佛教」的「諸佛」，也高於「道教」的「玉皇大帝」和「三清道祖」。

明、清兩代的幾百個「民間祕密宗教」，絕大多數直接或間接地奉「無生老母」爲「至高無上神」，並把其信仰概括爲「無生老母，眞空家鄉」八字眞言。在「理教」的教義，說「觀音菩薩」是「無生老母」的「應化身」。

在傳世的各種「民間宗教寶卷」中，「無生老母」這位「至高無上神」，既是「造物主」，創造了宇宙與人類，是所有生物的主宰，也是「人類靈性的祖先」，也是一位「慈祥的老母」。同時，「無生老母」還是「救世主」，派「釋迦牟尼佛」和「彌勒佛」下凡，拯救沉淪於苦海中的後代；更可以在人死後判決人的轉世、超生，或者貶入地獄。

關於「無生老母」的來歷，從「民間宗教教派」所流傳下來的「宗教寶卷」來看，只有「瑤池金母（西王母）」與「無生老母」互稱。例如：《護國威靈西王母寶卷》說，「西王母」考察「儒、釋、道三聖人」，又說「西王母」即是「無生老母」的化身。

「西王母」是中國最古老的「女神」，早在「殷商卜辭」中，祭祀東母（司管生育的東方之神「碧霞元君」和西母（司管死亡的西方之神「西王母」），就有「西母」之稱。

「西王母」又稱爲「王母娘娘」、「瑤池金母」、「金母元君」、「西靈王母」、「西瑤仙姥」、「無極聖母」。

「西王母」居於「崑崙山」上的「瑤池」，和「東王公」相對應。近代，由於「羅教系」

「民間祕密宗教」的盛行，許多人把「無生老母」與「道教」的「瑤池金母（西王母）」視為同一尊神，號稱「母娘」。

其實，「西王母」的形象，經由歷代的衍變，由「獸形女神」，逐漸演變為「人形女神」。根據「先秦時期（戰國至秦漢）」的古籍《山海經》記載，「西王母」是掌管天之「厲（天災和疫病）」和「五殘（五種類的刑罰）」的凶神，其形象為人形、頭髮蓬亂、頭上戴勝（玉質首飾）、豹尾、虎齒且善嘯，是「人頭獸身」的「女神形象」。

《山海經．西山經》：「贏母之山又西三百五十里，曰玉山，是西王母所居也。西王母其狀如人，豹尾虎齒而善嘯，蓬髮戴勝，是司天之厲及五殘。」

《山海經．海內北經》：「西王母梯幾而戴勝。有三青鳥為取食。」

《山海經．大荒西經》：「西海之南，流沙之濱，赤水之後，黑水之前，有大山，名曰崑崙之丘。有神人面虎身，有文有尾，皆白，處之。其下有弱水之淵環之，其外有炎火之山，投物輒燃。有人戴勝，虎齒，有豹尾，穴處，名曰西王母。」

「西王母」是與人首蛇身的「女媧」、人首鳥身的「九天玄女」類似的「獸形女神」，在後世和「女媧、九天玄女」一樣，逐漸演變為人形姿態的神靈，成為中國神話中最重要的女神之一。

「戰國時期」的《穆天子傳》記載「周穆王」巡遊事。「周穆王」到西方巡遊時，路過「西王母」所在的國度，並把一百匹錦緞和三百匹白綢作為獻禮進獻給「西王母」。「西王母」接受了「周穆王」的獻禮，並在「瑤池」宴請了「周穆王」。

在《穆天子傳》裡，「西王母」被描寫成了「天帝之女」，她喜愛居住在荒野，與虎豹爲群，與喜鵲爲伴，守此一方。她所說的「將子無死」，代表了她作爲「長生女神」所擁有的特徵。「周穆王」作爲「西王母」的貴賓，一同暢飲於「瑤池」的情節，被後世傳承，《竹書紀年》和《史記·趙世家》都有描寫「周穆王」拜見「西王母」的故事。

《穆天子傳》卷三：「天子賓於西王母。乃執白圭玄璧，以見西王母好獻錦組百純，素組三百純，西王母再拜受之。乙丑，天子觴西王母於瑤池之上。西王母爲天子謠，曰：白雲在天，丘陵自出。道裡悠遠，山川間之，『將子無死』，尚能複來。天子答之曰：予歸東土，和治諸夏。萬民平均，吾顧見汝。比及三年，將複而野。西王母又爲天子吟曰：徂彼西土，爰居其野。虎豹爲群，於鵲與處。嘉命不遷，我惟帝女。彼何世民，又將去子。吹笙鼓簧，中心翺翔。世民之子，惟天之望。」

「西漢」淮南王「劉安」所撰的《淮南子》描述，「西王母」居住在「流沙之瀕」，金城郡臨羌縣西北塞外。因爲「夏桀」失德，「西王母」卸下頭飾，「黃帝」嘯吟長嘆。「羿」向「西王母」求「不死藥」，被「嫦娥」盜食成仙奔月。

「北宋時期」編寫的《太平御覽》第四卷又說：「張衡《靈憲》曰：羿請不死藥於西王母，羿妻姮娥竊以奔月，託身於月，是爲蟾蜍。又曰：月者，陰精，積而成獸，象兔、蛤焉，其數偶。」

《歸藏·啟筮篇》曰：「昔嫦娥以西王母不死之葯服之，遂奔月，爲月精。」

「東漢時期」的「班固」所撰的《漢武故事》、《漢武帝內傳》以及其他一些六朝小說中，均描述有「漢武帝」與「西王母」的故事。

「漢武帝」是中國歷史上有名的信仰仙道和長生不老的皇帝，在七月七日那天，「漢武帝」聽聞「西王母」即將降臨宮殿，而趕忙做好迎接「西王母」的準備，到了七月七日深夜二更時，「西王母」駕乘著「紫雲車」降臨到「漢武帝」的「宮殿」。

「漢武帝」將「西王母」迎接到「宮殿」後，「西王母」則贈予「漢武帝」七顆「仙桃」與之享用。「西王母」的「仙桃」又稱爲「蟠桃」，種植於「崑崙仙山」上的「蟠桃園」裡，三千年才結一次果實，擁有「起死回生、長生不老」的功效。

《漢武帝內傳》中，首次描寫了「西王母」的絕世容顏：「王母上殿東向坐，著黃金褡襹，文采鮮明，光儀淑穆。帶靈飛大綬，腰佩分景之劍，頭上太華髻，戴太眞晨嬰之冠，履玄瓊鳳文之舄。視之可年三十許，修短得中，天姿掩藹，容顏絕世，眞靈人也。」

「西王母」被「漢末道教」吸收之後，所有「女性修仙」，最後都要去拜見「西王母」。「西王母」掌管「女仙們」的仙籍，「東王公」則掌管「男仙們」的仙籍。

在「晉代六朝」以來，「西王母」被「道教上清派」崇拜，她不僅管理修仙的女性，還收養了許多生死之間的少女。由此轉變爲「女性的母親神」，擁有衆多女兒。從此「西王母」的形象在人們的心目中，成爲了一位氣派雍容、無比尊貴、被女性簇擁的「大母神」。

唐代「杜光庭」所撰的《墉城集仙錄》記載：「金母元君者，九靈太妙龜山金母也。一號太靈九光龜臺金母，一號曰西王母，乃西華之至妙，洞陰之極尊。」

「北宋」景德道士「張君房」編纂的《雲笈七籤》中記載：「九天玄女者，黃帝之師聖母元君弟子也。」繼云：「王母遣使，披玄狐之裘，以符授帝曰：『精思告天，必有太上之應。』」其中描述了「西王母」是輔佐「黃帝」的保護神，她差遣「九天玄女」下凡協助「黃帝」戰敗「蚩尤」。

「明代」的「吳承恩」所著的《西遊記》，將「王母娘娘」描寫成一個在天界中擁有奇珍異寶的貴婦人。

「清代」光緒十三年，「孟冬月」重刊《玉露金盤》〈瑤池金母敍〉記載：「且言無極老母。卽是金母娘娘。自混沌未分，乾坤未開之時。老母就是一靈眞性。統含陰陽之炁。獨守其中。及至天地分開。辨了上下。老母眞性。結盤虛無。散則瀰漫宇宙。卷則斂如黍珠。」

另外，在「一貫道」的《道統寶鑑》中寫道：「八祖姓羅諱蔚群，……………。祖心太切，上惱無皇天尊，降下皇風大考，將羅祖碎屍把道收回。」

八祖「羅蔚群」，因爲要渡衆生「心太切」，惹惱了「無皇天尊」，就是「無極老母」，所以「無極老母」降下「皇風大考」，將八祖「羅蔚群」碎屍，把道收回。

依我的看法，「無極老母」是慈悲的神明，事實上「無極老母」就是「無極」，就是「道」的另一種稱呼，怎麼會發怒生氣呢？所以，是《道統寶鑑》的不知名作者，把「無極老母」擬人化了。

四、「一貫道」的「理天、氣天、象天」？

在「一貫道」的「宇宙觀」裡，提出「理天、氣天、象天」三天的說法。可是，大多數人都有一個相同的疑問：什麼是「理天、氣天、象天」？那是什麼天？在哪裡？

要了解這個問題，就必須要研讀十五祖「王覺一」的著作，許多有關「一貫道」的問題，都可以在這些書中找到答案。

十五祖「王覺一」的著作頗多，有《大學解》、《中庸解》、《三易探原》、《一貫探原》、《理性釋疑》等書，清代的「竹坡居士」蒐集編輯而成《理數合解》一書。

現代的「林立仁」，則又另蒐集十五祖「王覺一」的《理數合解》、《三教圓通》、《談眞錄》、《祖師四十八訓》、《歷年易理》等書，合編爲《北海老人全書》。

什麼是「理天、氣天、象天」？那是什麼天？在哪裡？「王覺一」祖師在他的著作中，逐一對「理、氣、象」三天，有做詳細的解釋。

（一）「理天、氣天、象天」和人的「理性、氣性、質性」的關係

「王覺一」祖師首先說明「理天、氣天、象天」的分別，和人的「理性、氣性、質性」的分別。

在《理數合解》中的《大學解》裡，十五祖「王覺一」解釋道：然（但是）「天」有「理天、氣天、象天」之分，故「性」有「理性、氣性、質性」之別，而「心」亦有「道心、人心、

血肉之心」之不同，此「愚人、賢人、聖人」之學問見地造詣之所由分也。

「理天」者，乃「理性、道心」之所自出。「理」者，「無極之眞」也。未有天地，先有「此理」，天地窮盡，「此理」復生天地。未有此身，先有「此理」，此身既逝，而「此性」仍在。

「天」有「理天、氣天、象天」之分，「王覺一」祖師的「理、氣、象」三天之說的概念，來自於《太平經》。《太平經》是中國最早的「道教經典」，是「東漢」道教「太平道」的典籍。

《太平經》云：「大神人有形，而大神與天相似，故『理天』。」又云：「上助仙眞元『氣天』治也。」又云：「故聖人制法，皆『象天』之心意也。」

另外，「王覺一」祖師特別解釋「理天」的定義。

「理天」者，乃「理性、道心」之所自出。「理」者，「無極之眞」也。未有天地，先有「此理」，天地窮盡，「此理」復生天地。未有此身，先有「此理」，此身既逝，而「此性」仍在。

「王覺一」祖師認爲，人的「理性、道心」出自於「理天」，這個概念來自於「朱熹」的《太極圖解》。

「朱熹」是「南宋」著名的理學家，他的《太極圖解》，是解釋「周敦頤」的《太極圖說》。

「周敦頤」是「北宋」「宋明理學」理論基礎的創始人之一，《太極圖說》則是「周敦頤」

的哲學著作，全文只有二百四十九個字。

「周敦頤」在《太極圖說》云：「『無極之眞』，二五之精，妙合而凝。『乾道成男，坤道成女。』二氣交感，化生萬物。萬物生生而變化無窮焉。唯人也得其秀而最靈。形既生矣，神發知矣。五性感動而善惡分，萬事出矣。『聖人』定之以『中正仁義而主靜』，立『人極』焉。」

男女就「氣」而言，分屬「陰和陽」，就「理」而言，則都是根源於「太極」。「太極」本只是「理」，「萬物」是「氣」，但就「氣」化而言，「萬物」都是本於「太極」。但在「萬物」之中，「人」是最優秀，最精靈，「人」也有「太極」在其中。

「人」之所以爲「人」，也是要本於一「太極」，也就是「人」也有一「理」，也就是「人性」。所以「朱熹」主張「性卽理」。「人性」是「理」，也是「太極」。

（二）「理天」就是「無極」，「氣天」就是「太極」

「王覺一」祖師說明「理天、氣天」和「無極、太極」的關係。

在《理數合解》中的《一貫探原》裡，十五祖「王覺一」解釋道：「理天」者何？「無極」是也。「氣天」者何？「太極」是也。「無極」之說，出於「老子」，「孔孟之書」，不多概見（概略的記載）。至宋「濂溪周子（周敦頤，號濂溪，是北宋宋明理學理論基礎的創始人之一。）」，著《太極圖說》，始表（宣布）而出（顯露）之。

所以，「王覺一」祖師對於「理天」和「氣天」的解釋，源自於《周易》的「無極」和「太極」，還有「老子」的《道德經》和周敦頤」的《太極圖說》。

（三）「無極」和「理」的關係

接著，「王覺一」祖師再把「無極」和「理」的關係做連結。

在《理數合解》中的《一貫探原》裡，十五祖「王覺一」解釋道：「無極」之號。出自「道經」。「孔孟之書」。未常多見。至宋代「周敦頤（號濂溪）。著《太極圖說》。始曰。「無極」而「太極」。又曰、「無極之眞」。「二五之精」。妙合而凝。「乾道成男。坤道成女」。「無極」。終曰、主靜立人極。《樂記》曰。「人生而靜。天之性也」。故《大學》以「定靜」入手。「佛老」以「清靜」爲宗。

「無極」者何。「理」而已矣。後之學者。大都以「太極」爲「理」。以「無極」爲「無關緊要之道」。

所以，「王覺一」祖師的「無極」和「理」的概念，來自於「周敦頤」的《太極圖說》和「朱熹」的註解。而且解釋說，「無極」就等同於是「理」。

（四）「理天、氣天、象天」的來源

「王覺一」祖師更進一步對「理天、氣天、象天」，做詳細的解釋。

在《理數合解》中的《一貫探原》裡，十五祖「王覺一」解釋道：聊（姑且）舉（舉例）一二（一點兒、少數）。以發（現露）「理氣象（理天、氣天、象天）」之來源焉耳。一元十二會。六會開物（開通萬物之理）。六會閉物（終結萬物之理）。自「子會」開天（天地初開。神話傳說中天地是由盤古所分開。）。爲「自無入有」之漸（事情逐步發展的過程）。

「天地人物」之性（人或物自然具有的本質、本能）。「子會」入「理（理天）」。「丑會」入氣（氣天）。「寅會」入象（象天）。歷（經過）「卯，辰、巳」，六會而萬象（一切景象）全（完備、不缺）矣。

「午會」傳道。爲「自有還無」之漸（事情逐步發展的過程）。故「由象悟氣（由象天領悟氣天）」。「自氣還理（自氣天返還理天）」。此「盡人（任人、由著人）合天（合乎自然；合乎天道）」。賢關（賢人的境界）聖域（聖人的境界）。造詣（學業或技藝達到的程度）之次第（次序、依次）也。人之「恆性（本性）」。皆自「無極理天」而來。

「自理入氣（自理天進入氣天）」則拘（局限、受束縛）於「氣稟（人生來對氣的稟受）」。「自氣入象（自氣天進入象天）」。則蔽（遮蓋、擋住）於物欲（對物質享受的慾望）。而「來路迷（分不清方向）矣」。而「自性」昧（隱藏）矣。開天（天地初開。神話傳說中天地是由盤古所分開。）收天（世界末日）。「維皇帝（偉大的上帝）」之事也。

「王覺一」祖師解釋，「理氣象（理天、氣天、象天）」的來源，這套理論源自於北宋「邵雍」創立的「元會運世」。

「元會運世」，簡稱「元會」，是北宋「邵雍」的用語，是「邵雍」虛構的計算「世界歷史年代」的單位，出自《觀物外篇》上。

「邵雍」把「世界」從「開始」到「消滅」的週期叫做「元」，「一元」依「十二地支」排列，因而有「十二會」。「一元」結束後，接著「下一元」的開始，「宇宙」中又開創「新天地」。謂之「一元復始，萬象更新」。

「邵雍」按照一年十二月，一月三十日，一日十二時辰，一時辰三十分的數目來附會（牽強湊合）計算「天地歷史時間」。

「邵雍」推算出「一元」有「十二會」，「一會」有「三十運」，「一運」有「十二世」，「一世」有「三十年」。故「一元」之年數爲「十二萬九千六百年」，公式如下：「一元」等於「十二會」，「十二會」乘以「三十運」乘以「十二世」乘以「三十年」等於「十二萬九千六百年」。

「邵雍」認爲「世界的歷史」，就是如此「始而終、終而復始」地不斷循環。故在《觀物外篇》上，「邵雍」得出「天地亦有始終乎？曰：既有消長，豈無始終。」的結論。「邵雍」的觀點認爲，整個「自然界」的「一切事物」，都是「從無生有」，又「由有歸無」。

「邵雍」以《先天六十四卦方位圖》爲本，作《皇極經世》所適用的「象數法則」，大至「元、會、運、世」，小至「年、月、日、時」，用以推演「天道的消長」與「人事、朝代國運的治亂興廢」。

按照「邵雍」的推算：

⑴「一世」統合三十年。

⑵「一運」統合十二世，共三百六十年。

⑶「一會」統合三十運，共「一萬零八百年」。

⑷「一元」統合「一元會」，共「十二萬九千六百年」。

此一週期「十二萬九千六百年」，剛好相近於現代「冰河時期」的週期（大約十三萬年）。

衆所週知，「六十秒」爲「一分鐘」；「六十分鐘」爲「一小時」。可是，中國人原來所稱的「時」乃是指「時辰」，而不是「小時」。

古人依「八卦」的觀念，將「一時辰」刻劃爲八等分，每一等分稱爲「一刻」，約有「十五分鐘」。所以，「一時辰」合計爲「一百二十分鐘」。後來，爲了與「時辰」有所區別，就將「西洋」合「六十分鐘」的「Hour」稱爲「小時」，因此「一時辰」等於「二小時」。

「無極」而「太極」，「太極」生「兩儀」，「兩儀」生「四象」。

「兩儀」分「陰陽」：子、丑、寅、卯、辰、巳，爲「六陽」；午、未、申、酉、戌至亥，爲「六陰」。

「天地萬物」生於「子會」，極於「巳會」；衰於「午會」，而終於「亥會」，這是陰陽「兩儀」互爲「消長」的關係。

當「陽升」時，「自無入有」，而化生「萬物」；在「陰升」時，則「自有返無」，「萬物」返還「無極」，如此循環不已。

「四象」，天地循環分爲「四古」：太古、上古、中古、下古。

⑴太古：爲亥、子、丑三會，是天地之「分」。

⑵上古：爲寅、卯、辰三會，是天地之「化」。

⑶中古：爲巳、午、未三會，是天地之「闢」。

⑷下古：爲申、酉、戌三會，是天地之「閤（閉）」。

「太極」自生陰陽「兩儀」，「天地」爲「兩儀」之大者。天地間的「萬物」，無一不是

「兩儀」所生，無一不是「負陰抱陽」，「四象」變通，「八卦」成形。

如「一日」之中，自「子時」到「午時」謂之「上午」，爲「陽」；從「午時」到「子時」謂之「下午」，爲「陰」。其中又分「晨、午、夕、夜」，爲「一日」之「四象」。

又如「一年」中，自「冬至」後的「春生」、「夏長」爲「陽」；「夏至」後的「秋收」、「冬藏」爲「陰」。而「春、夏、秋、冬」卽爲「一年」之「四象」。

「大道」的「隱顯」，更依「兩儀、四象」之「自然規律」而運行。由「子會開天」、「丑會闢地」、「寅會原靈降世」，「道應隱」；從「午會」天道降世，午未交替之際「普渡三曹」，「原靈」收回，繼而「象天還無」、「氣天還無」，「道應顯」。此乃「維皇上帝」生化之妙用。

「王覺一」祖師依據「邵雍」創立的「元會運世」，再依照《大學》云：「物有本末，事有終始，知所先後，則近道矣。」，認爲當「一元會」數盡，「天地」結束，「大混沌」以後，「一元復始，萬象更新」。「子會」再開天，「丑會」再闢地，「寅會」再生人，又開創「新紀元」。如此，週期性之循環，乃是「宇宙」間，「自然規律」的功能。

而今，正是「午未交替」，爲天地之「闢」，如「四季」之「末三秋」、如一「一日」之「夕陽黃昏」。「維皇上帝」特命「三佛」共辦收圓，「明師」降世普傳「天道」，「諸天仙佛」一齊打幫助道，歷時一會（未會），引領大地「原佛子」，在天地衰殘之前，同返「無極」。同時上有「河漢星斗」、下有「十殿陰靈」，也都須一同依「明師」指引，而就路返鄉。

其實，「王覺一」祖師對於「理天、氣天、象天」的概念，也受到「中國古代天文學」，以及「道教」把「天」劃分爲「九重天」的影響。

「中國古代天文學」認爲「天」有「九重天」：第一重天「月輪天」，第二重天「水星天」，第三重天「金星天」，第四重天「日輪天」，第五重天「火星天」，第六重天「木星天」，第七重天「土星天」，第八重天「廿八星宿天」，第九重天：「宗動天（在各種天體所居之各層天球之外，尚有一層無天體之天球，稱爲宗動天。）」。

所謂「宗動天」，是一氣流行運化，氣清上浮成天，氣濁下凝成地，造化天地萬物，故「王覺一」祖師認爲，「宗動天」就是「太極氣天」。

「道教」早期也將「天」劃分爲「九重天」，但是內容和「中國古代天文學」的「九重天」不同。

如「道教」的《太玄經》云：「有九天，一爲中天，二爲羨天，三爲從天，四爲更天，五爲晬天，六爲廓天，七爲咸天，八爲沈天，九爲成天。」

後來，「道教」將「天界」再進一步詳加劃分，把「無極天」與「太極天」二天細分成「三十六重天」，這是「神仙們」所居的空間。

根據《雲笈七籤．天地部》記載，「道教」把「天」細分爲「三十六重天」，共分爲「六界」：

⑴第一界有「六重天」：由下往上依次爲：太皇黃曾天、太明玉宗天、清明何童天、玄胎平育天、元明文舉天、七曜摩夷天。（相當於「佛教」的「欲界六天」）

⑵第二界有十八重天：由下往上依次爲：虛無越衡天、太極蒙翳天、赤明和陽天、玄明恭華

天、耀明宗飄天、竺落皇笳天、虛明堂曜天、觀明端靖天、玄明恭慶天、太煥極瑤天、元載孔升天、太安皇崖天、顯定極風天、始黃孝芒天、太黃翁重天、無思江由天、上揲阮樂天、無極曇誓天。(相當於「佛教」的「色界十八天」)

⑶第三界有四重天:由下往上依次為:皓庭霄度天、淵通元洞天、翰寵妙成天、秀樂禁上天。(相當於「佛教」的「無色界四天」)

⑷第四界是四梵天(又稱四種民天):由下往上依次為:無上常融天、玉隆騰勝天、龍變梵度天、平育賈奕天。「此四天」已超出「三界」,乃是修持「道教法門」,而證道成就者所居住之仙境。

⑸第五界是三清天:卽是玉清聖境清微天、上清眞境禹餘天、太清仙境大赤天,分別由「元始天尊、靈寶天尊、道德天尊」所管轄主宰。

⑹第六界是大羅天:是「聖境究極之地」,乃最高之境界。

(五)《河圖》和《洛書》與「理天」和「氣天」的關係

「王覺一」祖師也用《河圖》和《洛書》,來解釋「理天」和「氣天」的關係。在《理數合解》中的《一貫探原》裡,十五祖「王覺一」解釋道:《洛書》「氣天」也。「氣」則流行(散布、傳播)不息。終而復始。《河圖》者「理天」也。無形之《河圖》為「理天」。包(包含)乎「氣天」之外。貫(通達)乎「大地」之中。寂然(沉靜無聲的樣子)不動。常(長久不變的)而不變。此卽佛之所謂「一合理相」。「老子」

之所謂「大道無形」。「孔子」之所謂「一以貫之」者也。

《河圖》者「理」也。無形之「理」。超乎「氣天」之外。「氣天」有盡（完結、終止）。「此理」無盡（完結、終止）。有形之質（形體）。處於「氣天」之中。承（蒙受）天而行。

蓋有形之《河圖》爲「地」。猶「人之質（形體）」也。流行（散布、傳播）之《洛書》爲「天」。猶「人之氣」也。

無形之《河圖》。猶「人本然之性（本性）」。「先天之元神」也。質（形體）者「交易之易」。氣（元氣）者「變易之易」。神（元神）者「不易之易」也。

自「理」入「氣」。自「氣」入「質（形體）」。迷而不返者。「凡人」也。由「質（形體）」悟「氣（氣天）」。由「氣（氣天）」悟「理（理天）」。「返本還元」者。「聖賢仙佛」也。

「一合理相」源自於《金剛經》第三十品「一合理相分」，通過「釋迦牟尼佛」與「須菩提」的對話，闡明「世界」是「微塵之集合」，「世界之本質」是「因緣而聚、因緣而滅」，「一切名相」都是「假名」而已。

「一合理相」是指「由衆緣和合而成」的「一件事物」。以「佛教」的觀點言之，世間的一切法，皆爲「一合理相」。

「王覺一」祖師說，《洛書》就是「氣天」的縮影，《河圖》就是「理天」的縮影。

「王覺一」祖師說，無形之《河圖》，就好像「人本然之性（本性）」。人類的「先天之元神」，自「理天」進入「氣天」，再自「氣天」進入「質（人的形體）」。

不知道這個道理，而不返回「理天」者，就是「凡人」；知道由「質（人的形體）」返回「氣（氣天）」，再由「氣（氣天）」返回「理（理天）」，知道「返本還元」者，就是「聖賢仙佛」。

加入「一貫道」，最重要的就是要知道，我們人類的「靈性（本性）」，來自於「先天之元神」，自「理天」進入「氣天」，再自「氣天」進入「質（人的形體）」。

（六）「理天」和「氣天」各自所通達的範圍

「王覺一」祖師說明「理（理天）」和「氣（氣天）」，各自所通達的範圍。

在《理數合解》中的《一貫探原》裡，十五祖「王覺一」解釋道：「理（理天）」之一無不貫（通達）。「氣（氣天）」之一上貫（通達）星斗（天上的星星）。下貫（通達）「大地」。中貫（通達）「人物（人和物）」。故曰三教（儒、釋、道）歸一。萬法歸一。「一」卽「理（理天）」也。「理（理天）」主（掌管）靜（安定不動）。故「周子（周敦頤）」曰。「主靜（人的本性本來也是靜的）立人極（綱紀，綱常，社會的準則）」。此「最上一乘之法」也。

「王覺一」祖師說，「理（理天）」無不所貫（通達）。「氣（氣天）」上貫（通達）星斗（天上的星星），下貫（通達）「大地」，中貫（通達）「人物（人和物）」。所以說三教（儒、釋、道）歸一，萬法歸一，「一」卽「理（理天）」。

「理（理天）」主（掌管）靜（安定不動），所以「周子（周敦頤）」說：「主靜（人的本性本來也是靜的）立（制定、訂定）人極（綱紀，綱常，社會的準則）」，這是「最上乘之法」。

（七）「無極」是「至靜不動之理天」，「太極」是「宗動流行之氣天」

「王覺一」祖師說明「無極」是「至靜不動之理天」，「太極」是「宗動流行（散布）之氣天」。

在《三教圓通》中的《論心》裡，十五祖「王覺一」解釋道：蓋「無極者」、「至靜不動之理天」也。此天「靜而能應（適合），常（長久不變的）而不變」，乃「生天、生地之天」。爲「天賦之命（天命）」，「本然之性（本性）」，「道心」之所自出（出自於）。

「太極」者、「宗動流行（散布）之氣天」也。此天「十二萬九千六百年」爲「一終始」。乃「氣數之命」，「氣質之性（指每個人生成之後，由於稟受陰陽二氣的不同而形成的特殊本性）」，「人心」之所自出（出自於）。

「一理」者，「二氣（陰氣、陽氣）」之父母；「二氣（陰氣、陽氣）者」，「萬物」之父母。理（理天）生氣（氣天），氣（氣天）生象（象天），「天倫（天理，自然的條理次序）」之大父母也。象（象天）復生象（萬象），「萬象（一切景象）」本於「二氣（陰氣、陽氣）」，「二氣（陰氣、陽氣）」本於「一理」。

「天者」萬物「統體（總體）之理」，「性者」萬物「各具之天」。

「王覺一」祖師說，「無極」就是「理天」、「至靜不動天」，此天常（長久不變的）而不變」，是「生天、生地之天」。「天命」、「本性」、「道心」，都是出自於此天。

「太極」就是「氣天」、「宗動天」，此天以「十二萬九千六百年」爲「一終始」，「氣數之命」、「氣質之性（指每個人生成之後，由於稟受陰陽二氣的不同而形成的特殊本性）」、「人心」，都是出自於此天。

「宗動天」是「天文學」術語，西方「古代天文學」認爲，在各種「天體」所居的「各層天球」之外，還有一層「無天體的天球」稱爲「宗動天」。

「王覺一」祖師依據這個概念，再結合《周易》的「無極、太極」，和「宋明理學」的學說，自創一套「宇宙學」，即「理天、氣天、象天」三天之說。

「象天」爲「氣天」所包含，「氣天」又爲「理天」所包含。

「太極」就是「氣天」、「宗動天」，此天以「十二萬九千六百年」爲「一終始」。這個「十二萬九千六百年」，是出自「邵雍」所作的《皇極經世》：「蓋聞天地之數，有十二萬九千六百歲爲一元。」意思是說：聽說天地的規律命運是以十二萬九千六百年爲生命週期的。

「邵雍」是兩宋理學奠基人之一，「邵雍」的哲學思想受到《列子》、《莊子》的影響，在吸收「道家《易》學」與漢代《易》學思想成分的基礎上，形成了對《周易》的獨到理解，其所作《皇極經世書》的基本精神，是根源於「天道」，而根據於「人事」。

「一理（理天）」是「二氣（陰氣、陽氣）」之父母；「二氣（陰氣、陽氣）」是「萬物」之父母。理（理天）生氣（氣天），氣（氣天）生象（象天），「天倫（天理，自然的條理次序）」之大父母也。象（象天）復生象（萬象），「萬象（一切景象）」本於「二氣（陰氣、陽氣）」，「二氣（陰氣、陽氣）」本於「一理（理天）」。

（八）「天」與「人」的關係

「王覺一」祖師說明「天」有「理天、氣天、象天」，對照到「人」有「理性、氣性、質性。」說明「天」與「人」的關係。

在《三教圓通》中的《三會圓通》裡，十五祖「王覺一」解釋道：「天」者、萬物統體（總體）之性。「性」者、物物（各種事物）各具之天。

「天」有：「理天、氣天、象天」。「人」有：「理性、氣性、質性。」「理性」者，「無爲性」也。「氣性」者，「分別性」也。「質性」者，「造作性（故意做出的不自然舉動）」也。

「無爲性」、無善無不善，故曰：「至善」。「分別性」、則因「氣」有「陰陽純駁（龐雜不純）」；得「陰陽」之「純正者」，則趨於（走向、歸向）「善」；得「陰陽」之「偏駁（龐雜不純）者」，則趨於（走向、歸向）「惡」。此「性相近，習相遠」之性也。譬如「財色（錢財與女色）」，當「無爲」之時，則財（錢財）自（己身）財（錢財），色（女色）自（己身）色（女色），與我無涉（沒有連帶的關係）也。

「王覺一」祖師說，「天」有：「理天、氣天、象天」，「人」有：「理性、氣性、質性。」

「性相近，習相遠」出自於《論語．陽貨》：「子曰：性相近也，習相遠也。」意思是：人「先天」具有的「純眞本性」，互相之間是接近的，而「後天」習染積久養成的「習性」，卻互相之間差異甚大。

中。

（九）「道」就是「無極之理」

「王覺一」祖師說明「道」就是「無極之理」，「此理」貫乎「欲界、色界、無色界」之理」是也。「此理」貫乎「欲界色界無色界」之中。則不離乎「氣」。亦不雜乎「氣」。超乎「欲界色界無色界」之外。則「委氣獨立（託付在氣中，但是個獨立個體）」為「無極」。

在《理數合解》中的《一貫探原》裡，十五祖「王覺一」解釋道：何謂「道」。「無極之

何謂「欲界」。地面上下。飛潛（飛天潛水）動植（動物、植物）。雜居其間。滯（凝聚）於有形（有具體形狀）。謂之「欲界」。因其甘食（貪圖食物）悅色（喜愛美色）。多生六欲（見欲、聽欲、香欲、味欲、觸欲、意欲）故（緣故）也。

何謂「色界」。河漢（黃河和漢水；天河、銀河）星斗（天上的星星）。有象（形狀、樣子、狀態）可見。故謂之「色界」。

何謂「無色界」。「四空天（空無邊天、識無邊天、無所有天、非想非非想天。以其但有定果色，而無業果色，故通號之為無色界。）」無欲無色。故為之「無色界」。

「無極界」者。無聲無臭（ㄒㄧㄡˋ，氣味）。而為「聲聲臭臭」之主。無形無象。而為「形象象」之源。高出「欲界色界無色界」上。為「無極天」。「大羅天」。「生天生地之天」。「天地萬物統體之天」也。貫（通達）乎「欲界色界無色界」而上。為「天賦之命（天命）」。「本然之性」（本性）。「道義之心（道心）」。「物物各具之天」也。「萬物統體之天」。與「物物各具之天」。洞會交連。無間無斷。人物之所以不能頓超「三界」。復還「無極」。

「王覺一」祖師解釋說，何謂「道」？就是「無極之理」。「此理」貫乎「欲界色界無色界」之中。則不離乎「氣」。亦不雜乎「氣」。超乎「欲界色界無色界」之外。則「委氣獨立（託付在氣中，但是個獨立個體）」爲「無極」。

（十）總結「理天、氣天、象天」的解釋

我把「王覺一」祖師對於「理天、氣天、象天」的解釋，做一個總整理。

「一貫道」認爲「大宇宙」可分爲「三天」：一、無極理天，二、太極氣天，三、皇極象天。分述如下：

⑴無極理天：「道教」稱爲「無極天」，「儒家」稱「理天」，合稱爲「無極理天」，亦稱爲「上界」；而「佛教」則稱爲「諸佛淨土」。此天爲「諸佛聖」與「大羅金仙」之所居，亦卽是「道的本體」；是眞空理體，無形無象。但是，「無象之象」謂之「實象」；「無體之體」謂之「實體」。至虛至聖至靈，清淨無染，究竟眞實；神妙莫測，永恆不滅，是「宇宙萬物」生化之根源。

「無極理天」屬於《易經》的「易之三義」中的「不易」。「無極」之眞靈，「常而不變」，歷劫而不壞，亙古而不滅；無形無象，靈光灼灼，神妙無與倫比。是「佛之法身」，是「道之本體」。

⑵太極氣天：「道教」稱爲「太極天」，儒家稱爲「氣天」，合稱爲「太極氣天」，亦稱爲「中界」；「佛教」則稱爲「三界（欲界、色界、無色界）」。是「無極理天」所化，是

「太極」陰陽相對應之「氣界」。

「太極氣天」是「中天」之統稱，屬於「六道輪迴」中之「天道」。舉凡修道者，修「五戒十善」，行功立德；捨身取義、盡忠報國、侍親至孝等，有大利於國家社稷群黎。勤修止觀，「禪定功夫」成片成勢，但是尚未「脫離陰陽」者，可升達至此天，可是還有「果位」高低之分別。

「玉皇上帝」是「三清道祖」的「法身」所化的「太極界」第一位「先天尊神」，亦是「太極界」最高之神祇，代表「三清道祖」行化「宇宙」，統轄三界（道教指天、地、人三界）十方，「四生六道」眾生一切的陰陽禍福。

「太極氣天」屬於《易經》的「易之三義」中的「變易」。「無極」生「太極」，「太極」分「陰陽兩儀」，清陽升而濁陰降。「宗動天之氣」，默運四時，上貫星斗，下貫大地，中貫人物，終始萬類；氣旺則壯，氣衰則老，氣絕則亡。如此，周流不息；「變而有常」，有跡可尋，非亂無章法，是爲「變易之氣」，是「道之氣變」。

(3)皇極象天：「道教」稱爲「皇極天」，「儒家」稱爲「象天」，合稱爲「皇極象天」，亦稱爲「下界」，又稱爲「凡界」；爲「太極氣天」所化，屬於有形相、物質可見之世界。例如在天之日月星辰，在地之人類、山岳河川、動植礦物等；舉凡有形體之物，無論「有情、無情」，皆屬於「皇極象天」。

「皇極象天」屬於《易經》的「易之三義」中的「交易」。是陰陽、天地、日月相交而生出之「卦象」。如陰陽、天地相交而生出萬物；日月相交則成、弦望晦朔，終始相巡。如此，實質形色，是「道之象顯」。

五、「一貫道」的「回理天，見老母」？

「一貫道」信徒，最常說的一句話，就是「回理天，見老母」，這是什麼意思呢？就是「一貫道」信徒認爲，他們往生以後，會回到「理天」，面見生我們「靈性」的「無極老母」。「回理天，見老母」這句話，簡單易懂，尤其是對於「教育水準比較低」的老人家來講，這是他們的希望。我很喜歡這句話，因爲這是一句很棒的「方便法門」。

「讀者們」可能會有多問題，包括：「理天在哪裡？」、「眞的可以回理天，見老母嗎？」其實，「回理天，見老母」這句話，翻譯成「佛教」的術語就是「見性成佛」。

什麼是「見性成佛」？這是「禪宗」的基本思想之一。「禪宗」提倡「成佛作祖」，應該「不執著外修、不假外求」，而是以「般若智慧」，覺知「自心眞性」，卽可達到目的之一種修行教義。卽當下衝破「煩惱生死之疑團迷雲」，獨露「一己本來面目」，悟得「覺體圓明之本源」。

《六祖壇經．機緣品》云：「汝之本性猶如虛空，了無一物可見，是名正見；無一物可知，是名眞知。無有青黃長短，但見本源淸淨，覺體圓明，卽名見性成佛。」

我們的「自性」，無形、無相、無根、無本、無住處，悟得此理，卽是「眞知見」，是時已無異於「佛」，故稱爲「見性成佛」。「禪宗」將「佛性」與「智慧」，都視爲「人心」所固有，因而不以「讀經、坐禪、禮佛、戒律」等修習形式爲重，而提倡「修心」爲成佛之行。

依據十五祖「王覺一」對「理天」的定義和詮釋如下：

⑴「理」者，「無極之眞」也。

⑵「理天」者何？「無極」是也。

⑶「無極」者何。「理」而已矣。

⑷《河圖》者「理天」也。

⑸理（理天）」之一無不貫（通達）。

⑹蓋「無極者」、「至靜不動之理天」也。此天「靜而能應（適合），常（長久不變的）而不變」，乃「生天、生地之天」。爲「天賦之命（天命）」，「本然之性（本性）」，「道心」之所自出（出自於）。

⑺何謂「道」。「無極之理」是也。「此理」貫乎「欲界色界無色界」之中。則不離乎「氣」。亦不雜乎「氣」。超乎「欲界色界無色界」之外。則「委氣獨立（託付在氣中，但是個獨立個體）」爲「無極」。

所以，簡單的說，「理天」就是「諸佛居住的世界」，能夠有資格進入「諸佛居住的世界」，只有「佛」。所以，能夠「回理天」，就是「成佛」了。

「見老母」，就是見「無極老⊙（母）」，「無極老⊙（母）」的「⊙」字，是代表「無極」當中的「至高無上神」。我們的「自性（靈性、本性）」來自「無極理天」，所以我們的「自性」是「無極老⊙（母）」的「分靈」，也因此有「自性老母」的別稱。故見「無極老⊙

（母）」，就是見「自性老母」，也就是「見性」的意思。

有「讀者」可能會問，既然「回理天，見老母」這句話，翻譯成「佛教」的術語，就是「見性成佛」。可是，「一貫道」信徒怎麼「見性成佛」呢？

當然只用嘴巴唸「見性成佛」，是不可能「見性成佛」的。但是，常掛在嘴巴唸，是一種「信念」，是一個「志向」，最後要「成佛」。就像「佛教徒」一樣，所有的「佛教徒」學佛的目的，最後不都是要「成佛」嗎？

「無極老⊙（母）」常被描繪和形容成一位「慈祥的老母親」，這是因爲「民間宗教教派」認爲，「瑤池金母（西王母）」就是「無生老母（無極老母）」。例如：《護國威靈西王母寶卷》說，「西王母」考察「儒、釋、道三聖人」，又說「西王母」卽是「無生老母」的化身。

六、「一貫道」信徒往生後的去處？

現在主流派的「佛教團體」，「佛教徒」往生後，都要去「阿彌陀佛」的「西方極樂世界」。那「一貫道」信徒往生後的去處是哪裡呢？

大部分的「一貫道」信徒，一定會毫不猶豫地說：「去理天。」因爲不是說「回理天，見老母」嗎？這是一種誤解，前面解釋過「回理天，見老母」這句話，翻譯成「佛教」的術語，就是「見性成佛」。

依據十五祖「王覺一」對「理天」的定義，「理天」者何？「無極」是也。「一貫道」信徒，想要回到「無極」，那是終極的目標。那「一貫道」信徒往生後的去處，到底是哪裡呢？答案是：「彌勒佛」的「兜率天彌勒淨土」。

「一貫道」認爲此期是「白陽期」，盛逢「彌勒祖師」應運掌「天盤」，「濟公活佛、月慧菩薩」掌「道盤」，三佛共辦，三曹普渡收圓大事。因此，「一貫道」是以「彌勒祖師」爲主要的神祇。「濟公活佛」倒裝下凡爲「師尊」，「月慧菩薩」倒裝下凡爲「師母」，此三佛乃「末後一著」，普渡收圓之三佛。

「一貫道」認爲，現在是「白陽期」，「彌勒祖師」應運掌「天盤」。在「一貫道」的諸多經典裡，也都有提到「彌勒佛」、「彌勒祖師」和「龍華三會」。例如：《彌勒救苦眞經》和《龍華經》。

《彌勒救苦眞經》云：「老母降下通天竅。無影山前對合同。嬰兒要想歸家去。持念當來彌勒經。」

《古佛天眞考證龍華寶經》，簡稱《龍華經》云：

(1)「彌勒佛」鐵菩提樹開九葉金蓮。乃是「龍華三會」。有「三世諸佛」萬祖同來聚會。請《龍華經》作證。講說「三乘九品」。九十六億賢聖願得相逢。有「龍殊菩薩」助道。凡聖交參。這便是過。現。未來三世諸佛「龍華三會」也。

(2)天下祖師賢聖各門。悟性知識。僧尼道俗。諸色人等。今日有緣同赴「龍華三會」。收下元人。聽佛偈曰。「初會龍華」是「燃燈」。「二會龍華」「釋迦尊」。「三會龍華」「彌勒祖」。「龍華三會」願相逢。

(3)當來教主「彌勒院」。華藏天理「釋迦尊」。

(4)諸大衆。聽祖勸。早訪「明師」求一線。收來放去到「家鄉」。聖性獨站「空王殿」。緣人晝夜念「眞經」。二六時中無間斷。有人會念這聲佛。臨危躲的「閻君漢」。有緣都來拜「天眞」。「弓長」只在人間竄。元人跟祖赴「龍華」。同到家鄉「彌勒院」。

(5)「彌勒佛」。九葉金蓮開放。乃是「龍華三會」。老古佛傳令。「無生老母」吩咐。今該三世諸佛。在菩提彼岸。中央聖地。建立「龍華聖會」。

因此，「一貫道」是以「彌勒佛」作爲主要的神祇，那爲什麼會在「一貫道」的「經典」裡，提到「龍華三會」呢？

什麼是「龍華三會」？「龍華三會」是指「彌勒菩薩」於「龍華樹」下成道之三會的說法，又稱爲「華會、龍華三庭、彌勒三會、慈尊三會」，略稱「龍華」。

「龍華三會」是「釋迦牟尼佛」入滅後五十六億七千萬年（另有說五十七億六千萬歲、五十六億萬歲者），「彌勒菩薩」自「兜率天」下生人間，出家學道，坐於「翅頭城」華林園中的「龍華樹」下成正等覺，前後三次說法。於從前「釋迦牟尼佛」之教法下，未得道者，至此會時，以「上中下三根」之別，悉可得道。

「龍華三會」源自於《彌勒上生經》和《佛說彌勒下生經》，「一貫道」信徒們應該仔細研讀這兩部經典，才會明白「彌勒佛」的由來，以及「龍華三會」是什麼？

下面我就先簡介這兩部經典，再節錄這兩部經典的重點經文。

首先介紹《彌勒上生經》，《彌勒上生經》全稱《觀彌勒菩薩上生兜率天經》。是「彌勒經典」中最晚成立之作品，也是「彌勒淨土」信仰所依據主要經典之一。

內容敍述「彌勒菩薩」前往「兜率天宮」，爲教化諸天，晝夜六時說法。其中對天宮之描寫較《彌勒下生經》爲精彩，頗能動人心絃。又謂，欲往生天宮，必「修行十善」，唸佛形像，「口稱彌勒菩薩之聖名」。以此功德並可超越九十六億劫五逆之罪。

《佛說觀彌勒菩薩上生兜率天經》云：「爾時會中有一菩薩名曰『彌勒』。聞佛所說。應時卽得百萬億『陀羅尼門（總持；對經典的文字、義理、修行功德，皆悉持守。）』。卽從座起整衣服。叉手合掌住立佛前。

爾時『優波離』亦從座起。頭面作禮而白佛言。『世尊』。『世尊』往昔於『毘尼』中及『諸經藏』說『阿逸多（卽彌勒菩薩。彌勒是姓，譯曰慈；名字是阿逸多。）』次當作佛。此『阿逸多』具凡夫身未斷諸漏。此人命終當生何處。其人今者雖復出家。『不修禪定』『不斷煩惱』。『佛』記此人『成佛』無疑。此人命終生何國土。

『佛』告『優波離』。諦聽諦聽善思念之。如來應正遍知。今於此衆說『彌勒菩薩』摩訶薩『阿耨多羅三藐三菩提』記。此人『從今十二年後』命終。必得往生『兜率陀天』上。

爾時『兜率陀天』上。有『五百萬億天子』。一一天子皆修甚深『檀（佈施）波羅蜜』。爲供養『一生補處菩薩（謂經過此生，來生定可在世間成佛。略稱補處。卽指菩薩之最高位一等覺菩薩。一般皆稱彌勒爲一生補處之菩薩。）』故。以『天福力』造作『宮殿』。各各脫身『栴檀摩尼寶冠』。長跪合掌發是願言。我今持此『無價寶珠』及以『天冠』。爲供養『大心衆生』故。」

所以，在距今二千五百年前，「兜率陀天」的「彌勒淨土」，就已經建設完成，這個「彌勒淨土」，就是「一貫道」信徒往生後的去處。

《佛說觀彌勒菩薩上生兜率天經》又云：「爾時『優波離』卽從座起。整衣服頭面作禮。白佛言。『世尊』『兜率陀天』上乃有如是極妙樂事。今此『大士』何時於『閻浮提』沒生於彼天。『佛』告『優波離』『彌勒』先於『波羅捺國』『劫波利村』『波婆利大婆羅門』家生。卻後十二年二月十五日。還『本生處』結加趺坐如入滅定。身紫金色光明豔赫如百千日。上至『兜率陀天』。」

上面這段經文，「釋迦牟尼佛」預言「彌勒菩薩」下凡人間，以及成佛的事情。

《佛說觀彌勒菩薩上生兜率天經》又云：「『彌勒』眉間有『白毫相光』。流出衆光作百寶色。三十二相一一相中有五百億寶色。一一好亦有五百億寶色。一一相好豔出八萬四千光明雲。與『諸天子』各坐花座。晝夜六時常說『不退轉地法輪』之行。經一時中成就『五百億天子』。令不退轉於『阿耨多羅三藐三菩提』。如是處『兜率陀天』晝夜恒說此法。度『諸天子』。『閻浮提』歲數『五十六億萬歲』。爾乃下生於『閻浮提』。如《彌勒下生經》說。」

上面這段經文，「釋迦牟尼佛」預言「彌勒菩薩」，先在「兜率陀天」度化「五百億天子」，然後再下凡人間成佛。

《佛說觀彌勒菩薩上生兜率天經》又云：「『佛滅度後』『我諸弟子』。若有『精勤修諸功德威儀』不缺掃塔塗地。以『衆名香妙花』供養行衆三昧深入正受讀誦經典。如是等人應當『至心』。雖不『斷結』如得『六通』。應當繫念念佛形像稱『彌勒』名。

如是等輩若一念頃受『八戒齋』。修諸淨業發弘誓願。命終之後譬如『壯士屈申臂頃』。卽得往生『兜率陀天』。於『蓮華』上結加趺坐。『百千天子』作天伎樂。持『天曼陀羅花』『摩訶曼陀羅華』。以散其上讚言。善哉善哉『善男子』。汝於『閻浮提』廣修福業來生此處。此處名『兜率陀天』。今此『天主』名曰『彌勒』。汝當歸依。應聲卽禮禮已。諦觀『眉間白毫相光』。卽得超越『九十億劫生死之罪』。是時『菩薩』隨其宿緣爲說妙法。令其堅固不退轉於『無上道心』。」

上面這段經文，「釋迦牟尼佛」交代，「佛滅度後」，他的弟子要歸依「彌勒佛」。往生「兜率陀天淨土」者，於『蓮華』上結加趺坐，是「蓮花化生」。

《佛說觀彌勒菩薩上生兜率天經》又云：「『佛』告『優波離』。『佛滅度後』。『比丘』『比丘尼』『優婆塞』『優婆夷』『天龍』『夜叉』『乾闥婆』『阿脩羅』『迦樓羅』『緊那羅』『摩睺羅迦』等。是諸大衆。若有得聞『彌勒菩薩摩訶薩名』者。聞已歡喜恭敬禮拜。此人命終如彈指頃卽得往生。如前無異。」

所以，「一貫道」的「三寶心法」中的第三寶「無字眞經（口訣）」，是用來時常繫念思惟「彌勒佛」的「方便法門」。

《佛說觀彌勒菩薩上生兜率天經》又云：「『佛』告『優波離』。汝今諦聽。是『彌勒菩薩』於『未來世』當爲『衆生』。作『大歸依處』。若有歸依『彌勒菩薩』者。當知是人於『無上道』得不退轉。『彌勒菩薩』成『多陀阿伽度阿羅訶三藐三佛陀』時。如此行人見佛光明卽得『授記』。」

這段經文，「釋迦牟尼佛」有交代：「是『彌勒菩薩』於『未來世』當爲『衆生』。作『大歸依處』。」

再來介紹《佛說彌勒下生經》，《佛說彌勒下生經》又稱爲《觀彌勒菩薩下生經》、《觀彌勒下生經》、《彌勒成佛經》、《彌勒當來下生經》、《下生經》。古來說「彌勒下生」之諸經中，本經爲最受重視者。

《佛說彌勒下生經》描述「彌勒」將來「下生成佛」的情形。那時的人間「閻浮地」，已淨化而成一個「淨土」，「彌勒菩薩」於「兜率天」觀察父母，降而出世。後來，「彌勒」出家學道，在「龍華樹」下修行，夜半出家，「即於其夜成無上道」。

又「大迦葉尊者」於過去諸佛時，善修「梵行」，修「十二頭陀行」，故得佐「彌勒」勸化衆人。

成佛後的「彌勒」，在「龍華樹」下說法，度化衆生。「彌勒初會」，九十六億人得「阿羅漢」；「彌勒二會」，九十四億人得「阿羅漢」；「彌勒佛三會」，九十二億人得「阿羅漢」。

《佛說彌勒下生經》云：「爾時『彌勒菩薩』。於『兜率天』觀察『父母』不老不少。便降神下應『從右脅生』。如我今日『右脅生』無異。『彌勒菩薩』亦復如是。『兜率諸天』各各唱令。『彌勒菩薩』已降神生。是時『修梵摩』即與子立字。名曰『彌勒』。

『彌勒菩薩』有三十二相八十種好。莊嚴其身身黃金色。爾時人壽極長無有諸患。皆壽『八萬四千歲』。『女人』年『五百歲』然後『出嫡』。爾時『彌勒』在家未經幾時。便當出家學道。爾時去『翅頭城』不遠有『道樹』名曰『龍花』。高一由旬廣五百步。時『彌勒菩薩』坐彼道。」

樹下成『無上道果』。當其夜半『彌勒』出家。即於其夜成『無上道』。時『三千大千刹土』六返震動。『地神』各各相告曰。今時『彌勒』已成佛。轉至聞『四天王宮』。『彌勒』已成佛道。」

敍述「彌勒菩薩」，從「兜率天」下凡到人世間成佛的過程。

《佛說彌勒下生經》又云：「爾時『彌勒』當說『三乘之教』如我今日。弟子之中『大迦葉』者行『十二頭陀』。過去『諸佛』所善修『梵行』。此人當佐『彌勒』勸化人民。

爾時『迦葉』去如來不遠結加趺坐。正身正意繫念在前。爾時『世尊』告『迦葉』曰。吾今年已衰耗向『八十餘』。然今如來有『四大聲聞』。堪任遊化。智慧無盡衆德具足。云何爲四。所謂『大迦葉比丘』。『屠鉢歎比丘』。『賓頭盧比丘』。『羅云比丘』。汝等『四大聲聞』。要『不般涅槃』。須吾法沒盡。然後乃當般涅槃。

『大迦葉』。亦不應般涅槃。要須『彌勒』出現世間。所以然者。『彌勒』所化弟子。盡是『釋迦文弟子』。由我遺化得盡有漏。」

上面這段經文，「釋迦牟尼佛」對「大迦葉」說：「大迦葉，我已年老，將近八十歲，恐怕不能再行化了，還好有你們四大聲聞弟子，能弘化人間，智慧無盡，具足衆德。哪四位呢？就是「大迦葉比丘、屠鉢歎比丘、賓頭盧比丘、羅云比丘」。你們四人要發大願心「不入涅槃」，須等到「吾法沒盡」，然後才般涅槃。特別是你「大迦葉」切勿入涅槃，你要等待「彌勒佛」出現世間。因爲「彌勒佛」所度化的弟子，都是我「釋迦文佛」的弟子，因我的遺教而有得度因緣。

《佛說彌勒下生經》又云：「『摩竭國』界『毘提村』中。『大迦葉』於彼山中住。又『彌勒如來』將無數千人衆。前後圍遶往至此山中。遂蒙佛恩。『諸鬼神』當與開門。使得見『迦葉禪窟』。

是時『彌勒』。申右手指示『迦葉』告諸人民。過去久遠『釋迦文佛弟子』。名曰『迦葉』。今日現在『頭陀苦行』最爲第一。是時諸人見是事已歎未曾有。無數百千衆生。諸塵垢盡得『法眼淨』。或復有衆生見『迦葉』身已。此名爲『最初之會』。『九十六億人』皆得『阿羅漢』。斯等之人皆是我弟子。所以然者。悉由受我訓之所致也。亦由『四事因緣』惠施仁愛利人等利。

爾時『阿難』。『彌勒如來』當取『迦葉』『僧伽梨』著之。是時『迦葉』身體奄然星散。是時『彌勒』復取種種『華香』供養『迦葉』。所以然者。諸佛世尊有敬心於正法故。『彌勒』亦由我所受正法化。得成『無上正眞之道』。

『阿難』當知。『彌勒佛第二會』時。有『九十四億人』。皆是『阿羅漢』。亦復是我遺教弟子。行『四事供養』之所致也。

又『彌勒第三之會』。『九十二億人』。皆是『阿羅漢』。亦復是我遺教弟子。爾時『比丘』姓號皆名『慈氏弟子』。如我今日『諸聲聞』皆稱『釋迦弟子』。」

上面這段經文，就是「龍華三會」的經文出處。「一貫道」信徒往生後，先上升到「兜率天」的「彌勒淨土」，再隨同「彌勒菩薩」下凡到人世間度化衆生。

七、「一貫道」的「三期末劫」？

十五祖「王覺一」在《三教圓通》和《理數合解》有提到「三期末劫」的概念。在《三教圓通》中的《呂祖韓仙，師徒問答寓言》裡：

湘曰：「什麼『三佛劫運（災難；厄運）』，可得聞否？」

師曰：「『初尊佛』號曰『燃燈』，『二尊佛』號曰『釋迦』，『三尊佛』號曰『彌勒』。」

湘曰：「眼前是那尊佛管事（管理事務）？」

師曰：「現在『紅陽』將盡，仍是『二佛』掌管，一到『白陽』，便是『三佛』掌管。」

湘曰：「某年交與『三佛』，在『某朝帝王』時侯？」

師曰：「此乃後事（將來的事），況（何況）是『天機（上天的機密，比喻極重要不可透露的機密。）』，如其說出，恐後人心起貪妄，有失正道，不敢經洩。

聖人云：『天地之道，可一言而盡之也！』又云：『其或繼周者，雖百世可知也。（那麼以後如果有繼承周朝的朝代，就是在一百代以後，也是可以預先知道的。）』

孟子：『苟求其故，千歲之日至，可坐而致也（假使求得它們運行的自然定律，即使千年以外的冬至和夏至，都可以坐著就推算得出來。）』待（等待）爾（你）功成之日，自然明白。」

湘曰：「三佛可有『後人（後世的人）』？」

師曰：「皆有得；賤（地位卑下的人）也修得（對於生得或報得之稱而言，以修行之功所得，故曰修得。），貴（地位崇高、優越的人）也修得；賢（有才能德行的人）也修得，愚（笨傻、不聰明的人）也修得；老也後人（後世的人）。『初佛』後人，『道人道姑』；『二佛』後人，『和尚尼姑』；『三佛』後人，『善男信女』。

『初佛、二佛的後人』，都是『單修』，拋父母，別妻子，住居孤峰（高峰絕壁岸然聳立）深山，好不悲傷！

後來『三佛的後人』，都是『在家雙修』，父母團圓，妻子作伴，高樓大廈，左鄰右舍；爲官也修得，爲士（古代社會階層的等級之一，爲貴族中等級最低者。）也修得；貧也修得，富也修修得，少也修得；強也修得，弱也修得；善也修得，惡也修得；男也修得，女也修得；修成正果，國享無量載（年）清福（清閒的福分）。噯！三佛的後人，眞眞（實在、的確）好了！」

湘曰：「這此話可是實否？」

師曰：「既是『持齋（持守戒律不吃葷腥之食）修行』，嚴守『三皈（皈依佛、法、僧三寶）五戒（不殺生、不偷盜、不淫邪、不妄語、不飲酒）』，豈敢（怎麼敢）妄語（隨便亂說）。」

湘曰：「既有如此之好，然而人多不信此是何故？」

師曰：「『天雨』雖大，不潤（潮溼）『無根之草』；『佛法』雖廣，難渡『無緣之人』。不是『原人（天良發露的好人）』，怎得上船。」

在《理數合解》中的《三易探原》裡，十五祖「王覺一」解釋道：「儒（儒家）」有「存心養性」，「一貫」之道；「佛（佛家）」有「明心見性」，「歸一」之道；「道（道家）」有

「修心煉性」，「守一」之道，躬行（親自實踐）實踐，「儒（儒家）」能成「聖」，「釋（佛家）」能成「佛」，「道（道家）」能成「仙」，謂之「正法」。

千年而後，「正法」失傳，「儒」則執（偏執）於「訓詁（指解釋古書中詞句的意義）」，失意以傳言；「釋、道」則囿（ㄧㄡˋ，局限）於「焚誦（焚香誦經）」，誦言而忘昧（忘記）。執（偏執）於顯而不達於微（精妙幽深），囿（ㄧㄡˋ，局限）於人而不達於天，足以爲「善人」，而不足以爲「聖人、神人」，此之謂之「相法」。

千年而後，「相法」式微，「儒者」淪於辭藻（經過修飾的精美詞語），以「四書（《大學》、《中庸》、《論語》、《孟子》）、六經（《詩》、《書》、《禮》、《樂》、《易》、《春秋》）」，作利祿（利益與爵祿）之階梯（途徑）；「僧（僧人）、道（道士）」則專爲衣食（指生活所需），借「仙經、佛典」爲乞食之文憑，至此則「三聖（釋迦牟尼佛、老子、孔子）」遺言，亦在「若存若亡（似有若無）」之間，卽「善人」亦不易見矣，此則謂之「末法」。「如來（釋迦牟尼佛）」當寂滅（涅槃、圓寂）之時，曾言「吾道正法一千年，相法一千年，末法一千年」。「末法」之後，「正法」又來。

「王覺一」祖師的「正法一千年，相法一千年，末法一千年」之說，來自於「佛教」的經典。其中「相法」，在「佛經」裡是「像法」，寫法不同。

在「佛教」的經典，中有「正法、像法、末法」之說，爲「正法時期、像法時期、末法時期」的簡稱，又稱爲「三時」。亦卽將「佛法」住世的時期，劃分爲「正法、像法、末法」三個時期。

「正法時期」即指「教法、實踐、得證」具現的時期；「像法時期」是雖然沒有「得證者」，但是仍然存有「教法、實踐」的時期；至於「末法時期」，則是僅存「教法」而缺乏「實踐、得證」的「佛教衰微期」。經過此三時期之後，「佛教」即進入「教法、實踐、得證」均無的「法滅時代」。

關於「正法、像法」的時限，諸經論有四種說法，即：

(1)「正法」五百年，「像法」一千年；

(2)「正法」一千年，「像法」五百年；

(3)「正法」、「像法」皆五百年；

(4)「正法」、「像法」皆一千年。

但是，對於「末法」的年限為「一萬年」，此點則無異議。又，一般多採用「正法五百年，像法一千年，末法一萬年」之說。

這裡要注意的是，「王覺一」祖師說：「『末法』之後，『正法』又來。」，這一點諸「佛經」可沒有這麼說，都只說從此進入「法滅時代」。

因此，「王覺一」祖師說：「『末法』之後，『正法』又來。」這個說法，應該是擷取自「元會運世」的概念。

「元會運世」是北宋「邵雍」的用語，是「邵雍」虛構的計算「世界歷史」年代的單位，出自《觀物外篇》上。「邵雍」把「世界」從「開始」到「消滅」的週期稱做「元」，一元復始，萬象更新，「一元」有「十二會」，「子會」和「午會」是其中的兩會。「世界」從「開始」到

「消滅」之後，又重新「開始」，不斷的周而復始。

在《性理題釋》中，非常詳細的解釋「三期末劫」的內涵。

十八、何謂三期末劫

自「開天闢地」，以至「天窮地盡」，其間謂之「一元」。「一元」共有子丑寅卯辰巳午未申酉戌亥「十二會」，「一會」有「一萬零八百年」，每會因「氣象之變遷」，而有「數期之劫運」。

現在「午會」之中，「未會」未至，自「午會」以來，計有「四千餘年」，已有「三期」之分，「第一期」曰「青陽劫」，應「伏羲氏」時代，第二期「紅陽劫」，應「文王」時代，第三期「白陽劫」，應于「中天傳道之際」。

每期「道劫並降」，以渡「善良之人」，進入道中，「惡孽之輩」，打在劫內，溯自「寅會生人」，以至於今，「衆原子」生生死死，貪戀紅塵假景，迷失「本來靈性」。既不知從何而來，複不知尋路而歸，愈沉愈迷，愈迷愈壞，世風險詐，以達極點，因之釀成空前之大劫，故曰「三期末劫」。

■附錄：

(1)青陽期：

起於「伏羲氏」的時候，到「商太丁」，即「周王季」的時候止，共一千八百八十六年。這叫做「青陽劫期」。當初「上帝」以「世人」的罪惡輕重，定下「九劫」，名叫「龍漢水劫」，當初「中國」外國都有「九次大會戰」均以洪水為害，故名「水劫」，後又連續更換了「九個時代」，凡換每個時代，必起戰爭。

那「九個時代」呢？就是「神農、軒轅、少昊、顓頊、帝嚳、帝堯、帝舜、夏禹、商湯」，共九個時代。

其實上古時代，無有文字計數，故以「珠」代數，當時「仙家」傳有「珠子九粒」，號稱「九轉金丹」，每一顆珠子，代表一個劫數，共有「九顆珠子」，就代表「九個劫數」。然而世上的人，並非都是惡的，故特將天道降世，又惟恐世人不知，故特派「木精子」降世為「伏羲氏」繼天立極、代天宣化、傳眞宗、救「原子」，使在世躲劫難，出世超生了世，這就叫做「青陽普渡」。

又在普渡時，明君代天傳道，傳下「三寶」：

一為「眞宗」：我人「自性」所居的「玄關竅」

二為「眞經」：仙家所念的「四字眞經（無量壽佛）」

三為「眞憑」：也就是「蓮葉合同」

◆青陽期：

◎掌管天盤：燃燈古佛

◎掌管道盤：伏羲氏

◎末後收圓：瑤池金母

◎赴會：櫻桃會

◎考道：阿靈王

◎遭劫：龍漢水劫

◎成道佛子：二億

(2)紅陽期

起于「商帝乙」，卽「周王季」的時候，到「中華民國」止，共三千一百一十四年，這叫做「紅陽劫期」。當初「上帝」以「世人」的罪惡的重，定下「十八個劫」，名叫「赤明火劫」，因當初「中國」外國都有「十八次大會戰」，均以「烈火」爲害，故名「火劫」，後又連續更換了「十八個時代」，凡換每個時代，必定殺人無數。

那十八個時代呢？就是「東周、春秋、戰國、嬴秦、西漢、東漢、後漢、西晉、東晉、南北朝、北唐、南唐、五胡、北宋、南宋、元朝、明朝、清朝」，共十八個時代。

當時「佛家」傳有「珠子十八個」，號稱「十八尊羅漢珠」每一顆珠子，代表一個「劫數」，共「十八顆珠子」，就代表「十八個劫數」。「上帝」不忍善惡不分，玉石俱焚，故派「金精子」降世爲「太公望」繼天立極、代天宣化、傳眞宗、救「原子」，使在世躲劫難，出世超生了死，這就叫做「紅陽普渡」。

又在普渡時，「明師」代天傳道，亦傳下「三寶」

一爲「眞宗」：我人「自性」所居的「玄關竅」

二爲「眞經」：「佛家」所念的「六字眞經（南無阿彌陀佛）」

三爲「眞憑」：亦就是「蓮花合同」

◆紅陽期：

◎掌管天盤：釋迦文佛

◎掌管道盤：四正文佛

◎末後收圓：西王聖母

◎赴會：蟠桃大會

◎考道：中公豹

◎遭劫：赤明火劫

◎成道佛子：二億

(3)白陽期

起于「中華民國時代」，到將來的一萬零八百年止。在此一萬零八百年的中間，叫做「白陽劫期」。「上帝」以現在世界上人的罪惡輕重，降下「八十一浩劫」，劫名叫「延康風劫」。現在「中國」外國，都會有「八十一次大會戰」，如徐州會戰、上海會戰、長沙會戰、衡陽會戰、列寧格勒會戰、柏林會戰、巴黎會戰、大西洋會戰、太平洋會戰……等。

所謂「延罡風劫」，就是都以「罡風（道家稱天空極高處的風）」爲害，像鈾和氫的「原子炸彈」，及未來「慧星」，和「罡風」的掃世等等，萬物完全化爲灰塵。

現今「白陽」開科一萬零八百年，不能改變，「白陽」天盤「彌勒古佛」白陽道盤「水火精子」繼天立極、代天宣化、傳眞宗、救「原子」，使在世躲劫難，出世超生了死，大道普傳，普渡三曹，萬教歸一、齊起歸根，務使人人返本還原。

又在普渡收圓時，「明師」代天傳道，亦傳下「三寶」

一為「眞宗」：我人「自性」所居的「玄關竅」

二為「眞經」：白陽期所念的「無字眞經（○○○○○）」

三為「眞憑」：亦就是「蓮藕合同」

◆白陽期：

◎掌管天盤：彌勒佛

◎掌管道盤：濟公活佛

◎末後收圓：濟公活佛

◎赴會：龍華大會

◎考道：阿修羅王

◎遭劫：延康風劫

◎成道佛子：九十六億

八、「一貫道」的意義？

「一貫道」的「一貫」是什麼意思？十五祖「王覺一」在《理數合解》裡，有詳細的闡述。在《理數合解》中的《一貫探原》說道：「一貫」者何。「宗動天」「一氣」流行（散布、傳播）。默（沉靜無聲）運（運行）四時（春、夏、秋、冬四季）。上貫（通達）星斗（天上的星星）。下貫（通達）大地。中貫（通達）人物（人和物）。氣旺則壯。氣衰則老。氣絕則死。有形之「天地（天空與地表）」尚然（依舊、仍然）。況（何況）人與物乎。「此氣」升降浮沉於「太虛（古代哲學概念，指宇宙的『原始的實體氣』。實際上是指『老子、莊子』所說的『道』）」之中。雖視不見。聽不聞。而「實體物」不遺（漏掉）。體物（描述事物）不遺（漏掉）。則無物不貫（通達）也。

這是「王覺一」祖師對「一貫」的解釋，「一貫」是指「宗動天」的「一氣」散播在「天地（天空與地表）」之間，沉靜無聲的運行春、夏、秋、冬四季。

「此氣」上貫（通達）星斗（天上的星星）。下貫（通達）大地。中貫（通達）人物（人和物）。氣旺則壯。氣衰則老。氣絕則死。

「此氣」升降浮沉於「太虛（古代哲學概念，指宇宙的『原始的實體氣』。實際上是指『老子、莊子』所說的『道』）」之中，雖然看不見，聽不到，卻是無物不貫（通達）。

「此氣」來自「宗動天」，而「宗動天」的「一氣」，源自於「無極理天」，也就是「老子、莊子」所說的「道」。

所以，「一貫道」的意思是：我們人的靈性（本性），是來自「宗動天」的「一氣」的「貫（通達）」通，「此氣」源自於「無極理天」，也就是「道」。

因此，人得「宗動天」的「一氣」而生，氣旺則壯，氣衰則老，氣絕則死。假如不知道自己的靈性（本性），必須返回「無極理天」，那就會永遠墮入「六道輪迴」的苦海。

依照《一貫道道統源流》的記載，清光緒十二年（公元一八八六年，第十六代祖劉清虛掌道，旋將道門改稱「一貫道」。但是，「劉清虛」祖師並沒有說明，爲什麼將道門改稱「一貫道」？

當後世有人問起「一貫道」是什麼時？「一貫道」的「前輩們」，往往不知道如何回答是好。後來，有人節錄《論語．里仁》的一句「孔子」的話，來做爲答案。

《論語．里仁》：子曰：「參乎！吾道一以貫之。」曾子曰：「唯。」子出。門人問曰：「何謂也？」曾子曰：「夫子之道，忠恕而已矣。」

從此，「一貫道」各組線的信徒，都以「吾道一以貫之」來作爲「一貫道」的意思。我在網路上查詢，幾乎都是這個答案，已經成爲「一貫道」各組線信徒的標準答案。

殊不知，雖然「一貫道」這個名稱是第十六代祖「劉清虛」所改稱，但是眞正「一貫道」的實質創始人，是第十五代祖「王覺一」。「王覺一」祖師在他的著作《一貫探原》裡，就清楚的解釋「一貫者何」，這才是正確的答案。

不過，對於非「一貫道」信徒而言，這個「吾道一以貫之」的答案，似乎也不錯。因爲，簡單、明瞭、容易記、有學問，又是「孔子」說的話，還可以掛保證。

但是，希望「一貫道」的信徒都要知道，「吾道一以貫之」這個答案，是「望文生義（指沒弄懂字句眞正含義，只從字面上做想當然的解說。）」來的，不是正確的答案。

接著，十五祖「王覺一」在《理數合解》裡，也有提到「一貫」這個概念的由來。在《理數合解》中的《一貫探原》說道：「一貫」者、「至靜不動天」。以「理」貫「萬物」。乃「河圖」之所從出。爲人生「本然之性（本性）」。「道心、元神」之源。

「王覺一」祖師解釋說，什麼是「一貫」呢？就是「至靜不動天」，以「理」貫（通達）

「萬物」，是從「河圖」出來的，爲人生「本然之性（本性）」，「道心、元神」之源。

九、「一貫道」是「白蓮教」的支派？

在網路上，有許多網民在攻擊「一貫道」，說「一貫道」是「白蓮教」的邪教分支。其實，說「一貫道」是「白蓮教」，是一種誤解。要解釋這件事情，要從「一貫道」的八祖「羅蔚群」談起，八祖「羅蔚群」是何許人也？

在中國「明、清」兩代時期，突然出現一個流行在民間的宗教「羅教」，創始人是「羅清」，他就是後來「一貫道」的八祖「羅蔚群」。

「羅教」是「明、清」時，最重要的民間宗教之一，與當時的「白蓮教」平分秋色，但是沒有像「白蓮教」一樣動員群眾，甚少暴力起義，「明、清」兩代各有一宗。「羅祖經書」的地位崇高，爲「明、清」其他教派採用和改寫。

「羅教」又稱「無爲教、大乘教」，是中國「明、清」兩代，流行的民間宗教，在「明代中期」由軍人「羅清」創立，以《苦功悟道卷》等「五部六冊」爲主要經書，主張尋求「人心本性的覺悟」，反對「外在的宗教儀式或造像」，適合「在家修行」，信眾以「運河水手」爲主要基礎，「會堂」遍佈大江南北，各自爲政，信徒誦經、茹素，作風平和。

「羅教」是由山東「嶗山」下的「卽墨縣」人「羅清」所創立。「羅清」（公元一四四三年到公元一五二七年）的本名或作「羅靑、羅靜、羅春、羅因、羅成、羅英」；字「夢鴻、孟洪」。

「羅清」常用非常多的「化名」名號傳教，號「思孚、思誠、思清、思遠、公遠、公懷、懷清、懷虛、懷一、懷眞、靜卿、靜清、清英、清因、春英、眠江、愛泉、『蔚群』；庵號靜齋、靜庵、淸庵、靈霧台」等；法號「悟空、普仁、眞慧、無爲、淸淨。道號「淸道人、無爲居士」等；尊稱「無相眞人、化善祖師、揭空古佛」等。

「羅清」曾經於各大寺廟打坐，兼修「淨土宗」與「禪宗」，覺得仍爲不足，於是「自創教義」，結合了佛教淨門「白蓮宗」、禪門「臨濟宗」、道家「老莊思想」、道教「正一派」與「全眞派」教義，也吸納了「儒家」孝親愛人的說法，成立「無爲教」，認爲人都應該要「虛靜無爲」，以便迴歸「眞空家鄉」的「無生父母」身邊。

「羅清」從「民間神話」和「傳說」中，創造了一個至高無上的神「無極聖祖」，又名「無生父母」，這個神是所有生物的主宰，尤其在人死後，有判決人的「再生、超度」或「入地獄」的權力。後來，從「無極聖祖」衍生出「無生老母」。

「羅清」大量印發《五部六冊寶卷》，通過各種「渠道」，流通天下，尤其是該教教義簡單，幾無玄妙的哲思，僅要信衆努力遵奉「羅教」，即可得救，回歸到「無生父母」的身邊。如此簡單的教義，吸引了貧苦的普羅大衆，取得了極大的成功。

「明代末年」的許多「佛教徒」，認同「羅教」是「佛教」的一個派別，並非「外道」。「朝廷」的部分「官員」也敬重「羅祖」，把「羅教」視爲「佛教」，也有「士大夫」信奉「羅祖」。

在民間，「羅清」被稱爲「羅祖」，地位崇高。「羅教」也常被民衆視爲「佛教」的一支，信徒衆多，分成多個派系，往往與「白蓮教」並稱，在「山東」一度威脅「正統佛教」的地位，在「清代」多次受「官府」取締，被指斥爲「邪教」，支派流衍成「長生教、青蓮教、眞空教、齋教、一貫道」等多個教派。

「萬曆」年間起，有部分「官員」攻擊「白蓮教」和「羅教」，把「羅教」當作「白蓮教」的一支，主張取締。今天的「一貫道」，也常被抹黑，說成是「白蓮教」的一支，所以是「邪教組織」。

其實，「羅清」沒有像「白蓮教」一樣，經常發動武裝叛亂，甚至還批評「白蓮教」，也不提及「白蓮教」崇拜的「無生老母」（「羅清」崇拜的是「無生父母」）。

「羅清」致力於「單純虔敬，行善積德」，「教義」綜合「禪宗」與「淨土宗」，強調「人心中的佛性」卽是「淨土」。他批評對「經典」和「偶像」等，外在物品的崇拜，將「禪宗」通俗化，強調「人心」是一切的根源，等同於「眞空」，卽「萬事萬物的本質」。人人都有「佛性」，唯一目標是「尋求佛性」，而獲得覺悟。

「羅清」反駁一般的「禮拜方式」，認爲那是「有爲法」，專注於外在、表象的東西，他則主張向「內心」探求，方法是「無爲」，故「羅教」又稱爲「無爲教」。

「羅教」在「明、清」之間之所以會盛行，是因爲「羅教」爲不識字的一切衆生，提供最簡明扼要的「修道成佛方法」，開闢「修道的新路徑」，不必進入寺廟潛修，而適合「在家居士」的修行」，可以說是「臨濟禪」的「民間版」，根本沒有「白蓮教」的「邪教元素」。

「羅清」創造「無生父母」，雖然「白蓮教」把它改爲「無生老母」，但是其他「三教合一」的教派，也沿用「無生老母」這個稱號；「清代」的「羅教」發展達到頂峰，許多「三教合一」的教派，都奉祀「羅祖」，也有「齋堂」掛上「天地君親師」等牌位，讓信徒膜拜；還有「羅清」撰述的《五部六冊寶卷》，對「一貫道」的教義影響很大。

「清代官府」曾經指出「羅教」並無「不法情事」，但是仍然指斥爲是「邪教」，因爲「清代官府」害怕信仰「羅教」的信徒衆多，以後會像「白蓮教」一樣造反。

所以，可以確定的是，「一貫道」不是「白蓮教」的支派，也不是「邪教組織」。

十、「一貫道」的「扶鸞借竅」？

「一貫道」有一個特殊的「扶鸞借竅」儀式，觀看過的人，有的人相信，有的人不相信。今日逐漸有一些「一貫道」組線也，也宣布停止這個儀式。

「扶鸞借竅」又稱爲「開沙」，是指以「鸞筆」書寫於「沙盤」上。「開沙」是「仙佛」臨壇，附在「乩身（靈媒）」上，顯化批出「訓文」。

「開沙」時，必須「三才」齊全，缺一不可。「三才」者，卽「天才、地才、人才」。「扶乩者（靈媒）」爲「天才」，「抄字者」爲地才，「報字者」稱爲「人才」，「三才」在民間的「鸞堂」，稱的「正鸞生、唱鸞生、錄鸞生」。

「開沙」是「一貫道」的重要儀式，由來已久，透過「開沙」的儀式，可以讓「仙佛」與

「三才」合靈，並藉此與「信徒」溝通或傳達訊息。「開沙」甚至掌握「一貫道」的「人事任命權」，例如「祖師的產生」，第十八代祖「張天然」在他編定的「暫定佛規」中，明白寫出他是「恪遵關聖帝君壇諭」而得「暫定佛規之權」。

「三才」批訓之時，「天才」站在「人才」右前方，執「木筆」書寫行草，閉目橫書將字寫給「人才」觀看；「人才」負責「報字」，並且清整「沙盤」，使「天才」得以續寫下一句之字；「地才」則在桌上用「毛筆」書寫成文，並不觀看「沙盤」。

「訓文內容」多有押韻，與一般「鸞書」不同之處，為其有「訓中訓」之體例，即一篇排序的文章，於其上寫大字，按筆順讀所經之字，錄出而成一篇小文章；甚至有「訓中又訓」，亦即按此方法再得出篇幅更為簡潔的文章，「訓、訓中訓、訓中又訓」之文義依然相關，例如：《道之宗旨》、《世界大同》、《百孝經》、《中庸》之長篇訓文，皆為三、四百頁「訓中訓體」的訓文。

由於今日「一貫道組織」日益龐大，成員複雜，往往出現假借「仙佛」名義，以「開沙」的形式，紊亂教義。所以，不參與「一貫道總會」的「興毅組」「何宗浩」老前人，要求信徒「修道要認理歸真，不修人情道、沙盤道、顯化道、好奇道。」，一切「修道過程」以「五教經典」為宗本。

另外，由於現代的科學普及，教育水準的提高，許多現代年輕人懷疑「開沙」的眞實性。所以，有一些「一貫道」較大的組線，感覺到傳統的以「道術」為主的「傳道方式」，必須有所改變，停止「開沙」的儀式，改變為對以「儒家經典為」主的「三教經典」的闡發。這樣一改，使其在「大專高等學校」的「道務」發展，更加蓬勃發展。

現在，雖然「一貫道」的一部分組線，還保留著「開沙」的儀式，但是在發展規模較大的組線，都已經「淡出」甚至完全放棄「開沙」儀式，代之以「儒家」《四書》、《五經》的研讀。

其實，十五祖「王覺一」在《祖師四十八訓》裡說道：「乩筆之事」，吾不敢不信，不敢全信。如若有不信，「無生老母」，命我之事，卽閒言冷語，後來無不應驗。

再如「李老夫子」所傳之「易卦、太乙」及「參易變方」，愈久愈信，其眞若此者，豈可不信？至於「老母」在「山東」親命「三極」，而「太極」早歸，又換一「太極」；「皇極」雖有其人，亦未知是否？至今諸般大事，仍是我等承當，現今又出幾家「太極、皇極」。今吾左右爲難。欲說「皇極」所用改天換地、未來卦爻是眞，又不在情理。正與有不知「過去、現在」，而能知「未來」者。吾豈敢順一時之人情，誤大地之善信，惹後世之笑談，造彌天之大罪！

吾欲待不信，又有「乩筆之命」，吾既不敢誤人，又豈敢誤神？吾有一法可辨眞假，可定從違。「李老夫子」所傳「經濟之學」，吾未明之處，懇求指示，如果「乩筆」之能明顯講出，卽敢眞信。再者，掌「太極」者，能傳「太極之道」。掌「皇極」者，能傳「皇極之道」。吾卽認眞合辦。如此，方可內不失己，外不失人，上不失神，下不誤世。

「一貫道」的「開沙」儀式，其實就是中國民間所說的「扶乩」。「扶乩」，是中國民間信仰的一種「占卜方法」，又稱爲「扶箕、架乩、扶鸞、揮鸞、飛鸞、拜鸞、降筆、請仙、卜紫姑」等等。

其中「扶鸞、揮鸞、飛鸞、拜鸞」的「鸞」，是中國古代傳說中的一種「神鳥」，貌似「鳳凰」。《說文解字．鳥部》說：「鸞，赤神靈之精也。赤色，五采，雞形，鳴中五音，頌聲作則至。」《山海經．西山經》云：「有鳥焉，其狀如翟而五采文，名曰鸞鳥，見則天下安寧。」「鸞鳥」是中國古代傳說的「神鳥」，是「西王母」的使者，負責帶來「神明的訊息」。因此，「扶鸞」有「傳達神諭」的意思。

「扶鸞」時必須有「正鸞生、副鸞生」各一人，另外還需要「唱生」二人及「記錄生」二人；合稱爲「六部（三才）」人員。「正鸞生」使用一支Y字型「桃木」和「柳木」合成的「木筆」，而在預設的「沙盤」上，由「正鸞生」執筆揮動成字，並經「唱生」依字跡唱出來，經「記錄生」抄錄成爲文章詩詞，最後對該訊息作出解釋。

通常「扶鸞」得到的結果，都是極爲古典的詩詞或文章，那些訊息是由「神明」指示。現在民間流行的「善書」，如《地獄遊記》、《天堂遊記》和《阿鼻地獄遊記》等，都是藉由「扶鸞」完成。

「扶鸞（扶乩）」起於「民間」「請紫姑」的活動，大約從「南北朝」起就已經出現這種活動，而「唐宋」以後愈益興盛。

根據「南朝劉宋」時，劉敬叔《異苑》卷五的記載，當時有所謂「紫姑神」，本名「何媚」，字「麗娘」，因此又被稱爲「何麗娘」，萊陽人。相傳「何麗娘」是壽陽「李景」的「小妾」，被「大老婆」所嫉妒，經常派她到「廁所」做清潔打掃的工作。後來，「何麗娘」在某年的「正月十五夜」被殺於「廁所」中。

據稱「何麗娘」死後顯靈，有「未卜先知」的能力，成爲民間「扶乩」所問的神明，被稱爲

「紫姑神」。「紫姑神」又稱爲「廁姑、戚姑、茅姑、坑姑、坑三姑娘、屎坑三姑」等，是中國民間信仰的「廁神」。

後來，世人有「正月十五迎紫姑」的風俗，在每年的「正月十五」這一天，做成她的「偶像」，到「廁所、豬欄邊」去招她的魂魄。拿「偶像」的人，覺得「偶像」沉重，便算是她降臨附身在「偶像」上，設酒果供奉，那「偶像」便跳動不止。又能夠用附身的「偶像」，來「占問吉凶」。請「紫姑神」，便是「扶乩」的最初源頭。

「扶鸞（扶乩）」到底是好還是不好呢？

「淨土宗」第十三代祖師「印光大師」曾經開示說：「扶乩，乃靈鬼作用，其言某佛、某菩薩、某仙，皆假冒其名。眞仙，或偶爾應機，恐千百不得其一，況佛菩薩乎？以乩提倡佛法，雖有小益，根本已錯，眞學佛者，決不仗此以提倡佛法。」

「印光大師」說：「以乩提倡佛法，雖有小益，根本已錯。」但是，我認爲「扶鸞（扶乩）」是有必要的，它是一種導引「一般大衆」接進「佛法」的「方便法門」。

可能會有「讀者」反對我的看法，那我要問「反對者」一個問題：「台灣每年的『媽祖繞境活動』，你認爲是不可取的迷信嗎？」

「台灣」的「大甲媽祖遶境」爲全球「三大宗教」的盛事，同時也是全台灣最大型的宗教活動，每年都會吸引大批信衆前往參加。公元二〇二一年的「遶境活動」，於國曆四月九日起駕，開始爲期九天八夜的「遶境活動」，從「大甲鎭瀾宮」起程，經過「清水朝興宮、彰化天后宮、彰化南瑤宮、北斗奠安宮、西螺福興宮」，最後至「新港奉天宮」折返。總計三百多公里，於四月十九日回鑾，廟方統計當年總計超過「五百萬人次」。

「扶鸞（扶乩）」對於「一般大眾」的作用是大的，否則「台灣」就不會到處有那麼多的「宮廟」。

但是，「印光大師」又說：「根本已錯，眞學佛者，決不仗此以提倡佛法。」這句話對極了。不過，這句話只適用於「對佛法有深入研究的人」，不適合「一般大眾」。

「對佛法有深入研究的人」，應該都知道《金剛經》的名言：「凡所有相，皆是虛妄。若見諸相非相，則見如來。」

我先舉一個出自於《五燈會元．卷第九》，有關「無著文喜禪師」與「文殊菩薩」的故事，這是一個我很喜愛的修道故事，與大家分享。

杭州「無著文喜禪師」，是「仰山慧寂禪師」的法嗣，俗姓「朱」，嘉禾語溪人。七歲時，「文喜禪師」依「本邑常樂寺」的「國清禪師」落髮出家，學習戒律和經教。

後來，遇到「唐武宗」推行一系列的「毀佛（滅佛）政策」，史稱「會昌法難」，殺汰僧尼，「文喜禪師」不得不穿上俗裝，隱身於民眾，韜光養晦。一直到大中初年（公元八四七年），「唐宣宗」詔令「恢復佛教」，「文喜禪師」於鹽官「齊峰寺」又重新懺悔出家，後禮謁大慈山「性空禪師」，「性空禪師」問他：「子何不遍參乎？」

於是「文喜禪師」便直往「五台山」，朝禮「華嚴寺」。在「金剛窟」，「文喜禪師」碰到一位「老翁」，正牽著一頭牛而行。

那位「老翁」邀請「文喜禪師」到寺院裡坐一坐。剛進寺院門，「老翁」便呼「均提」，隨即有一位「童子」應聲而出。「老翁」引「文喜禪師」升堂就座，只見堂宇皆金色晃耀。「老翁」自於禪床上踞坐，然後指著一個「繡墩」，命「文喜禪師」坐在上面。

「老翁」問道：「近自何來？」

「文喜禪師」回答道：「南方。」

「老翁」又問道：「南方佛法如何住持？」

「文喜禪師」回答道：「末法比丘，少奉戒律。」

「老翁」問道：「多少眾？」

「文喜禪師」回答道，「或三百，或五百。」

說完，「文喜禪師」反問「老翁」：「此間佛法如何住持？」

「老翁」回答道：「龍蛇混雜，凡聖同居。」

「文喜禪師」又問道：「多少眾？」

「老翁」回答道：「前三三，後三三。」

說完，「老翁」便呼「童子」上茶，並進上「酥酪點心」。「文喜禪師」品嚐著茶和點心，頓感心意豁然。

「老翁」拈起玻璃盞，又問道：「南方還有這個否？」

「文喜禪師」回答道：「無。」

「老翁」進一步追問：「尋常將甚麼吃茶？」

「文喜禪師」一時語塞，不知該如何酬對。

這時，天色漸晚，「文喜禪師」便問「老翁」：「擬投一宿得否？」

「老翁」回答道：「汝有執心在，不得宿。」

「文喜禪師」說道：「某甲無執心。」

「老翁」問：「汝曾受戒否？」

「文喜禪師」回答道：「受戒久矣。」

「老翁」道：「汝若無執心，何用受戒？」

「文喜禪師」一聽，不得不告辭。

於是，「老翁」便令「童子」送「文喜禪師」出寺院。

路上，「文喜禪師」問「童子」：「前三三，後三三，是多少？」

「童子」便召喚：「大德！」

「文喜禪師」應諾。

「童子」問道：「是多少？」

可惜，「文喜禪師」此時尚未契悟其旨，又問「童子」：「此爲何處？」

「童子」回答道：「此金剛窟般若寺也。」

「文喜禪師」一聽，倍感悽然失落，此時他才突然明白，那位「老翁」原來就是「文殊菩薩」。回頭再找那位「老翁」，已經杳然不可見！於是「文喜禪師」便向「童子均提」稽首道：

「願乞一言爲別。」

「童子」於是說偈道：「面上無嗔供養具，口裡無嗔吐妙香。心裡無嗔是珍寶，無垢無染是眞常。」

說完，「童子均提」便與「寺院」突然都不見了。再抬頭一看，只見天空五色祥雲中，「文殊菩薩」正乘著「金毛獅子」，一會兒，一片白雲從東方飄過來，「文殊菩薩」隨卽便隱沒不見了。

既然與「文殊菩薩」有緣，「文喜禪師」於是便駐錫「五台山」。

咸通三年（公元八六二年），「文喜禪師」前往江西「洪州觀音山」參禮「仰山慧寂禪師」，一言之下，頓了心契，並留在「仰山」，充當「典座」之職。

一天，「文喜禪師」正在做飯，「文殊菩薩」突然現形於「粥鑊」之上。「文喜禪師」一見，抓起「攪粥篦（ㄅㄧˋ，細齒梳子）」就打，說道：「文殊自文殊，文喜自文喜。」

「文殊菩薩」於是飛升到空中，說偈道：「苦瓠連根苦，甜瓜徹蒂甜。修行三大劫，卻被老僧嫌。」

這個故事，我最喜歡的是，「文喜禪師」一見到「文殊菩薩」，就抓起「攪粥篦」就打，說道：「文殊自文殊，文喜自文喜。」這表示「文喜禪師」眞正明白《金剛經》的那句名言：「凡所有相，皆是虛妄。若見諸相非相，則見如來。」

而「文殊菩薩」飛升到空中，說偈道：「苦瓠連根苦，甜瓜徹蒂甜。修行三大劫，卻被老僧嫌。」這是「文殊菩薩」對「文喜禪師」的讚許。

所以，我認爲「扶鸞（扶乩）」對於「對佛法有深入研究的人」而言，是個考驗。當你遇到「仙佛臨壇」時，你的「心境」是什麼呢？若不能「如如不動心」，那就如「孔子」說的「敬鬼神而遠之」吧！對臨壇的「仙佛」，虔誠的尊敬，但是不要太親近。

國家圖書館出版品預行編目資料

看懂一貫道／呂冬倪著. --初版.--臺中市：白象文化事業有限公司，2024.1
面； 公分
ISBN 978-626-364-168-6（平裝）
1.CST: 一貫道
271.6 112017530

看懂一貫道

作　　者　呂冬倪
校　　對　呂冬倪
發 行 人　張輝潭
出版發行　白象文化事業有限公司
412台中市大里區科技路1號8樓之2（台中軟體園區）
出版專線：（04）2496-5995　傳真：（04）2496-9901
401台中市東區和平街228巷44號（經銷部）
購書專線：（04）2220-8589　傳真：（04）2220-8505
專案主編　李婕
出版編印　林榮威、陳逸儒、黃麗穎、陳媁婷、李婕、林金郎
設計創意　張禮南、何佳諠
經紀企劃　張輝潭、徐錦淳、林尉儒
經銷推廣　李莉吟、莊博亞、劉育姍、林政泓
行銷宣傳　黃姿虹、沈若瑜
營運管理　曾千熏、羅禎琳
印　　刷　基盛印刷工場
初版一刷　2024年1月
定　　價　400元